KB011128

FREE RICH

프리리치

돈과 시간의 자유를 위한

FREE RICH

| 프리리치 |

1판 1쇄 펴낸 날 2021년 7월 1일
1판 6쇄 펴낸 날 2024년 2월 1일

지은이 심길후
펴낸이 나성원
펴낸곳 나비의활주로

책임편집 유지은
디자인 design BIGWAVE

주소 서울시 성북구 아리랑로19길 86
전화 070-7643-7272
팩스 02-6499-0595
전자우편 butterflyrun@naver.com
출판등록 제2010-000138호
상표등록 제40-1362154호

ISBN 979-11-90865-37-1 03320

※ 이 책은 저작권법에 따라 보호받는 저작물이므로 무단 전재와 무단 복제를 금지하며,
이 책 내용의 전부 또는 일부를 이용하려면 반드시 저작권자와
도서출판 나비의활주로의 서면 동의를 받아야 합니다.
※ 잘못된 책은 바꾸어 드립니다.
※ 책값은 뒤표지에 있습니다.

돈과 시간의 자유를 위한

FREE RICH
프리리치

심길후 지음

나비의 활주로

Prologue

프리리치는 꿈이 아니라 도달 가능한 목표일 뿐이다

'인생은 오르막이거나 내리막 중의 하나일 뿐'이라고 쇼펜하우어는 말했다. 필자가 그동안 가꾸어왔던 사업이나 그 과정에서 만나서 인연을 쌓고 사업을 일구어 가던 수많은 사람들의 사례를 지켜보면서 '인생과 사업이 크게 다르지 않구나'라고 생각했다. 인생과 삶의 철학과 같은 심오한 주제에 대해서 논할 수는 없겠지만 '어떻게 하면 성공할 수 있는가?'라는 질문에 대해서는 누구보다 자신 있게 대답할 수 있다.

그래서 "어떤 사람이 성공하던가요?"라는 질문에 대해 필자는 이렇게 말한다. "역시나 '이렇게 하면 되겠죠 뭐'라고 말하는 사람이 성공합니다." 그동안 경험하고 겪었던 수많은 사례를 통해서 확인하고 또 확인한 사실이고, 진실이다.

"이렇게 하면 되겠죠?"라고 대답하는 이가 있고, "그렇게 하면 안 됩니다!"라고 말하는 사람이 있다. 그동안 숱하게 많은 이들을 상대하며 놀라운 성공의 과정을 함께 했고, 또 한편으로 작은 성공에 안주하고 더 큰 성공을 위해 변화를 하지 않아서 다시 원래 있던 힘들고 고단한 하루하루의 현실로 되돌아가는 사람들도 많이 목격했다. 이렇듯 오랜 기간 봐오고, 또 적극적으로 돕고 때로는 질책하기도 하면서 필자를 찾아오는 인연들과 함께 해왔다. 그들이 처한 상황과 그들에게 필요한 대책을 구조적으로 분류해 보면 경우의 수는 의외로 상당히 단순해진다. 이를테면 아래의 5가지가 없거나 부족했기 때문이다.

첫째, 자본금이 없다. 퇴직 후 장밋빛 꿈을 안고 시작했던 첫 사업을 몇 달 만에 다 써버려서 가용한 자본금이 남아있지 않거나, 그도 아니면 꿈과 비전을 가질만한 취업 자리를 얻는 것이 현실적으로 쉽지 않겠다 싶어 창업으로 방향을 돌렸지만 시작할만한 종잣돈이 없는 상황이다.

둘째, 나만의 상품이 없다. '뭘로 돈을 버시게요?'라고 물어보면 의외로 대답을 선뜻하지 못하는 사람들도 많다. 뭔가 팔아서 돈을 벌 계획이기는 한데, 자신이 없다. 대부분은 이런 자신감 부족의 원인이 '나만 파는 것이 아니라서'이다. 다른 사람에게서는 구할 수 없는 나만의 독특한 혹은 탁월하게 좋은 무언가를 가진 게 아니므로 '이걸로 내가 승부를 볼 수 있을까?'라고 생각하기 때문이다.

셋째, 특별한 자격증이나 기술이 없다. 공무원으로 퇴직하였거나, 사무직으로 착실하게 회사생활을 하고 퇴직했지만 별다른 기술은 없는 분들인 경우다. 회사에서는 분명 인정받던 엘리트 사원이었지만 막상 회사를 나오고 나서는 '할 줄 아는 게 없구나'라는 뒤늦은 자각을 하게 되는 전형적인 이들이다.

넷째, 인맥, 배경이 없다. 사회생활을 해본 사람들은 모두 공감하는 바이지만, 인맥이나 소위 말하는 '배경'은 아주 중요한 무형 자산이다. 그런데 대부분 사람들은 이런 측면에서도 비교 열세에 놓여 있을 때가 많다. 보험을 팔아보려고 해도 마땅히 찾아가 부탁할 사람이 별로 없고, 일가친척 중에 힘 있는 사람 한 명 없는 평범한 이들이 의외로 상당히 많은 비중을 차지한다.

다섯째, 유통망/조직이 없다. 내게 좋은 물건이나 서비스가 있어서 그것을 많이 팔면 돈을 벌수 있겠다는 생각은 드는데 막상 밖으로 나와 보면 '이 넓은 세상에 나 혼자 덩그러니' 있는 그런 상황이다. 효과 만점인 건강식품을 만들어 팔고 있었지만, 혼자서 제품에 팸플릿을 들고 다니면서 가가호호 방문 판매를 하는 것이 너무나 힘들어서 '하루하루 그만두고 싶었다'라던 이분의 문제는 본인의 제품을 판매할 전담조직이나 판매를 대행해 줄 유통망을 전혀 갖고 있지 못했던 상황이었다.

필자에게 찾아와 '부자가 되고 싶다'라는 간절한 속내를 털어놓았던 분들을 이렇게 크게 5가지 종류로 나누어볼 수 있겠다. 원하는 경제적 성공을 위해서 판매할 제품이나 서비스를 시급하게 만들어야 하는 사람이 있고, 그것은 있으나 어떤 사람들에게 판매해야 하는지의 사업 형태에 대한 대책이 필요한 이들도 있다. 그런가 하면 나의 성공을 위해 효과적으로 운영되어야 할 조직을 갖추는 것이 급선무인 사람도 있고, 갖춰진 조직이 원활하게 잘 작동할 수 있도록 관리하고 성장시킬 수 있는 임원급의 인사가 시급한 예도 있다.

필자를 믿고 따랐던 사람들 대부분은 어느 정도 경제적인 성과를 거두었다. 그렇지 않았더라면 다음 달 당신의 세일즈를 두 배, 세 배 쭉쭉 올려줄 세일즈 멘토라고 자신을 소개하는 필자의 사업이 이렇게까지 건재하고 성장하지 못했을 것이다.

《슈퍼리치 영업의 기술》은 한마디로 조금 전에 말한 다섯 종류의 상황을 전제로 만든 방법이다. 투입Input이 같으면 산출물Output도 같은 과학의 법칙처럼 정해진 순서대로 원하는 성과가 도출되기 때문에 오랫동안 연구하고 검증한 이 방법론에 '슈퍼리치 영업의 기술'이라고 칭했다. 누구라도 이 방법대로 따라 한다면 효과를 볼 수 있다. 심지어 위의 5가지 모두에 해당하는 사람일지라도 말이다. 이 법칙은 성공하기 위한 8가지 준비물의 다른 표현으로 '인생템 프로세스'라고 부르기도 한다. 이에 대해서는《슈퍼리치 영업의 기술》에서 자세하게 다루고 있다.

그리고 이런 부족함을 어떻게 극복할 것인지에 대해서 더 고민하고 연구했다. '돈을 많이 벌고 싶다'는 그 단순하지만 강렬한 소망을 성취해 낼 수 있는 각자의 방법을 연구하고 실천하는 과정을 더욱 가다듬었다. 필자를 찾아와 그토록 꿈에 그리던 성공을 얻고 부자가 됐지만 그러한 달콤한 상황을 계속해서 유지, 발전시키지 못하고 퇴보하는 사람들도 있었기 때문이었다.

'어떻게 하면 정말로 더는 경제적인 문제로 고민하지 않는 자유로운 삶을 영위할 수 있을까?'라는 문제를 해결하기 위해 또다시 연구하고 고민하고 경험하며 방법론을 가다듬어갔다. 그 결과물을 컨설팅을 통해서 그리고 다른 현실을 통해서 검증하면서 확신할 수 있었다.'이렇게 하면 반드시 경제적 문제로 더는 고민하지 않는 그런 자유로운 단계에 도달할 수 있다'라고 확신하게 되었고 그것을 잘 설명하기 위해 적합한 단어를 고민했다. 부자가 되고 싶어 하는 사람들에게 내가 전달하고자 하는 것을 가장 적확하게 표현하는 여러 단어 중에서 결국 그것을 프리리치Free + Rich라는 이름으로 설명하게 되었다.

이것이 그 '프리리치'라는 단계에 이르는 과정을 다루고 있는 첫 책이다. 그동안 여러 권의 책을 펴내면서 깨달음과 경험 그리고 방법론을 제시했다면, 이 책은 그 모든 전작을 아우르고 완성하는 넥스트 레벨에 관한 내용이다.

프리리치라고 명명한 이 단계에 도달하기 위해서는 총 7단계의 과정을 반드시 거쳐야만 한다. 진정한 경제적 자유를 누리는 데 필요한 많은 것 중에서 추리고 추려서 반드시 단계적으로 거쳐야만 하는 핵심이기 때문이다. 이 7단계를 착실히 밟아 가면 된다. 그동안 필자에게 찾아와 '매출을 높이고 싶다'라는 소박한 바람을 털어놓는 '정말로 부자가 되고 싶다'라는 꿈을 이야기했던 분들까지 그들 각자의 상황과 능력치가 달랐지만 이르는 7단계의 과정을 모두 밟아나갔고 대부분 성공했다. 그뿐만 아니라 이 책을 통해서 어떻게 하면 현재 내가 하는 일에서 더 높은 성과를 얻을 수 있는가에 대한 직접적인 힌트와 구체적인 방법론을 배울 수 있다.

하지만 그 모든 것보다 더욱 중요한 것은 당신이 어떤 사고방식과 인생관을 갖고 있느냐이다. 해결이 필요한 상황에 대해서 꼭 같은 해법을 제시해 주어도 어떤 사람은 "이렇게 하면 되겠죠. 뭐"라고 대답하는 사람이 있는가 하면 "그건 안 될 겁니다"라고 말하는 이가 있다. 모든 것을 긍정적으로 바라보는 사람과 비관적으로 대하는 사람의 차이이다.

그런데 이 차이가 성공과 실패를 가르는 본질적인 요소라는 사실을 너무나 자주 간과하곤 한다. 그 차이는 매우 크다는 것을 다들 알았으면 좋겠다. 현재의 암울한 상황에서 벗어나지 못하거나 혹은 프리리치라는 단계로 나아가는 것은 결국 나 한 명이 바뀌면 되는 문제일 따름이다. 내 삶의 주인은 지인도, SNS의 팔로워도 혹은 내가 좋아하는 셀럽도 아니고 바로 나 자신이기 때문이다.

언제든 프리리치라는 올바른 방향으로 나아가기 위해서 조언이 필요하다면 필자를 찾아오길 바란다. 언제나 프리리치로 나아갈 수 있는 정확한 방향을 가리키고 있는 나침반이자 함께 높은 산을 오르는 셰르파 역할을 하겠다. 이 책을 통해 경제적으로나 시간에서 완벽한 자유를 얻는 삶을 누리시길 진심으로 바란다.

심길후

CONTENTS

Prologue 프리리치는 꿈이 아니라 도달 가능한 목표일 뿐이다 4

PART 1

문제해결 없이 열심히만 반복한다면 결코 부자가 될 수 없다

CHAPTER 1 아무리 노력해도 부자가 될 수 없는 불편한 진실 16

1 프리리치가 되기 위해 자본금 마련보다 훨씬 중요한 것 17

2 프리리치의 길로 들어서지 못하게 하는 최고의 방해물 23

원 포인트 어드바이스 내가 보이지 않는 쳇바퀴에서 벗어나는 법 29

3 다수의 오류, 골드러쉬와 재테크에 대한 환상에서 벗어나는 법 32

4 통제할 수 없는 부분을 최소화하는 것의 중요성 40

CHAPTER 2 평범하던 그들이 프리리치가 될 수 있었던 이유 46

1 티끌도 차곡차곡 모아서 프리리치가 된 사람들은 없을까? 47

2 당신의 자산을 최대한 가치 있게 파는 법 58

3 당신의 노력을 헛수고로 만들지 않기 위해 점검해야 할 것 62

CHAPTER 3 프리리치로 성공한 그들이 가지고 있는 비밀의 요소 78

1 너무나 강력한 퍼스널브랜딩 효과, 멘토 포지셔닝 79

2 고객이 아니라 팬으로 만들어 그들의 충성을 얻는 법 83

PART 2

워밍업- 프리리치 7단계와 인생템 프로세스를 위한 8가지 요소

CHAPTER 1 프리리치 워밍업, 먼저 보이지 않는 쳇바퀴를 벗어날 것 90

1 이것이 프리리치로 가는 8가지 요소다 91

CHAPTER 2 1단계: 나를 프리리치로 만들 핵심, 인생템 찾기 104

1 무조건, 시작은 작고 가볍게 할 것 105

원 포인트 어드바이스 내 장사는 잘되는 데 1단계도 아니라고? 110

2 내 인생 안에 이미 프리리치의 지름길이 있다 112

CHAPTER 3 2단계: 내 일을 분담해 줄 수 있는 조직의 시작 122

1 인생템 프로세스는 이렇게 관리할 것 123

2 피할 수 없으면 즐겨야 할 경쟁 대비법 130

원 포인트 어드바이스 진입장벽의 3가지 요소들 135

3 프리리치의 필수 요소 시스템 만드는 법 139

4 당신이 경계해야 할 '빨래터 아낙네의 딜레마' 148

원 포인트 어드바이스 빨래터에서 이런 방법이 나를 편하게 한다 152

CHAPTER 4 3단계: 마케팅을 발전시킬 7단계 영역 정복 154

1 내가 수익을 내는 마케팅은 따로 있다 155

원 포인트 어드바이스 프리리치가 되기 위한 포인트 162

2 마케팅 활동의 기반은 이렇게 구축할 것 163

CHAPTER 5 4단계: 자영업에서 기업 시스템으로 진화 172
1 프리리치를 향한 시스템을 만드는 법 173
원 포인트 어드바이스 고객은 어디에 있을까? 안? 밖? 187
2 성장을 위한 또 다른 준비, 기업 문화와 오너십 이해하기 191
원 포인트 어드바이스 그대는 왕을 만드는 사람인가? 195
3 프리리치가 되기 위해 알아야 할 칭기즈칸의 교훈 198
원 포인트 어드바이스 자유로움이 보장되는 진정한 기업문화란 이런 것 202
4 프리리치를 향한 조직 만들기에서의 인사제도란? 204
원 포인트 어드바이스 당신이 조직을 키울 때 반드시 고려해야 할 인재의 조건 207
5 조직을 성장시키는 기업문화란? 210
원 포인트 어드바이스 한영인 식 기업 시스템의 근본요소, 센트랙션 217

CHAPTER 6 5단계: 안정적인 전국 유통망, 영업 조직 구축 220
1 유통망 구축을 위해 가장 중요시해야 할 요소 221
2 유통망을 크게 키우고 관리하는 법 227
원 포인트 어드바이스 통일신라에도 보증금이 있었다? 230

CHAPTER 7 6단계: 망하지 않는 사업 확장, 계열사 확장의 노하우 234
1 조직 확장이 필요하다면 이렇게 할 것 235
2 조직 확장을 위해서 이것만은 지킬 것 239
원 포인트 어드바이스 계열사를 늘리는 일에서 시너지가 발생할 것인가 251
3 확장하기 위한 구체적인 방법들 253

CHAPTER 8 7단계: 나없이 운영되는 기업, 그리고 매각, 은퇴 267

1 잘 팔리는 기업의 9가지 종류 268

2 누구라도 관심 있게, 언제라도 매각할 수 있게 하는 법 279

원 포인트 어드바이스 매수자 처지에서의 매각하는 팁 288

PART 3

프리리치로 향한 8단계의 준비 단계 살펴보기

CHAPTER 1 플랜: 보물을 찾고 싶지만 지도는 필요 없다는 건 어불성설이다 296

CHAPTER 2 타깃팅: 가진 게 없다면 정확하게 정곡을 찔러야 한다 304

CHAPTER 3 로볼: 내 열정이 남들에게는 부담일 수 있다? 310

CHAPTER 4 개입상품: 팔지 말고 고객이 샀다고 믿게 하라 320

CHAPTER 5 레터: 제품이나 서비스에 관심 없는 이들의 마음의 빗장을 여는 키워드 문구 334

CHAPTER 6 포인트: 당신의 고객이 어디에 있는지 정확히 파악하는 법 344

CHAPTER 7 멘토 포지셔닝: 전문가의 위치로 나를 올리는 법 348

CHAPTER 8 셀프 어프로칭: 내가 가지 않고, 내게 오게끔 만들어라 356

Epilogue 프리리치의 포인트는 진심으로 고객의 관점에서 모든 걸 바라보는 것 360

PART 1

문제해결 없이 열심히만 반복한다면 결코 부자가 될 수 없다

CHAPTER 1

아무리 노력해도 부자가 될 수 없는 불편한 진실

프리리치가 되기 위해 자본금 마련보다 훨씬 중요한 것

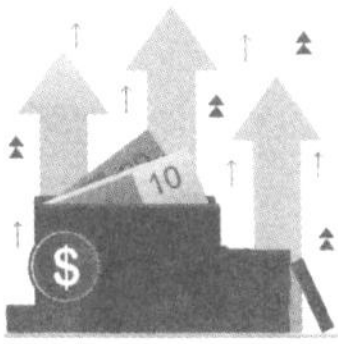

'부자가 되고 싶다'

이는 매우 진지하고 강렬한 감정이다. 팍팍한 현실을 하루하루, 그리고 순간순간마다 직접 느끼기에 드는 바람이기 때문이다. 그래서인지 이런저런 사연을 안고 찾아와 부자가 되고 싶다거나 지금 하고 있는 일이 너무나 어려워 어찌할 바를 모르겠다고 하소연하던 사람들이 필자와 이런저런 대화를 나누다 보면 금세 눈시울이 붉어지는 모습을 자주 볼 수 있었다. 필자가 알려주는 방법에 대해서 격하게 고개를 끄덕이며 어느 새인가 희망이 섞인 목소리로 '꼭 그렇게 하겠습니다'라고 말하며 돌아간다. 하지만 경험적으로 그 많은 사람들 전부가 필자가 알려준 방법을 실천에 옮기지는 않으리라는 것을 알고 있다. 사람들은 너무나 자주 겉과 속이 다르다. 진정으로 해결을 원하는 문제에 대하여 해답을 피하는 행동을 자주 하기 때문이다. 새로운 방법에 대해서 의심하기 때문일 수도 있고, 혼자의 시간에서 다시금 내게서 얻었던 용기가 사라지고 '내가 할 수 있을까?' 아니면 '말처럼 그게 가능하겠어?'라고 스스로 의심하는 까닭이다. 또 한 가지, 필자가 알려준 방법을 통해서 부자가 되고, 현재 상황을 타개할 수 있는 길로 나아가지 못하는 가장 큰 이유 중 하나는 지독한 고정관념을 쉽게 버리지 못하기 때문이다.

조금 더 부연 설명을 하자면 당신이 부자가 되지 못한 이유는 단 하나다. 첫 단추를 끼우지 못해서다. 바로 아주 작은 생각의 변화를 하지 못한다. 생각의 변화를 위해서는 스스로 현재의 모습을 객관적으로 바라볼 수 있는 성찰의 자세가 우선 요구되는데 그게 말처럼 쉽지 않다. 어렵기 때문이 아니라 하지 않기 때문이다.

사람들이 부지불식간에 가진 고정관념에 대한 하나의 이야기가 있다. 한국영업인 협회(이하 한영인) 교육 중 수강생들과 개구리 자전거에 대한 에피소드를 나눈 적이 있다. 이는 태엽을 감으면 세발자전거를 탄 개구리가 원을 그리며 뱅글뱅글 도는 그런 흔하디흔한 장난감이다. 백화점이나 번듯하고 잘 꾸며진 매장이 아니라 관광지나 휴게소, 학교 앞, 공원이나 동물원 등 아이들이 조금이라도 몰리는 곳에 있는 노점 같은 곳에서 볼 수 있을 법한 것이다. 이 개구리 자전거는 보통 1만 원 정도로 판매된다. 그래서 수강생들에게 물었다. "외상으로 원가 1천 원에 가져올 기회가 생긴다면 이 개구리 자전거를 팔아 1년에 얼마나 벌 수 있을까요?"라고 말이다. 여기저기서 갖가지 대답이 쏟아졌다. 보통 2, 3천만 원이라는 대답이 많았고, 5천만 원 그리고 1억 원이라고 말하는 사람도 있었다.

마치 그 의견에 동의한다는 듯한 미소를 띠며 그 사람에게 반문했다. "1년에 1억 원을 벌려면 한 달에 1천만 원 정도를 벌어야 한다는 건데, 일 평균 30만 원 정도를 눈이 오나 비가 오나 하루도 쉬지 않고 실제로 그렇게 팔 수 있다는 거지요?" 그러자 자신만만했던 수강생의 표정은 갑자기 어두워졌고, 그 목표는 갑자기 5천만 원으로 뚝 떨어졌다. 2,3천만 원이라고 대답했던 사람들도 생각에 잠기더니 그마저도 쉬운 일이 아닌 것 같다고들 대답했다. 공간에 가득 차 있던 생기는 일순간 가라앉았다.

침울해진 수강생들에게 이번에는 조금 다르게 질문했다. "그러면 똑같은 상황에서 개구리 자전거를 가지고 1년에 30억 원을 벌려면 어떻게 해야 할까요?" 그러자 여기저기서 웅성거리는 소리가 들리더니 이번에도 다양한 답변이 쏟아졌다. '무역해서 외국에 팔아요, 공동구매를 해요, 큰 기업에 제휴 제안을 해요, 도매해요, 네트워크를 만들어요.' 등등 나름대로 각자의 방식만으로 아이디어를 냈다. 빙그레 웃으며 되물었다.

"아니, 여러분, 조금 전까지만 해도 개구리 자전거를 가지고 아무리 많이 벌어 봤자 5천만 원이라고 하지 않았어요? 많아야 2천, 3천만 원이라면서요? 그런데 30억 원이나 버는 방법은 왜 이렇게 많아요?" 이러한 필자의 질문에 강의실은 쥐 죽은 듯 조용해졌다.

여기에 아무것도 가지지 못한 사람들이 부자가 될 수 있는 유일한 방법론의 출발점이 숨겨져 있다. 바로 아주 작은 생각의 차이, 발상의 전환이다. 처음 질문했을 수강생들은 노점이라는 수단과 개당 중간이윤이라는 한계 속에 갇혀 그 안에서 벌 수 있는 최대한의 금액에 대해서만 생각했다. 반면 그 금액 자체를 한껏 올리자 노점이라는 틀을 스스로 깨고 나와 각자의 돈 버는 방식을 궁리하기 시작했다. 부자가 되는 사람과 그렇지 못한 사람이라는 극명한 결과는 이렇게 아주 작은 차이에서 시작된다. 어떻게 사물과 사안을 바라보느냐에 따라서 결과는 달라지는 법이다. 하지만 이렇게 얘기해도 어떤 이들은 분명히 이렇게 의심할 수도 있다. '말을 지어내도 정도가 있지. 어떻게 그깟 개구리 자전거 가지고 1년에 30억 원을 버나?' 하고 말이다.

남대문에서 유통업을 하다가 쫄딱 망한 사람이 있었다. 그의 수중에 남은 것이라고는 덜렁 개구리 자전거라는 허접한 장난감 하나뿐이었다. 이미 몇 억 원이 넘는 빚이 있었기 때문에, 이 장난감에 모든 것을 걸어야만 했다. 처음에는 한영인 수강생들이 그랬던 것처럼 자신이 노점을 하며 개구리 자전거를 파는 것을 고려했지만 도저히 답이 나오지 않더란다. 그래서 갖은 궁리 끝에 그는 자신을 대신해 개구리 자전거를 팔아 줄 사람들을 최대한 많이 찾아낼 방법을 궁리하였다.

그래서 우선 스타렉스나 봉고를 소유한 운송업자들을 판매팀장으로 스무 명 정도를 모았다. 그들과 6천 원의 가격으로 위탁 거래를 하기로 하고 개구리 자전거 판매에 들어갔다. 각각의 팀장들은 경로당을 비롯해 하릴없이 시간을 보내는 노인들이 모이는 곳을 찾아다니며 열 명씩 이 장난감을 노점에서 팔아 줄 사람들을 모았다. 그 노인들은 하루에 10개만 팔면 됐고, 그 대가로 하루 담뱃값 정도는 충분히 쓰고 남을 돈을 받기로 했다. 다들 '이게 과연 될까?' 하는의구심은 있었지만 어찌 되었든 이 사업은 시작되었다.

그런데 웬걸? 예상외로 순조롭게 개구리 자전거는 팔려나가기 시작했다. 대부분의 할아버지 판매원들이 자신이 팔기로 한 할당량을 너끈히 팔아 치웠다. 자식들이 준 용돈을 아끼고 무료하게 시간을 보내기만 하던 노인들에게 모처럼 할 일이 주어졌던 덕분이었던 모양이었다. 게다가 그렇게 모처럼 생긴 일로 용돈 벌이까지 할 수 있게 됐으니 할아버지들은 생기가 되살아나셨다. 일거양득의 효과인지 개구리 자전거의 판매원들에게 신명이 나기 시작했다. 할아버지들에게 판매를 맡긴 결과로, 하루 2천 개의 가까운 개구리 자전거가 앉은 자리에서 팔려나가기 시작했다.

이 이야기는 '아, 그렇게도 돈을 벌 수 있는 것이로구나' 하는 생각을 하게 했던, 장사 초짜 시절 알고 지내던 분께 들었던 실제 사례다. 이 개구리 자전거의 주인공은 그렇게 실제로 30억 원의 이윤을 남기고, 1년도 안 되어 은퇴했다. 이번이 마지막이라는 절박한 상황이 만들어낸 작은 사고의 전환이 가져온 놀라운 역전 드라마였던 셈이다. '노점에서라도 열심히 팔아서 빚을 갚아보자'라는 것이 아니라 '어떻게 하면 많이 팔 수 있을까?'라는 단순한 생각의 전환이 단기간에 빚이 몇 억 원 있던 이를 프리리치의 길로 이끌었다.

프리리치라는 꿈으로만 여겨지는 길로 들어서는 팁은 바로 저 사례에 모두 들어있다. 그렇게 고정관념에 사로잡히지 않은 발상의 전환으로 시작된 새로운 행동이 도출됐던 다양한 아이디어와 유기적으로 엮여 부자를 만들어 주는 시스템으로 완성됐기에 그분은 개구리 자전거라는 싸구려 장난감으로 인생 역전의 꿈을 이뤄냈다.

'부자가 되고 싶다'라는 강렬한 바람은 '내가 부자가 될 수 있을까?'라는 의구심을 넘어, 나를 부지불식간에 휘감고 있던 고정관념을 깨뜨리고 발상의 전환을 통해 새로운 길을 조금씩 열게 해준다. 그렇게 시작된 것들이 자연스럽게 반복될 수 있는 루틴으로 만들어낼 수 있게 되면, 현실로 나타날 것으로 생각지 못했던 프리리치의 길이 내 앞에 모습을 드러낸다. 그러므로 부자가 되기 위해서 가장 먼저 해야 할 일은 어떤 형태로든 '나를 지배하고 있는 고정관념의 굴레에서 벗어나는 것'이다.

2

프리리치의 길로 들어서지 못하게 하는 최고의 방해물

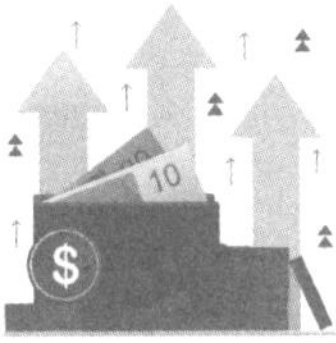

대부분의 평범한 사람들은 지각할까봐 아침부터 만원 지하철에 시달리면서 허겁지겁 출근하고, 언제나 듣기 싫은 상사의 잔소리를 묵묵히 견디며 아침부터 저녁까지 딴 데 눈 돌리지 않고 열심히 살아간다. 그런데 과연 일한만큼 대우를 받고 있을까?

어느 정도의 대우를 받을 수 있는가의 문제를 놓고 한번쯤 되돌아보자. 학교를 졸업하고 선물도 사드리고 친구들과 술 한 잔을 기울이며 돈을 벌면 해보고 싶었던 일들, 사고 싶었던 것들도 하나씩 산다. 그리고 미래를 대비하기 위해서 작게나마 저금도 한다. 그렇게 하고나면 주머니에 남는 게 없지만 그래도 '열심히 살고 있구나'라는 뿌듯한 느낌을 가질 수 있다. 열심히 성실하게 일한만큼 시간이 지나면 직급과 연봉도 분명히 올라갈 것이다.

그런데 문득 '나는 언제쯤 부자가 될 수 있을까?'와 같은 생각의 끝에는

'아무래도 힘들 것 같다'라고 결론을 내린다. 쥐꼬리만큼 오르는 연봉보다 물가가 뛰는 속도가 더 빠르고, 아끼고 모아서 장만하려고 했던 아파트 값은 숨이 턱하고 막힐 만큼 쏜살같이 올라가버리고 있지 않은가.

기대와 현실은 너무나 다르고 점점 더 달라지고 있다. '연봉이 많아진다고 부자가 될 수는 없다'라는 사실을 이미 알고 있지만 그런 현실을 굳이 확인하고 싶지는 않기 때문에 그냥 오늘 하루를 열심히 살 뿐이다. '언젠가는 달라지겠지'라는 막연한 허상을 가슴 한켠에 품으면서.

반드시 깨야하는 고정 관념 중 한 가지는 '내가 일한만큼의 대우를 받고 있다'라는 생각이다. 꼬박꼬박 급여가 나오는 직장을 다니고 있다는 것만으로도 플래카드를 써서 축하를 받을 정도로 일자리 구하는 것이 쉽지 않은 세상이 됐으니까 '내가 일한만큼 대우를 받고 있을까?'라고 생각하는 것도 배부른 소리로 들릴 수 있을지 모른다. 하지만 부자가 되고 싶다면 이 질문에 반드시 대답해보아야 한다. 과연 나는 일한만큼 대우를 받고 있을까?

단언컨대, '그렇지 않다'라고 말할 수 있다. 이유는 간단하다. 구조가 원래 그렇기 때문이다. 가장 대표적인 이익추구 집단이기에 회사는 당신에게 절대로 일한만큼의 대우를 해줄 수가 없다. 직원에게 제공하는 급여와 각종 비급여 혜택들만큼의 성과만 나온다면 굳이 직원을 채용할 필요가 없다. 회사가 지속적으로 성장하기 위해서는 주는 것 이상의 성과가 직원들로부터 나와야만 한다. 만약 직원들에게 지급하는 급여 이상의 성과가 나오지 않는다면 금융기관을 찾아 돈을 맡겨놓고 편하게 지내는 것이 합리적인 의사선택이지 굳이 사람을 채용하고 인력 관리를 하는 등의 수고를 더할 필요가 없지 않을까?

이것은 잘못된 것이 아니라 직원과 회사가 맺은 고용계약의 성격이 그럴 수밖에 없기 때문이다. 투자한 것보다 더 많이 벌 것이라는 가능성이 없다면 돈과 시간 등의 자본을 사용할 사람은 어디에도 없을테니까. 그러므로 회사는 언제든 직원들에게 급여 이상의 성과를 요구할 수밖에 없다. 이건 변하지 않을 자본주의의 고정된 구조다. 그러므로 적어도 부자가 되고 싶은 바람이 절실한 진실이라면 직장인들은 '내가 일한만큼 대우를 받는다'라고 믿고는 있으나 실제로는 일한 이하의 대우를 받을 수밖에 없다는 불편한 현실을 인식해야 한다.

남들이 부러워하는 좋은 회사에 들어가 열심히 일해도 연봉은 늘 찔끔찔끔 오르고, 써야 할 돈은 그보다는 훨씬 빠르게 늘어나게 마련이다. 툭하면 잔업이나 야근을 하고 회사에 충성을 다하지만 어렵다고, 회사 실적이 좋지 않다고 혹은 대주주가 바뀌어서 우리 팀이 한순간에 날아가 버려서 언제 어떤 이유로 회사를 그만둬야 하는 상황이 들이닥칠 수 있다는 불안감을 안고 회사에 다녀야만 한다.

'언제까지 이렇게 살아야 하나' 하는 생각에 사표를 쓸까 하다가도 '회사가 전쟁터라고? 바깥은 지옥이야'라는 드라마 〈미생〉의 어떤 대사처럼 '남들도 이렇게 사는데'라면서 고단한 오늘 하루의 현실에 순응하게 만든다. 회사에 출근해서 열심히 일하고, 상사에게 닦달을 당하고 실적에 치이며, 퇴근하고 동료들과 소주 한잔에 고단함을 달래는 하루가 지나고 급여

일에 잠시 통장에 머물렀다 사라지는 숫자를 보면서도 막연한 하루를 무의미하게 반복할 뿐이다. 마치 다람쥐나 햄스터가 눈을 반짝이며 어딘가를 향해 맹렬하게 달리기는 하지만 그저 제자리를 맴도는 쳇바퀴를 굴리는 것일 뿐인 것처럼.

'직장인이란? 일한 만큼 가져가지 못하는 사람, 영업인이란? 일한 만큼 가져가는 사람, 사업가란? 일한 이상 가져가는 사람'이라는 말이 있다. 직장인들이 처한 구조적인 현실을 다람쥐 쳇바퀴와 같다고 생각한다면, 일한 만큼 가져가는 사람은 자영업자들이나 영업인들이라고 할 수 있다. 본인이 열심히 일해서 발생시킨 성과만큼을 가져갈 수 있기 때문이다. 하지만 자영업자들이 직장인들보다 좋은 것은 결코 아니다.

직장인들은 그나마 쳇바퀴를 만든 회사가 매달 급여를 주지만 자영업자들은 그들을 챙겨주는 누군가가 없기 때문이다. 게다가 자영업자들이나 영업인들이 열심히 일한다고 해서 그 성과가 그에 비례해서 나타나는 것도 아니므로 보통의 직장인들보다 나을 게 없는 처지다. 가게를 열심히 청소하고 좋은 물건을 만들거나 들여와서 진열했다고 해서 판매로 고스란히 이어지는 것은 아니고, 방문하는 고객과 거래처마다 계약이 이뤄지는 것도 아니지 않은가. 그래서 자영업자들의 현실은 직장인들보다 고단하고 더 쉽지는 않다.

다만, 자영업자나 영업인들은 본인의 노력 여하에 따라서 현재보다 미래가 훨씬 더 좋아질 가능성이 있다는 것만큼은 사실이다. 필자가 그동안 '만나고 부자가 되고 싶다'는 바람으로 인연을 가져왔던 수많은 이들 중 상당수가 이런 경우였는데, 직장인들처럼 고정적으로 기대할 수 있는 급여가 없는 대신, 본인이 하는 만큼의 결과를 가져갈 가능성을 현실로 만들어 그토록 고대하던 '월 천 회(매달 1천만 원을 버는 모임)'를 대부분 달성할 수 있었다. 참고로 '월 억 회'도 실제로 활동 중이다.

일한 만큼 가져가지 못하는 직장인이나 일한 만큼 버는 자영업자, 영업인들과 달리 회사를 운영하는 기업가나 자본가들은 그들이 투자하고, 일한 것 이상으로 결과물을 가져간다. 이들이 시간과 자본을 들여 만든 사업체와 자본이 바로 직장인들과 영업인들이 열심히 뛰는 쳇바퀴이기 때문에 그들이 고용한 종업원들과 직원들, 영업인들이 창출하는 부가가치를 기업가나 자본가들은 가져갈 수 있다. 그리고 지급하는 것 이상의 결과물을 만들어 내는 사람들, 즉 나를 위해 일하는 다수의 타인과의 고용계약을 통해서 이들 기업가와 자본가들은 훨씬 쉽고 자유롭게 큰 부를 일궈낼 수 있다. 게다가 피고용인과 맺은 성과와 분배에 관한 원칙인 일한 만큼이라는 기준 자체를 회사가 정하기 때문에 이들 기업가와 자본가들은 부자가 되기에 아주 유리한 위치에 서 있다.

앞으로 계속 설명할 프리리치가 되는 법도 궁극적으로 '가진 것 없는 평범한 보통의 사람들이 자신을 이들 기업가나 자본가와 유사한 구조를 가질 수 있도록 만드는 것'이다. 직장을 다니는 대부분 사람들이 일한 것보다 덜 지급되는 급여에 만족하면서 무의미하게 반복되는 하루하루를 답습할 수밖에 없는 쳇바퀴 같은 현실을 필자는 '보이지 않는 쳇바퀴Invisible Wheels, **인비저블 휠즈**'라고 부른다. 경제 상황이 워낙 어렵다 보니 이제는 쳇바퀴에 올라가는 것조차도 감사한 일이 됐으니 부자가 되고 싶다는 바람은 더욱 멀어지고 있다. 하지만 역설적으로 '일한 만큼 대우를 받고 있다'라는 고정관념과 허상을 깨닫게 되면 부자가 될 수 있는 길은 조금씩 가까워진다. 그 첫걸음은 남들이 만들어 놓은 보이지 않는 쳇바퀴의 존재를 깨닫고 그곳에서 내려오는 것부터다.

원 포인트 어드바이스

내가 보이지 않는 쳇바퀴에서 벗어나는 법

강의하거나 외부에 특강을 나가서 '돈을 버는 방법, 어떻게 하면 영업을 성공시킬 수 있을까?' 등에 관해서 얘기를 하다가 앞에서 언급했던 보이지 않는 쳇바퀴에 대해서 말을 하면 청중들 속에서 낮은 탄식 소리가 들린다. '아, 그래서 그랬구나' 하는 일종의 작은 깨달음의 순간과 만나게 됐기 때문이다. 부자가 되고 싶다는 강한 열망만큼이나 대부분의 평범한 사람들은 정말 열심히 하루하루의 삶을 성실하게 살아간다. 하지만 좀처럼 경제적 고민이라는 울타리에서 벗어나지 못하고 제자리에서 맴을 돌며 나이를 먹어간다. 그렇다면 이제는 부자가 되는 방법, 성공에 대한 우리의 관점을 바꿀 때도 되었지만 다들 그걸 어려워한다. 열심히 하지 않아서 가난의 굴레를 벗어나지 못하는 게 아니고 성실하게 맡은 바 일을 하지 않은 것도 아니다. 그런데 왜 이번 달에도 신규 계약이 몇 건 없어서 고민하는 걸까? 열심히 했는데도 결과가 달라지지 않아서 지치게 더 힘든 것 아닌가.

이런 작은 절망감이 쌓이면서 '이렇게는 안되는가 보다'라는 자신의 굴레에 나 자신을 가둬버리게 된다. 커다란 코끼리가 가느다란 철삿줄에 발목이 묶여서는 울타리 밖으로 나갈 엄두도 내지 못하는 것처럼. 코끼리가 아무렴 그 철삿줄을 끊을만한 힘이 없겠나? 우리도 그러하다. 보이지 않는 쳇바퀴는 우리 스스로가 답습하고 있는 잘못된 방법을 계속하고 있기 때문이라는 사실을 보여준다. 그래서 '아! 그래서 그렇구나'라는 탄식이 절로 나오게 되는 것이다. 열심히 삶을 살아서 번 돈보다 우리가 쓰는 돈이 더 많으므로 돈이 모이질 않고, 빚이 늘어나는 것이다. 아주 단순한 원리다. 그래서 '빨리 돈을 좀 모아서, 퇴직금을 합쳐서 내 사업을 해야지'라고 가까운 장래의 나의 모습을 그려본다. 그런데 그렇게 나보다 먼저 자영업의 현장으로 떠난 사람들의 오늘은 어떤 모습일까? 일상에서 허덕이고 있는 직장인보다 더 나을까?

아마 분명히 그렇지 않을 것이다. 그럼 왜 이런 일이 일어날까? 회사 생활이야 내가 성실하고 열심히 하더라도 윗사람들이 알아주지 못하면 노력한만큼의 성과가 나오지 않을 수도 있다지만 자영업은 그렇지 않을텐데 말이다.

결론적으로 자영업의 현실을 말하면 자영업에도 '보이지 않는 쳇바퀴'는 존재한다. 내가 열심히 해서, 좋은 아이템을 잡아서 사람들에게 인기를 끌고 돈을 좀 모으는가 싶었는데 근처에 꼭 같은 아이템으로 비슷한 인테리어를 한 가게들이 속속 생긴다. 너무나 익숙한 풍경이 아닌가? 회사 근처에 조개구이 집이 생겨서 동료들과 술 마시러 몇 번 갔었는데 "사장님, 아이템 잘 잡으셨네요. 돈 많이 버시겠어요"라고 덕담 겸 부러움도 얘기했으나 얼마 지나지 않아서 보니 근처에 조개구이 전문점이 벌써 몇 개째 생겼는지 모른다.

그럼 그 결과가 어떤지는 우리가 모두 잘 알고 있다. 줄을 서서 기다리던 손님이 다른 가게로 흩어지면서 내 가게로 오는 숫자가 뚝 떨어진다. 그렇다고 종업원 인건비에 매장 월세와 제세 공과금처럼 매달 나가는 돈이 줄어드는 것도 아니다. 게다가 다시 손님을 끌어모으려고 하다 보니 광고비도 훨씬 많이 들어간다. 채산성 떨어지는 소리가 손님 떨어지는 소리보다 훨씬 크다.

이런 현상이 바로 자영업자들이 겪는 보이지 않는 쳇바퀴다. 하지만 필자는 이렇게 진심을 담아 묻고 싶다. '이럴 줄 모르셨어요?'라고. 특이한 경우이거나 운이 지독하게도 없는 상황이 아니라는 뜻이다. 미리 몰랐을 뿐이지 이미 예정되어 있던 흐름대로 상황이 흘러갔던 것이기 때문이다. 그러므로 직장인이든 자영업자이든 보이지 않는 굴레와 같은 쳇바퀴에서 내려오는 것으로서 성공이 시작될 수 있다.

음식점 같은 자영업이 아니고 소규모 사업의 경우도 매한가지다. 회사와 매출에 도움이 되는 좋은 인재를 뽑아서 일을 시키고 싶은 건 모든 사장의 공통된 마음이다. 하지만 현실은 이런 기대와는 아주 다르다. 매번 무능한 사람들만 들어온다. 일을 시켜도 알아듣지를 못하고 실수하기 일쑤이고, 아주 가끔 대형 사고를 쳐서 회사에 큰 손해를 끼치는 일도 종종 생긴다. 꾹 참고 열심히 가르치고 알려줘서 이제 좀 제구실을 하는가 싶었더니 회사를 나가서는 꼭 같은 아이템으로 경쟁 업체를 시작한다고 한다. 결국 남 좋은 일만 한 셈이다. 그러다 드물게 아주 유능한 인재가 들어와서 회사의 기대를 한몸에 받았지만 얼마 지나지 않아 "사장님, 죄송합니다. 그만두겠습니다"라고는 나가버린다. 그리고 이런 상황이 반복된다. 무능한 사람이 들어와 월급만 축내다 사고를 치고, 제 몫을 좀 하나 싶었더니 나가서 경쟁업체를 차리며 유능한 사람이 들어와서 "기대가 크네"라고 격려해줬더니 얼마 못 가서 그만둬버리고 만다.

직장인, 자영업자뿐만 아니라 내 사업을 운영하는 사업자들에게도 보이지 않는 쳇바퀴는 여지없이 나타난다. 그런데 진짜 중요한 것은 '왜 현실이 이렇게 답답하지?'라는 한탄이 아니라 그런 현실이 반복되는 진짜 이유를 알아차리는 것이다.

바로 비교우위가 없기 때문이다. 내 회사가 다른 회사보다 나은 게 없으므로 좋은 사람이 들어올 이유가 없고, 들어오더라도 얼마 지나지 않아서 그만두는 것이다. 더 다닐 이유가 없으니까. 절대 우위가 있다면야 말할 것도 없이 좋겠지만 그것까지는 차치하고서라도 다른 경쟁자들에 비해 비교 우위라도 갖고 있으면 보이지 않는 쳇바퀴의 지긋지긋한 굴레에서 벗어날 기회가 생긴다. 무한 경쟁에서 숨통이 좀 트이고, 마냥 반복적으로 낭비되는 비용도 줄어들며, 채산성 악화는 피할 수 있게 된다.

만약 '왜 나는 이런 일이 계속될까?'라는 생각을 자꾸 하게 된다면 한번 하는 일의 전체를 순서대로 한번 종이에 적어보면서 객관적으로 살펴보라. '혹시 내가 보이지 않는 쳇바퀴에 올라와 있는 게 아닐까?' 하고 말이다. 쳇바퀴 위에 있으면 아무리 열심히 뛰어봐야 그 위일 수밖에 없고, 로터리에서 차선을 변경하여 다른 길로 나아가지 못하면 제아무리 포르쉐 911을 타고 있더라도 맴을 돌 수밖에 없다. 그게 성공으로 나아갈 수 있는 시작점이다. 명심하시라. 내가 지금 힘든 것은 열심히 하지 않아서가 아닐 가능성이 훨씬 크다.

3

다수의 오류, 골드러쉬와 재테크에 대한 환상에서 벗어나는 법

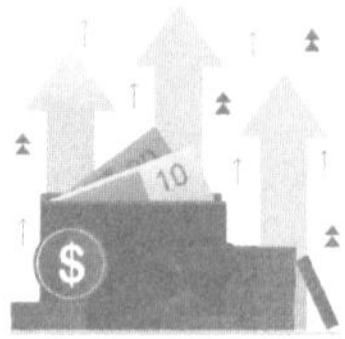

앞서 부자가 되기 위해서 누군가 만들어 놓은 쳇바퀴에서 내려와야 하고, 고정관념에서 하루빨리 벗어나는 것이 중요하다고 말했다. 그렇다면 과연 부자는 어느 정도의 재산을 가진 사람을 말할까? 우리 사회에서 부를 말하는 핵심적 요소인 아파트를 예로 들어보자면 강남의 핵심 아파트를 말하는 약자 중 하나인 래대팰(래미안 대치 팰리스)의 경우 2019년에는 84㎡형 아파트가 29억7천만 원에 거래되기도 해서 우리를 놀라게 했다. 이후 정부의 잇따른 부동산 안정 대책에도 불구하고 가격은 30~33억 원 사이에서 호가가 형성되고 있을 정도라고 하니, 이제는 100억 원 정도 되는 돈을 갖고 있어도 부자라는 소리를 듣기 힘든 세상이 되고 있다.

그렇다면 어떻게 하면 적어도 100억 원은 모을 수 있을까? 어떤 사람은 알뜰하게 절약하고 돈을 모아야 한다고 말할 것이고, 다른 어떤 이들은 대박 종목을 찾으면 된다는 주장을 하기도 한다. 낡은 빌라를 싸게 사서 리모델링 후 차액을 남기고 되파는 방법으로 돈을 벌겠다는 사람들도 여전히 적지 않다. 부동산 불패 신화를 말하는 사람 중 한 종류이다. 그런가 하면 보다 위험 추구Risk Take형의 사람들은 선물, 옵션 투자의 가능성에 대해 역설을 하고 한발 더 나아가서는 비트코인으로 빌딩 샀다는 20대 젊은이의 이야기를 못 들어봤느냐는 자못 솔깃한 말을 하기도 한다.

그야말로 프리리치가 되기 위한 방법론은 예전에 비할 수 없을 만큼 다양하다. 게다가 예전에는 꿈꾸기도 힘든 고급 정보와 각종 투자의 달인들을 만나고 접하는 것도 너무나 손쉬워졌다. 조금만 손품을 팔면 인터넷이라는 정보의 바다에서 필요한 정보와 지식 대부분을 얻을 수 있게 됐다. 프리리치가 되기 위해 어떠한 방법론을 선택한다고 해도 그에 필요한 지식과 조언을 쉽사리 얻을 수 있는 시대가 된 것이다.

그런데, 이렇게 다양한 재테크 정보를 통해서 과연 프리리치가 될 수 있을까? 과연 주식으로 혹은 선물 옵션 투자로 100억 원을 당신은 모을 수 있나? 아파트를 사고팔아 얻은 시세차익으로 부자가 되는 게 가능은 할까? '그런 사람이 있다고는 하는데…'라며 말꼬리가 흐려지기 마련이다. 좋은 투자 정보가 있고 고수가 있다고 하면 불원천리不遠千里하고 찾아가서 귀동냥을 하고 정보를 찾지만 기대했던 성과가 과연 나왔었던가?

거의 대부분의 사람은 "아니요"라고 말할 것이다. 실제로 그렇다. 선물 옵션으로 대박 냈다는 사람의 이야기도 자세하게 들어보면 결국은 큰 손해를 입어서 지금은 소위 그저 본전이거나 은행 창구 직원이 열정적으로 권유했던 DLF로 돈을 벌기는 벌었는데 100억 원은커녕 월급쟁이들 연봉 정도를 벌었다고 하는 게 고작이기 십상이다.

아파트를 사고팔아서 프리리치가 되겠다고 말하던 사람은 투기를 잡으려는 정부의 강력한 부동산 억제 정책 때문에 계획이 사실상 물거품이 돼서 한동안 하릴없는 시간을 보내고 있고, 이십 년 가까이 대박 종목을 찾는 데에 심혈을 기울였던 전업 투자자도 역시 프리리치의 꿈에는 좀처럼 다가서지 못하고 있다. 안타깝지만 이토록 불편한 현실과 우리는 또다시 마주하게 된다. 그렇다면 다양한 재테크 방법을 통해서 과연 우리가 100억 원을 모을 수는 있는 것일까?

이제는 '주식이냐? 부동산이냐 혹은 비트코인이냐?'라는 구체적인 방법론을 선택하는 것보다는 '이런 방법으로 목표를 과연 이룰 수 있을까?'라는 근본적인 질문에 집중해야 한다. '나는 어떻게 해서 부자가 되겠어'라는 구체적인 방법론에 매몰되었을 때 발생할 수 있는 위험에 대해서는 의외로 간과하는 일이 많다. 앞서 말한 것처럼, 주식 대박종목을 여전히 찾고 있는 전업 투자자나, 부동산 정책의 변동에 따라서 직접적인 타격을 받을 수 있는 아파트 매매를 통한 방법 등처럼 말이다.

어떤 방법론이 대단한 주목을 받고, 수많은 사람이 너도나도 그것에 뛰어드는 상황을 어렵지 않게 볼 수 있었다. 하지만 그러한 사례들에서 배워야 할 교훈이 아이템을 고르는 법은 아니어야 한다.

이를테면 지난 19세기 중반 미국 캘리포니아에서 금이 발견됐다는 소식이 들려오면서 수많은 사람이 금을 찾아 부자가 되겠다는 희망을 안고 서부로 향하기 시작했다. 우리가 자주 사용하는 단어 '골드 러쉬'의 유래에서 부자가 되기 위해서 어떤 방법을 선택해야 한다는 고정관념에 대해 되돌아보자. 1848년에서 1855년까지 25만 명에 달하는 사람들이 미국 서부 캘리포니아로 몰려들었다. 1848년 1월, 금이 발견됐다는 소식을 접하자마자 서부를 향해 출발한 첫 무리의 사람들이 캘리포니아에 도착한 것은 약 1년이나 지난 1849년이었을 만큼 당시의 교통 사정이나 사회 환경은 서부활극 영화의 배경이 될 만큼 거칠고 황량했었다. 오죽하면 1849년에야 캘리포니아에 도착한 그 사람들을 포티 나이너49er라고 불렀을까. 이들 황금의 발견 소식을 듣자마자 서부로 향했던 행동력 넘치는 진취적인 사람들인 포티나이너의 숫자만 해도 10만 명 정도였을 정도로 골드러쉬는 대단한 붐이었다.

그런데 훗날 돌이켜 봤을 때 과연 캘리포니아로 향하던 골드러쉬에서 부자가 된 사람들은 누구였을까? 사막과 다름없는 드넓은 황야를 지나고, 끝도 없는 초원을 건너서, 인디언이나 황야의 무법자들에게 쫓기고 시달려 가면서도 서부로 향했던 그 많은 사람들 중에서 금을 찾아 부자가 된 사람은 극히 소수에 지나지 않았다. 오히려 골드러쉬에서 가장 돈을 번 사람은 '거칠고 질긴 원단을 팔았던 사람들'이었다. 많은 이들이 즐겨 입는 청바지 브랜드 리바이스Levis가 골드러쉬가 절정이던 1853년에 시작이 됐던 것도 그런 역사적 배경에서 이유를 찾을 수 있다.

황금을 찾아 부자가 되겠다고 모험을 감행했던 수많은 사람이 아니라 오히려 그들이 잠을 자기 위해 사용했던 천막의 원단 업자가 부자가 됐던 것처럼, 프리리치가 되기 위해서 수많은 사람이 공부하고 실행에 옮기고 있는 다양한 재테크 방법들로 부자가 됐다는 사람은 찾아보기가 극히 힘들다. 오히려 부자가 되겠다고 열심인 수많은 사람에게 재테크 정보와 서비스를 제공하고 교육하는 재테크 업체들이 돈을 버는 뜻밖의 상황을 우리는 목격할 수 있다. 재테크 서비스와 콘텐츠를 제공하는 회사들이 코스닥 등록을 시도할 만큼 성장하고 있는 모습이 골드러쉬 때와 뭐가 다른가? 아이템 자체보다는 다수의 사람이 만드는 붐Boom 자체를 활용하는 것이 더 나은 선택일 수 있다. 골드러시에 뛰어들었던 사람들 모두에게 필요했던 튼튼하고 활동하기 편한 바지라는 필요에 집중해서 청바지를 만들었던 리바이스Levi's처럼.

한편 부자가 되기 위해서 어떠한 방법을 선택할 것인가에 대한 문제는 개인적 성향에 의해서 좌우되게 마련이다. 황금을 찾기 위해 1년이라는 긴 시간 동안 목숨을 건 모험을 감행하던 용감무쌍한 포티나이너들처럼 선물, 옵션에 주식투자에, 부동산 투자, 비트코인까지 다양한 재테크 방법을 실행에 옮기는 유형의 사람들이 있지만 아끼고 모아서 부자가 되겠다는 다소 보수적이고 신중한 유형의 사람들도 다수 존재한다. 그리고 '아이템만 잘 잡으면 대박을 터트려서 가맹점도 내서 부자가 되겠다'라고 생각하는 사람들도 분명히 있다. 적극적인 위험 추구형의 사람이든 장사와 영업 같은 전통적이고 친숙한 방법을 통해서이든 어떤 방법을 선택하든 결국 프리리치가 될 수 있을까?

아껴 모으든 혹은 벌어 모으든 '티끌 모아 태산'이라는 격언처럼 모아서 부자가 되고자 하는 사람들이 대부분이다. 직장 생활을 하면서 부자의 꿈을 키워가는 대다수 직장인들 그리고 거의 모든 자영업자가 이런 유형인데 그렇다면 매달 얼마씩 아껴 모아야 부자가 될 수 있을까?

직장인 중 상당수가 그리고 자영업자 중에서도 상당수가 매달 100만 원씩 모으기가 쉽지 않지만 쓸 것 쓰지 않고 정말로 알뜰하게 모아서 100만 원씩 저축했다고 가정해보자. 1년이면 얼마를 모을 수 있을까? 고작 1,200만 원이다. 10년이면 1억2천만 원. 갑자기 가슴이 답답해지는 느낌이 들기 시작한다. 1억2천이라니. 그렇다면 100만 원씩 100년을 모아야 12억 원이고, 800년을 모아야만 100억 원이라는 목표치에 도달할 수 있다는 결론에 이르게 된다. 고려 시대부터 매달 100만 원을 모았다면 아마 지금쯤 100억 원이 통장에 쌓였을 것이라는 얘기다.

아무리 평균 수명이 늘어났다고는 하지만 사람이 100년을 사는 것도 희귀한 일인데, 아끼고 아껴서 매달 100만 원을 100년 동안 모아봐야 12억 원밖에 모으지 못한다는 결론과 우리는 맞닥뜨렸다. 아마 속으로 뜨끔하고 놀란 사람들도 적지 않겠지만 그렇게 놀란 이유가 과연 몰라서였을까? 분명히 그렇지는 않을 것이다. 안 쓰고 열심히 모아서 부자가 되기 힘들고 아니 부자가 될 수 없으리라는 것은 이미 알고 있었지만 마땅한 대안이 없어서 그렇게 했을 뿐일 테니까.

프리리치를 꿈꾸는 직장인들뿐만 아니라 자영업을 하는 사람들도 마찬가지다. 사정이 다를 바 하나 없다. 식당을 한다거나 다른 업종의 장사를 해서 매달 1천만 원을 버는 사람이 됐다고 가정해보자. 한영인에서 가장 흔하게 들을 수 있는 앞서 말했던 '월 천 회'에 가입했다 치자. 요즘 같은 불경기에 종업원 인건비에 제세공과금에 이런저런 비용을 다 제하고 매달 수중에 1천만 원을 쥘 수 있다면 그 장사는 대박이라고 여기저기에 소문이 날 것이다. 케이블TV나 공중파 방송의 이름 없는 코너에서 방송 출연 요청도 받을 수 있을 정도다. '나도 저런 장사 하고 싶다'라는 워너비들도 많이 생길 테고. 그런데 월 1천만 원을 버는 대박 장사를 하더라도 부모님 용돈드리고, 맛있는 것도 좀 먹고, 사고 싶은 것도 사며, 내야 할 돈을 내고, 쓰고 싶은 데에 돈도 쓰고 나면 매달 100만 원 모으기가 쉽지 않다. 필자가 한영인 수강생들에게 이런 얘기를 교육 초기부터 하면 대부분은 피식하고 웃고 만다. '월 천 회에 가입만 하면 그보다는 훨씬 더 모을 수 있습니다'라는 표정들이다.

하지만 몇 달이 지나지 않아 그들이 꿈에 그리던 '월 천 회'에 도달하고 나면 필자에게 찾아와서는 조용히 고백한다. "회장님, 진짜로 100만 원씩 저축하는 게 쉽지 않던데요. 씀씀이가 헤픈 사람이어서가 아니라 우리네 현실이 대개가 그렇기 때문이다. 작은 단계이기는 하지만 이 단계에 이르게 되면 사람의 마음이라는 것이 참 간사하다는 표현처럼 이런저런 생각이 들게 된다. '집이 너무 좁은 데 조금 넓혀가자. 여긴 너무 좁아'라며 이사하고, 그동안 언감생심 생각도 못 해봤던 일들을 한다. 이를테면 백화점 명품관에 가서 호기롭게 핸드백도 하나 사보고, 매달 눈치만 보던 배우자에게 '더 필요하면 말해'라면서 생활비도 두둑하게 주게 된다. 부모님께도 "이제 고생 끝났으니까 돈 좀 쓰세요"라며 봉투에 용돈을 넣어드리며 뿌듯해하게 된다. 물론 뚜벅이 생활, 털털거리던 고물차도 당연히 바꾼다. 이게 크게 잘못됐다는 뜻이 아니라 사람이 원래 그런 존재이기 때문이라는 것이다. 아닌 말로 남들에게 고개 숙여가며 영업하고 장사해서, 그 고생해서 돈을 버는 이유가 뭔가? 좀 넉넉하게 살고 싶어서 아니었나? 그런 소망을 작게 누려보고 싶다는 생각은 자연스러운 욕망의 발현이라고 눈감아 줄 수 있다고 본다. 그래야 더 큰 돈을 벌겠다는 욕심이, 의욕이 생길 것 아닌가.

하여튼 이렇게 매달 100만 원을 모을 수 있는 대박 장사를 하고 있더라도 프리리치가 되기 위해서는 그렇게 대박 장사가 800년간 계속되어야만 한다는 숫자는 달라지지 않는다. 결국 이 방법도 허상일 따름이라는 얘기에 지나지 않는다. 그런데 부동산이든 대박 장사든 주식투자든 대부분 사람들이 프리리치가 되기 위해서 이러한 방법을 선택하고 있는 까닭은 다들 그렇게 하고 있기 때문이다. 남들도 다 그렇게 하고 있으니까 그냥 그 길을 따라 걷고 있다. 하지만 아무리 많은 사람이 선택한 방법이라고 하더라도 그렇게 해서는 절대 원하는 결과에 이르지 못한다는 사실은 변하지 않는다. 이를테면 다수의 오류라고나 할까? '안 되는 줄 알면서 왜 그랬을까?'라는 노랫말처럼, 많은 사람이 하는 오류를 비판 없이 답습하고 있다.

4

통제할 수 없는 부분을 최소화하는 것의 중요성

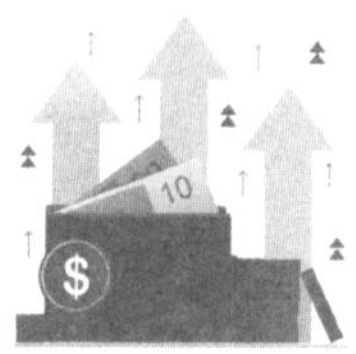

그렇다면 "아니, 그럼 프리리치는 절대 될 수 없다는 겁니까?"라고 반론을 하고 싶어지지는 않는가? 필자가 무슨 지독한 염세주의자이거나 비관론자도 아닌데 "그래요. 당신들은 절대 프리리치가 되지 못해요"라고 말하고 싶어하겠는가? 성향 상으로 분류를 해본다면 필자는 상당한 낙관론자이다. 땀을 흘린 성과에 대한 굳건한 믿음을 갖고 있다. 한영인을 거쳐 간 수많은 사람들의 성공담 중에서도 항상 잊히지 않는 어떤 중년 남성에 관한 이야기를 잠깐 들려드릴까 한다. 귀띔이지만 이분의 성공으로 적잖은 한영인 동문도 부자가 됐을 만큼 훌륭한 인생템을 일궈내셨던 분이다.

처음 이분을 봤을 때는 한쪽 어깨가 유독 처져 있었다. 직감적으로 '무거운 가방을 메고 영업을 다니시는구나' 하는 것을 알게 됐다. 판매할 제품과 홍보 전단을 들고, 어깨에 메고 돌방(돌아다니면서 방문 영업을 한다는 의미의 단어)을 한다는 것이 얼마나 힘들고 사람을 지치게 하는지는 경험해 보지 않은 분들은 절대로 모른다. 이분은 본인의 집에서 만든 건강식품을 방문판매 하는 것이었다. 그런데 한눈에 봐도 영업인 하면 떠오르는 자신만만하고 언변이 좋은 젊은이 하고는 거리가 먼 중년의 아저씨였다. 어떻게 그렇게 고된 일을 하시게 됐는지 그 이야기를 듣다 보니 고개를 끄덕일 수밖에 없었다.

이분은 집안으로 전해 오는 방법으로 건강식품을 만들어서 큰 효과를 보았고, 이분의 건강식품으로 건강을 되찾은 주위 사람들도 상당수 있었다. 그렇게 효과를 본 사람들이 강권하다시피 '그런 재주를 썩히지 말고 만들어 팔아보라. 자신들도 홍보하겠다'며 등을 떠밀어 그 일을 하게 된 경우였다.

그런데 이렇게 훌륭한 아이템이라고 하더라도 혼자서 그것도 마케팅이나 영업에 대한 노하우도 없이 판매한다는 것은 사실 굉장히 힘들고 어려운 일이다. 그런데 이분은 "그저 열심히 하는 수밖에 없으니까요"라고 안쓰러울 정도로 성실하게 돌방을 하고, 전단을 나눠주는 일을 성실하게 하셨지만 육체적으로 한계가 와서 더는 이대로는 못하겠다고 생각하던 와중에 나와 한영인에 대한 이야기를 듣게 돼서 찾아오셨다.

결국 이분은 자신의 인생템을 원래 하시던 일에서 찾아, 말도 안 될 정도로 성실하게 성공을 해내셨다. 땀을 흘린다는 것의 귀중함과 가치를 가장 잘 아는 존경할만한 분으로 이분과의 일들이 지금도 문득문득 떠오른다. 좋은 대학을 나왔거나 인맥도 넓지도 언변과 수완이 뛰어나지도 않왔지만, 그 특유의 성실함이 효과적인 방법을 만나서 성공하게 된 경우였다. 이분처럼 내가 열심히 하면 프리리치가 되는 현실적인 방법론은 분명히 있다.

다만, 앞에서 살펴본 것처럼 보이지 않는 쳇바퀴에서 벗어나고, 고정관념을 떨쳐내며 다수의 오류에서도 깨어나게 되면 프리리치가 되는 현실적인 방법에 성큼 다가설 수 있게 되지만 아직도 벗어나야 할 굴레를 모두 벗지는 못하고 있다. 그것의 존재를 분명히 인식하고 벗어내야 한다. 그 하나 더 남은 굴레가 바로 요행수에 대한 착각이다.

조금 전에 말했던 프리리치가 되려는 방법들, 즉 주식투자, 부동산, 외식업과 같은 자영업 그리고 세일즈와 같은 방법론을 통해서 프리리치가 될 수 있고 실제로 그렇게 된 사람들도 적지 않다. 하지만 주식과 부동산 자영업과 세일즈와 같은 부자가 되기 위한 다양한 방법이 내가 전적으로 그 결과를 좌우할 수 있는 것인가에 대해서는 진지하게 되돌아봐야 한다.

주식 투자를 통해서 100억 원을 벌 수 있다. 그렇게 해낸 사람도 존재한다. 하지만 그렇게 돈을 버는 과정에서 내가 주도적인 입장으로 제어를 할 수는 없다는 사실만큼은 분명히 깨닫고 있어야 한다. 내가 산 종목의 주가가 상승하든 하락하든 그건 여러 가지 요인이 작용한 결과일 따름이지 내가 그 종목의 오르고 내림에 영향을 미치는 것은 극히 희박한 확률에 지나지 않기 때문이다. 아닌 말로, 당신에게 삼성전자의 주가를 폭락시키거나, 10일 연속 상한가를 치게 만들 힘이 있을까?

'주식 투자로 돈을 벌겠다'는 포부를 가지고 이를 실천에 옮기더라도 그러한 결과를 현실로 만드는 과정의 상당 부분은 내가 통제할 수 없는 요행과 외부적 요인에 있다는 것을 깨닫고 인정할 수 있어야 한다. 이를테면 남북관계의 화해 분위기가 본격화되면서 휴전선 인근의 땅에 관한 관심이 높아졌을 때, 조만간 개발제한구역에서 풀린다는 믿을만한 정보의 귀띔으로 철석같이 믿고 투자했는데 그게 무산되는 바람에 자금이 묶여서 큰 낭패를 봤다던가 하는 일이 있다. 이처럼 부동산 투자가 정부의 강력한 부동산 억제 정책으로 직격탄을 맞을 수 있지만 그것을 내가 제어를 할 수는 없다.

대박 아이템이라고 해서 있는대로 자금을 모아 시작한 조개전문점이나 대만 카스텔라 전문점 혹은 망치로 깨서 먹는 과자, 슈니발렌 점포도 갑작스러운 인기의 소멸로 하루아침에 쪽박 아이템으로 전락할 수 있기 때문이다. '아이템만 잘 잡으면 대박 난다'라는 속설을 들을 때마다 안타까움을 느끼는 까닭이 거기에 있다. 이러한 한계를 정확하게 인식하고 있어야만 프리리치가 될 수 있는 현실적인 방법론에 진정으로 다가설 준비가 일단락되게 된다.

도저히 일어날 수 없을 것만 같은 비현실적인 일이 버젓이 일어날 수 있는 것이 바로 현실이다. 이런 사례도 있다. 필자가 아는 어떤 분은 외국에서 화장품을 수입해, 인터넷으로 판매하는 해외 직배송 사업을 시작했다. 여성들이라면 누구나 좋아할 만한 명품 브랜드의 제품을 아주 경쟁력 있는 가격으로 가져올 수 있는 계약을 따냈었다. 사업은 시작하자마자 순풍에 돛단 듯이 잘 나가고 있었지만 어느 날 갑자기 전혀 생각지도 않았던 암초를 만나서 그만 사업은 한순간에 좌초하게 됐다. 2001년 9월 11일, 미국 뉴욕의 국제무역센터 빌딩에 가해진 항공기 테러 사건(일명 9.11 테러 사건)이 발생했고 뒤이어 국제 우편물에 탄저균을 넣어 발송하는 희대의 테러 사건인 탄저균 테러 사건도 발생했다.

남들이 모두 부러워하던 잘 나가던 이분의 사업은 탄저균 테러 사건이라는 직격탄을 맞고 한순간에 망하고 말았다. 외국의 거래처가 한국으로 보낸 항공 화물이 모두 탄저균 검역을 받으면서 엄청난 지연사태와 분실사태가 겹쳤기 때문이었다. 외국에 수출하려고 할 때, 수입업체와 계약서를 작성하게 되는데, 모든 계약서에는 맨 마지막에 공통으로 들어가는 조항이 있다. 바로 불가항력 조항不可抗力, Force Majeure이라는 것이다. '위의 계약 내용은 전쟁이나 태풍, 지진이나 테러와 같은 자연재해나 천재지변과 같은 어쩔 수 없는 사안에 의해서 발생하는 손해에 대해서는 쌍방이 책임을 묻지 아니한다'라는 문구가 들어간다. 나중에 이분은 자문변호사와 함께 계약 이행에 관한 책임 소재를 분명히 가려 손해를 보상받으려고 했었는데, 계약서의 마지막 조항 '전쟁이나 테러, 천재지변과 같은 이유로 발생한 손해에 대해서는 책임을 묻지 아니한다'라는 내용 때문에 소송을 포기할 수밖에 없었다고 한다.

'누가 그런 일이 일어나리라고 생각이나 해봤겠느냐?'라면서 씁쓸하게 웃던 그분의 모습이 지금도 떠오른다.

결국 이분의 사례에서도 알 수 있는 것처럼 프리리치가 되기 위해서 선택하는 다양한 방법론들은 각기 다른 정도의 우리가 통제할 수 없는 부분의 위험한 요소가 존재한다는 것을 언제나 염두에 두고 있어야 한다. 따라서 이 책을 통해서 '이렇게 하면 반드시 프리리치가 될 수 있습니다'라고 말하는 방법론은 우리가 통제할 수 없는 부분을 최소화하는 것에도 주안점을 두고 있다는 점에서 매우 현실적인 실천론이기도 하다. 열린 마음으로 계속 읽기만 해도 '과연 이렇게 하면 가능하겠구나'라는 작은 깨달음을 반복해서 얻게 될 것이다.

CHAPTER 2

평범하던 그들이 프리리치가 될 수 있었던 이유

1

티끌도 차곡차곡 모아서 프리리치가 된 사람들은 없을까?

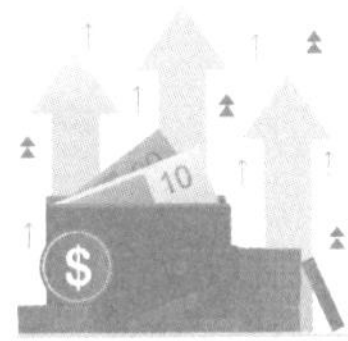

프리리치가 되어 돈 걱정하지 않고 편하게 삶의 자유와 즐거움을 누릴 날을 상상하다가도 '800년이나 걸린다고?'라고 생각하면 당장 눈앞이 캄캄하고 가슴에는 무거운 돌덩어리를 얹어놓은 것처럼 답답해질 것이다. 그런데 프리리치라는 희망과 100만 원씩 800년이라는 숫자 사이에서 절망하는 와중에 문득 무언가 석연찮은 느낌이 들지도 모르겠다. 이를테면 이런 의문이다. '부자가 될 수 없다고? 아닌데, 있던데?'라는 생각 말이다. 언감생심이던 '월 천 회'에 도달했어도 매달 100만 원씩 모아 프리리치가 되는 것이 실질적으로 불가능하다는 것을 숫자를 통해서 수긍은 했지만 어떠한 방법이 있을 것만 같다는 느낌이 들것이다. 봄날의 아지랑이같이 부자가 될 수 있을지 모른다는 아련한 희망 다시 솟아난다.

"참, 회장님, 장사해서 부자가 될 수 있다면서요? 그럼 왜 800년이나 걸린다고 하셨어요?"라고 따져 묻고 싶어졌으면 한다. 한영인 수강생들 중에도 이런 분들이 기수마다 몇 명씩은 있다. 여기서 군이 확인하려고 하지 않았던 절망적인 현실을 깨달았지만 그곳에서 한 발 더 앞으로 나아갈 수 있는 중요한 지점에 이르게 된다.

전략戰略, Strategy이라는 단어에는 이런 색다른 해석이 있다. 원래 전략은 '도달하고자 하는 목표와 내가 현재 서 있는 지점 사이의 간격Gap을 어떻게 메꿀 것인가?'에 대한 방법론이다. 다시 말해 목표지점까지 도달하는 데 필요한 것 중에서 '지금 내게 없는 것들을 어떻게 확보할 것인가?'에 대한 것이 바로 전략이다.

전략에 대한 색다른 해석을 이야기한 까닭은 부자가 되기 위해 앞으로 실행하고 겪어야 하는 일들이 미래와 직결된 중요한 것들이고, 그것을 위해서 전략적인 사고와 행동이 요구되기 때문이다. 부자가 되고픈 막연한 마음을 구체적인 방법론을 통해서 현실로 끌어낼 수 있는 방법은 분명히 있고 그러한 방법론을 필자는 지난 십여 년간 숱하게 반복해서 경험했고 검증했다. 그렇게 해서 얻어낸 결론에 대해서도 체계적인 정리를 통해서 다시 검증을 마쳤고 확신하고 있으므로 나중에 말을 바꿀 수 없는 분명한 물증을 통해서 설명할 것이다.

그런데 '매달 100만 원씩 모아서 프리리치가 되기 위해서는 800년이 넘는 시간이 걸릴 수밖에 없다'는 것은 수치로 확인했으니 그걸 부정하지는 못하겠다. 하지만 '그렇지 않다'라는 막연한 의심이 들 것이다. 아이러니하게도 '800년이나 걸리지 않느냐?'라고 말한 필자의 주장에 '아니지 않나?'라는 반박을 할 수 있을 것 같지 않은가?

이런 의구심은 충분히 그럴만한 근거가 있다. 아무 것도 가진 게 없던 대학 중퇴생이 프리리치의 꿈을 이뤄낸 사례가 실제로 있으니 이런 심증은 더욱 커지게 된다. 숫자로는 '불가능하구나'라고 생각하지만 '그렇지 않을 것 같다'라는 그 의심은 사실이고 또 진실이기도 하다. 아무 것도 가지지 못한 평범한 사람들이 프리리치가 되는 과정에는 단순한 숫자로는 모두 설명되지 못하는 부분이 있기 때문이다.

이렇게 상호모순되는 주장과 의문에 대해 답하기 위해서 이런 질문이 필요하다. "부자가 되기 위해서 800년이나 걸리는 게 아니라 10년 정도 걸린다면 어떻게 한번 도전해 보시겠습니까?" 이런 질문에 대부분 너무나 당연히 '해보겠다'라고 대답할 것이고 그것에 대해서 '이런 방법입니다'라고 말해야만 한다. 부자가 되기 위한 구체적인 방법론이 있다고 말했으니까.

매달 100만 원씩 모아서 부자가 되는 것은 현실적으로 불가능하지만 그 불가능을 현실로 만들어내는 방법은 분명히 있고 그렇게 해서 부자가 된 실제의 사례들도 많이 있다. 필자가 그러한 사례들이 현실로 만들어지는 방법론을 그 사례의 주인공들과 함께 만들어냈고 생생하게 목격했기 때문에 상호모순되는 주장과 질문을 모두 설명할 수 있다. 믿고 따라만 와준다면 가능하다라고 말이다. 그리고 '800년이나 걸린다던 것을 10년 만에 가능하게 할 수 있는가'라는 그 믿기지 않는 비밀에도 여지없이 우리가 넘지 못한 고정관념이 숨겨져 있다. 프리리치가 되기 위해서 매달 100만 원씩 모으는 것이 아니라 1억 원씩 모으면 양상은 전혀 달라지기 때문이다.

지워지지 않을 의구심을 꾹꾹 눌러가면서 '부자가 되고 싶다'라는 바람으로 여기까지 읽었다면 '지금 말장난하자는 건가?' 하는 생각이 들지도 모르겠다. 그런데 과연 말장난일까? 열심히 일해 쓸 돈을 어느 정도 쓰고 나서 매달 100만 원 모으기도 쉽지 않은데 달마다 1억 원씩 모을 수 있다? 세상에 그런 방법이 어디에 있고, 그런 사람이 어디에 있느냐고 격렬히 항의하고 싶지 않은가?

하지만 확실히 물적 증거를 갖고 '가능합니다'라고 말할 수 있다. 참고로 한 달 1억 원을 버는 사람들의 모임인 '월 억 회'도 한영인에서 운영 중이다. 와보시면 안다. 당신이 머릿속으로 생각하는 것이 전부는 아니라는 것을 말이다. 월 1천만 원을 벌던 것을 월 1억 원을 버는 방법 이외에도 내가 일하지 않아도 돈이 벌리는 구조를 만드는 것도 아주 훌륭한 방법이기 때문이다. 그리고 그것은 현실적으로 충분히 가능하다. 그리고 그 방법이 이 책의 중요한 내용이기도 하다.

직원과 컴퓨터 그리고 제때 동원될 수 있는 자본으로 매달 1억 원을 버는 것과 대동소이한 시스템을 만들어 내는 방법도 있다. 이렇게 내가 없어도 내가 만든 시스템이 매달 수천만 원의 이익을 거둘 수 있도록 하는 것이 불가능한 일이 아니라는 것도 머릿속에 있는 고정관념일 뿐이다. 이렇게 만들어진 나의 시스템을 100억 원 이상의 가치로 평가받는 회사로 만들어 매각하는 것도 프리리치가 될 수 있는 또 다른 방법의 하나다. 경제적 문제로부터 자유로워질 수 있는 부를 얻을 수 있는 프리리치의 단계에 들어서는 방법은 절대로 유일무이한 단 하나의 방법만이 존재하는 것은 아니다. 다음은 이를 입증한 한 사례이다.

'입에서 단내가 나도록 영업했다'라고 말하던 한 젊은이는 타고난 언변이 좋아 부동산 사무실에서 상담실장으로 일했다. 단내가 나도록 열심히 일해서 어느 정도 성과가 나오는 달에는 300만 원 정도의 수익을 가져갈 수 있었다.

하지만 경험해 본 사람들은 잘 영업이라는 것이 자신만 열심히 한다고 해서 결과가 달라지는 것에는 분명한 한계가 있다. 아침부터 밤중까지 열심히 사람들을 찾아다니면서 정말 열정적으로 영업을 하더라도 실제 계약으로 이어지는 확률은 그리 높지 않다.'내가 오늘 열 명을 만나서 세 명 이상과 계약을 맺어야지'라고 결심하고 열심히 실천한다고 해도 만나는 사람들이 내가 팔고자 하는 것을 구매할 생각이 전혀 없거나 그다지 없는 상황이 대부분이기 때문이다.

앞에서 말했던 전략에 대한 색다른 해석을 빌어보자면 오늘 만날 사람과 계약을 따내려고 하는 구체적인 수치를 달성하기 위해서 해야만 하는 것은 단순히 '열심히 하자'라는 마음가짐만으로는 메꿔지지 않는 넓은 간격을 어떻게 건너는가이다. 그래서 전략적인 판단과 행동이 필요하다.

기존의 방법대로는 아무리 열심히 일한다 해도 달성할 수 있는 목표의 수치에 한계가 있으므로 그것을 훌쩍 뛰어넘기 위해서는 발상의 전환 그리고 일하는 구조를 바꿔야 한다. 이를테면 열심히 영업활동을 해도 하루에 네다섯 명을 만나 상담을 하기도 쉽지 않다. 그래서 '월 1천만 원 버는 영업인'이라는 수치도 경험해 본 사람들은 "우와~ "하는 부러움이 드는 어려운 목표일 수밖에 없다. 하지만 그런데 이건 충분히 극복해 낼 수 있는 고정관념이다. 일하는 방법, 즉 구조를 바꾸면 가능하다.

만약 '나를 만나는 사람들의 입장에서 생각해보자'는 발상의 전환이 가능하다면, "1만 원짜리 개구리 자전거를 팔아 얼마를 벌 수 있을까요?"라는 질문에 연 1억 원은 모두 고개를 저었어도 연 30억 원 매출에 대해서는 다양한 방법이 나왔던 것처럼, 말도 안 될 것만 같은 목표를 달성할 수 있는 방법론이 도출될 수 있다.

앞서 얘기한 부동산 사무실의 상담실장이었던 그 젊은이는 월 40만 원짜리 고시원에서 살고 있었다. 하지만 그는 지금 벤틀리와 벤츠 S 클래스와 포르쉐 박스터와 911 까레라에 롤스로이스 그리고 BMW 바이크와 캔암 스파이더 바이크를 소유했고, 자신 소유의 건물 펜트하우스에서 살다가, 역시 뷰view가 중요하더라면서 시그니엘 롯데타워로 이사를 갔다. 조물주 위에 건물주라는, 그것도 강남 건물주에서 한발 더 나아가서 말이다.

필자에게 찾아온다면 이 믿기지 않는 사람에 대해 책으로는 알 수 없는 더 궁금한 비밀도 알 수 있다. 실제의 사례이니까. 그런데 더욱 놀라운 것은 고시원에서 살고 있었을 때에도 이 놀라운 사례의 주인공은 젊은이였고 현재도 젊은이라는 점이다. 800년은커녕, 10년도 지나지 않은 단기간에 일어난 일이다. 그리고 가장 놀라운 것은 이 기적적인 사례의 젊은이가 이 책을 읽고 있는 여러분 보다 월등히 뛰어난 잠재능력의 소유자가 아니라 주변에서 흔히 접할 수 있는 정말 성실히 노력한 평범했던 젊은이라는 점이다. 그 방법에 대한 이야기의 일면이다. 어떻게 해서 이 젊은이는 열심히 벌어 월 100만 원을 모으기도 쉽지 않은 현실을 벗어나 프리리치가 될 수 있었을까?

그 비밀은 바로 '고객이 찾아오게 만들었기 때문'이다. 내가 찾아가 만나야 하는 사람은 좀처럼 사지 않고, 나를 찾아와 만나는 사람은 어지간해서는 다 산다. 그것에서부터 여전히 믿기 힘든 기적 같은 이야기가 시작된다. '월 천 회'가 영업인들에게 부러움의 대상인 이유는 그것을 달성하기 위해서 만나야 하는 사람들의 숫자가 눈에 그려지기 때문이다. 일반적으로 열심히 영업을 한다고 해도 보통 많아봐야 하루에 네다섯 명 정도의 고객을 만날 수 있다. 이른 아침부터 고객을 찾아가는 것도 눈치 보이는 일인데다 고객을 만나기 위해서 오가는 시간도 필요하기 때문에 하루에 이 정도의 수치는 최대치에 가깝다.

그런데 영업 현장의 고단함은 이렇게 열심히 세일즈를 한다고 해도 그것이 실제 계약으로 이어지는 비율이 높지 않다. 요즘 사람들은 어지간한 세일즈맨들보다 내가 판매하려는 제품, 서비스에 대해서 더 많이 아는 경우가 많다. 인터넷과 SNS 등을 통해 접할 수 있는 정보들이 워낙에 많기 때문이다. 그래서 고객을 만나서 세일즈를 하더라도 그것이 성사되는 비율이 예전에 비해서 더욱 낮아졌다. 안 그래도 어려운 게 세일즈인데 그러므로 '월 천 회'는 대단한 수치이다. 얼마나 많은 사람을 만나야 가능한 것인지 1천만 원이라는 숫자에서 그 고단한 수고를 느낄 수 있다. 얼마나 많은 거절을 당했을지.

일반적인 보통의 영업이 어려운 이유는 내가 고객을 찾아가서 무언가를 판매하려고 하기 때문이다. 고객으로서는 자기 돈을 들여 무언가를 구매할 생각이 없었는데 언변이 좋은 세일즈맨의 그럴듯한 이야기에 홀린 듯 지갑을 여는 것을 당했다고 생각하기에 십상이다. 모든 세일즈 현장에서의 고객들이 대단히 수동적이고 방어적인 이유가 거기에 있다. '필요 없는 것을 구매하게 만드는 사람'이라고 영업인들을 생각하기 때문에 홀린 듯 구매하게 되더라도 가능한 한 적게 내려고 하는 것이고, 소비자 보호법에 정해진 환불가능 기간 중 어떻게 해서든 환불을 하려고 하는 이유이기도 하다.

그에 비해 나를 찾아오는 고객들은 행동 패턴이 천양지차로 다르다. 어지간해서는 모두 구매를 할 뿐만 아니라 그것도 내가 판매하는 제품 혹은 서비스 중에서 비싼 것을 선택한다. 게다가 내가 고객을 찾아가며 길에서 쓰는 시간이 없으므로 하루에 만날 수 있는 고객의 숫자도 찾아가는 영업을 할 때와는 비교할 수 없이 많아진다. 아무리 열심히 해도 하루에 네다섯 명 만나는 것도 벅찼지만, 찾아오는 고객을 상대로 할 때에는 하루에 열 명 이상을 만나는 것도 가능하다. 다른 손님과 상담하는 동안 그 뒤에 찾아온 손님들이 대기하며 나를 기다리게 할 수 있기 때문이다.

'말도 안 된다. 어떻게 그게 가능한가?'라고 그 비결의 구체적인 모습이 궁금하신 분들은 그동안 필자가 썼던 책들을 참고하면 즉각적인 도움이 될 것이다. 이렇게 하루에 네다섯 명을 만나, 그중 한 명과 계약을 성사시켜 얻을 수 있는 소득과 하루에 열 명 이상을 만나, 아홉이나 열 명 모두가 구매를 해서 얻을 수 있는 소득의 차이를 생각해 보면 '월 1억 원의 수입도 가능할 수 있겠구나' 하는 것을 짐작할 수 있지 않을까? 같은 금액의 세일즈를 성사시킨다고 하더라도 아주 간단히 10배 가까운 수입을 얻을 수 있다는 것을 눈으로 확인할 수 있다. 그러므로 남들이 하는 과거의 방법대로 영업을 해서 월 1천만 원을 벌 수 있었다면 그 10배인 월 1억 원의 수입도 가능하다.

정말 성실하고 열심히 사셨던 어떤 중년 아저씨는 이온수기 대리점을 시작했는데, 기껏 뽑아놓았던 영업사원들은 일하는 건지 마는 건지 기본급만 몇 달 타가고는 실적이라고는 내지도 못한 채 퇴사해 버렸다. 그 통에 살면서 안 쓰고 모은 돈으로 시작했던 사업은 제대로 날개 한 번 펴보지 못하고 망하기 일보 직전, 이를 악물고 쓰러지지 않으려고 사투를 벌이던 참담한 지경에서 필자를 만났다.

하지만 내가 손님을 찾아가는 것이 아니라 손님들이 나를 찾아오게 만드는 방식으로 일하는 방법을 바꾸고 나서 그분의 인생은 완전히 달라졌다. '오늘 몇 대 계약했습니다. 감사합니다'라고 카카오톡을 보내시더니 얼마 지나지 않아서는 카카오톡을 보내는 빈도가 줄었다. 무소식이 희소식이라고 오랜만에 직접 만나게 된 그분은 한눈에 보아도 벌써 풍기는 분위기가 완전히 달라져 있었다. 무엇에인가 잔뜩 위축된 듯했던 어깨나 살짝 건드리면 왈칵 쏟아질 것 같던 슬픈 눈동자는 어디론가 사라졌고, '저분, 풍채가 저렇게 좋았나?' 싶을 정도로 자신감 있는 걸음걸이로 필자를 맞이했다. 반가운 근황을 나누면서 점심을 하는데 전화가 한 통 걸려왔다. 그런데 그 응대하는 모습에 깜짝 놀랄 수밖에 없었다.

'제가 중요한 분과 대화하는 중인데 오후에 다시 전화하시기 바랍니다'라고 전화를 끊는 것이었다. "누구신가요?"라고 물었더니 대수롭지 않은 표정으로 '다시 할 겁니다'라고 활짝 웃던 그분은 '갑자기 매출 신고가 많이 잡혔는데 무슨 일인가요?'라고 세무서에서 전화가 올 정도로 매출이 폭발적으로 늘었더란다.

단지 이온수기를 파는 아저씨에서 '우리 아이가 아토피가 심해서 막 우는 데 어떻게 해야 할까요?'라는 아이 엄마의 다급한 전화에서 선생님이라는 경칭을 자연스럽게 받는 전문가로 바뀌었기 때문이다. 이 분에 대한 자세한 에피소드는 필자의 다른 책들에도 언급되어 있으니 궁금하신 분들은 참고하길 바란다.

이제 터질 듯이 솟구쳤던 불신이 확연히 수그러드는 것을 느낄 수 있지 않을까? 내가 찾아가는 것이 아니라 나를 찾아오게 만들 수만 있다면 프리리치는 충분히 가능한 일로 바뀐다. 놀랍지 않은가? 이온수기 팔던 과거의 그 아저씨는 이제 전화하는 것도 조심스러운 선생님이 되어 있다. 그리고 앞에서 언급했던 40만 원짜리 고시원에서 살던 그 젊은이가 채 10년이 지나지 않아 강남 건물주에 롤스로이스 오너로 경제적 신분이 수직 급상승할 수 있었던 것도 진짜 사실일 수 있겠다는 생각이 들 것이다. 이렇게 모아서 프리리치가 되는 것은 실제로 가능한 일이다. 믿고 따라와 주기만 한다면 말이다.

하루에 네다섯 명을 만나, 그중 한 명과 계약을 성사시켜 얻을 수 있는 소득과 하루에 열 명 이상을 만나, 아홉이나 열 명 모두가 구매를 해서 얻을 수 있는 소득의 차이를 생각해 보면 '월 1억 원의 수입도 가능할 수 있겠구나' 하는 것을 짐작할 수 있지 않을까? 같은 금액의 세일즈를 성사시킨다고 하더라도 아주 간단히 10배 가까운 수입을 얻을 수 있다는 것을 눈으로 확인할 수 있다. 그러므로 남들이 하는 과거의 방법대로 영업을 해서 월 1천만 원을 벌 수 있었다면 그 10배인 월 1억 원의 수입도 가능하다.

2

당신의 자산을 최대한 가치 있게 파는 법

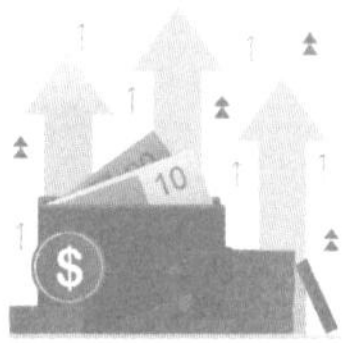

그동안 필자가 부지불식간에 갖고 있었던 다양한 고정관념들을 깨뜨리고, 본질적인 발전을 가로막고 있던 좋지 않은 행동에서 벗어나는 것이 부자가 되는 데 필요한 초기 단계의 과제이다. 그리고 필자의 저서 《영업의 정석》이나 《슈퍼리치 영업의 기술》에 자세하게 설명된 구체적인 방법론을 열심히 읽은 후, 그 내용을 믿고 하나씩 실행에 옮기다 보면 굳이 더 설명하지 않아도 무언가 달라지는 것을 체감할 수 있다. 반드시 버려야 할 여러 가지 고정관념 중 지금까지 말하지 않았던 한 가지가 더 있다. 이는 바로 매각에 대한 고정관념이다.

어떻게 하면 세일즈, 영업의 효율을 비약적으로 높일 수 있는지에 대한 교육과 강의를 지난 10여 년간 하면서 만났던 수많은 사람들 그리고 놀라운 성과를 거둔 많은 사람들 중에서도 '회사를 팔라고요?'라고 하면서 처음에는 화들짝 놀라거나 본능적으로 거부감을 느끼는 사람들이 많았다. 그동안 갖은 고생을 해가면서 만들어 낸 장사, 사업 그리고 영업 시스템을 통해서 돈을 잘 벌고 있는데 왜 그것을 남에게 팔아버리라고 하는지 도무지 이해하지 못하겠다는 것이었다.

충분히 이해할만한 반응인데 평소에 자주 하던 생각이 아니므로 낯설고 불편하게 생각하는 것이 어찌 보면 당연할지도 모른다. 하지만 부자가 되고자 하는 우리의 여정에서 꼭 필요한 중요한 부분이라는 것을 차분히 설명하면 그분들 대부분 전에는 해보지 않았던 다른 고민에 빠져들기 시작한다. "그렇군요. 그럼 어떻게 해야 할까요?"라면서 말이다.

지금부터 계속 그 방법에 대해서 다뤄보겠다. 이번에도 한 가지 질문에 대한 답을 떠올려 보는 것이 좋겠다. 아주 구체적인 예를 들어보자. 만약 10년간 칼국수 전문점을 운영했었던 외식사업자라고 가정한다면 이 장사를 통해서 가장 큰돈을 번 것이 언제였을까?

새로운 메뉴가 대박을 터트렸을 때? 아니면, 칼국수보다 인기가 좋은 겉절이 김치를 포장 판매했을 때 돈을 가장 많이 벌었을까? 어떤 순간, 어느 일로 가장 많은 돈을 벌었을까? 아마 칼국수 전문점 장사를 10년 동안 하면서 가장 큰 목돈을 손에 쥐었을 때는 바로 권리금을 받고 가게를 팔았을 때였을 것이다. 곰곰이 생각해보면 '그렇구나'라는 사실을 이내 수긍하게 된다.

그도 그럴 것이 권리금은 암묵적인 동의하에 보통 약 1년 동안 얻을 수 있는 이익의 합으로 주고받기 때문에 장사가 잘되는 달에 얻은 이익보다도 당연히 클 수밖에 없다. 권리금이 최근에 들어와서는 법의 테두리에서 일정 부분 인정되고 있기는 하지만, 오랜 기간 시행착오를 거치며 굳어진 상거래 관행이기에 장사를 인수할 때 매도인에게 권리금을 지급하는 것을 부당하다고 생각하지 않는다. 오랜 기간 매도인이 장사하며 다져온 메뉴와 단골손님들 그리고 무형의 인지도 등을 내가 사용할 수 있으므로 권리금은 당연한 것으로 생각한다. 결국 장사하면서 가장 큰돈을 번 순간은 권리금을 받고 다른 사람에게 점포를 팔았을 때이다. 그렇지 않나?

그런데 재미있는 것은 점포의 매각과 권리금에 관해서 이야기를 하면 대부분 고개를 끄덕이며 수긍하면서도 '회사를 팔아서 부자가 된다구요?'라는 것에 대해서는 생경함과 도무지 이해 못 하겠다는 반응을 보인다. 왜 자리가 잘 잡혀서 돈이 잘 벌리고 있는 회사를 매각하려고 하는지 알 수가 없다고 생각한다. 권리금을 받고 가게를 파는 것과 같은 맥락이다. 결국 설명을 듣고 어렵지 않게 이해하게 되면 사람들의 고민은 '어떻게 하면 비싸게 팔 수 있을까요?'라는 다른 것으로 바뀐다.

필자는 신중한 현실파로 살아왔다. 이렇게 하면 성공할 수 있고, 큰돈을 벌 수 있다고 하면서 구체적인 방법은 제시하지 못하는 뜬구름 잡는 성공담을 설파하는 것은 체질적으로 맞지 않았고, 특수한 상황에 있는 사람이나 극히 예외적인 경우에서나 가능할 법한 방법론을 들고 책을 쓰거나 강의를 하거나 컨설팅하고 싶지도 않았다. 불특정 다수의 사람에게도 가능한 공통의 방법론을 원했다. 중요한 것은 모두에게도 적용될 수 있고, 성공할 수 있는 구체적인 실천 방법이라는 생각 때문이었다.

그러므로 프리리치가 되고 싶다면 이러한 방법을 진행해나가야 한다고 주장하는 것이고 그렇게 하기 위해서는 버려야 할 몇 가지 고정관념들이 있고 매각하라는 것도 그중 분명히 중요한 비중을 차지하고 있다. '프리리치가 될 수 있다면 무엇이든 해보겠어!'라고 결심하지 않았었는지 자신에게 물어볼 일이다. 매각해서 프리리치가 될 수 있다면 그걸 마다해야 할까?

3

당신의 노력을 헛수고로 만들지 않기 위해 점검해야 할 것

이런 깨달음과 우여곡절 끝에 프리리치가 되기 위해 우리는 무언가를 시작하게 된다. 칼국수를 팔든, 보험을 판매하든, 중고차를 팔든, 오피스텔 매매를 중개하든, 세상에 존재하는 너무나 많은 종류의 일이 있지만 결국 그 모든 것의 공통점은 당신과 고객이라 불리는 사람들 사이에 교환 행위가 일어나고 그 행위로 인해 발생하는 부가가치가 나의 소득원이 된다는 것이다. 결국 프리리치가 되기 위해서는 이 교환 행위가 더 원활하게 일어날 수 있도록 가다듬고, 더 높은 부가가치가 일어날 수 있도록 만들면 된다. 그중에서도 아주 중요한 한 가지는 우리를 찾아오게 만들어야 한다는 점이다. 거기서 프리리치를 위한 모험담은 시작된다.

부자가 되기 위해서 우리는 쓰지 않고 아껴 모으든, 아니면 무언가를 사람들에게 팔든 어떤 형태이든 무언가를 시작했고, 정말로 열심히 해서 일이 어느 정도 몸에 익숙해지면서 성과는 조금씩 나타난다. 고생 끝에 '월 천 회' 같은 꿈에서나 그려봤던 목표에도 도달했다.

늘어난 매출을 관리하고, 더 활발한 사업을 하기 위해서 나를 도와줄 사람들을 뽑는다. 영업 팀장도 서운치 않을 정도의 급여와 보상을 약속하고 데려왔다. 그런데 어느 정도는 부자가 된 것 같은데 예전에는 생각지 못했던 상황과 만나게 된다. 언젠가부터 나는 손님들의 눈치를 보고 있고, 자꾸 퇴사하는 영업 사원들 때문에 팀장들의 눈치를 보게 되더라는 것이다. 남들보다 급여가 더 적은 것도 아닌데, 열심히 하라면서 진심으로 격려해주고 좋은 직장 분위기를 만드는 데에 누구보다 더 열심히 실천했는데 직원들은 계속 나가버린다.

이러니 일의 연속성이 눈에 띄게 떨어질 수밖에 없다. 지난번에 들어온 직원은 정말로 내 일처럼 열심히 하고, 성실해서 함께 사업을 일궈보자면서 웃으며 파이팅도 하고 '형님,아우' 하면서 술잔도 기울였는데, 일을 그만두더니 사무실에서 멀지 않은 곳에 우리 거래처를 빼돌려 같은 일을 시작했단다. 부아가 치밀고, 사람을 믿을 수 없을 것만 같은 배신감에 괴롭다. '이러려고 내가 사업을 시작했었나' 하는 회의감이 들었다. 남들이 부러워하는 성공한 나의 남모를 고민이 그렇게 생긴다. 생각지 못했던 일들에 어찌해야 할 바를 모르겠고 힘이 드는 하루하루가 계속되고 있다. 의외로 이런 속내를 감추고 있는 사람들이 적지 않다.

결국 '그게 내 애기로군요'라면서 깊은 한숨을 내뱉는 분들을 자주 만난다. 이분들의 이야기를 듣다 보면 어떤 고민과 괴로움을 겪고 있는지 짐작이 간다. 열심히 벌어서 부자가 되겠다는 신념으로 정말 열심히 살았다. 이런저런 일들, 갖은 고생 끝에 하던 일에서 드디어 성과가 나타났다. 그렇게 '이제 고생이 끝났는가 보다'라고 생각하고 그 기쁨을 얼마 느끼지도 못했는데 생각지 못했던 일이 벌어지며 혼란스럽고 어찌할 바를 모르는 그런 상황에 빠져 버리게 된 것이었다.

남모를 고민을 거듭하다가 '더 열심히 하자'라는 결심으로 행동에 나선다. 밑바닥부터 여기까지 올라올 수 있었던 기존에 했던 대로 행동한다. 딱히 방법을 찾지 못해서 정말로 열심히 해서 성과를 냈던 그 방법을 다시 꺼내 들었던 것인데 '하던 거나 잘해'라는 주위 사람들의 충고도 반영됐다. 마뜩잖지만 달리 뾰족한 수가 없었던 까닭이다.

더 열심히 전화를 돌리고, 직원들에게 맡겼던 영업도 직접 챙기기 시작한다. 하루에 세 명을 만나 영업을 하던 것을 다섯 명까지 늘렸다. '사장이 저렇게 열심히 하니 저 회사는 정말로 잘 되겠다'는 소리도 들린다. 힘들게 밑바닥부터 올라오던 시절이 저절로 떠올랐고 몸이 고달프지만 한편으로는 '잘 되겠지?'라는 출처 모를 자신감도 약간 생기지만 이내 마음은 다시 무거워진다. 결과가 눈에 선하게 그려지기 때문이다. 어렵사리 나 혼자 찾아냈던 아이템으로 매출이 폭발적으로 늘어나고 통장에 돈이 쌓이는 재미라는 것도 느꼈지만 그게 오래가지는 않았다. 어떻게 알았는지 경쟁자가 한둘이 아니고, 그중에는 체계를 갖추고 무섭게 시장을 잠식해 들어가고 있는 곳도 있다. 자본도 조직도 나와 비교할 수 없는 규모다. '이런 시장에서 내가 살아남을 수 있을까? 안 되겠지?'

하는 비관적인 생각에서 헤어 나올 수가 없다.

필자에게 찾아와 이런 종류의 상담을 원하는 사람들은 대부분 남이 보기에는 어느 정도의 외적인 성공을 이미 이뤄낸 이들이다. 하지만 이분들은 남모를 고민으로 속앓이를 하다하다 찾아온다. 예전보다 훨씬 많은 돈을 벌고 있고, 매출이나 회사 직원의 숫자도 제법 많아져서 그럴듯한 외형은 갖춰졌지만 정작 그 자신이 예전보다 더 열심히 뛰지 않으면 언제라도 무너져 내릴 수 있다는 사실을 직감하고 있다. 성공만 하면 내 삶의 주인공으로 돈에 구애받지 않고 마음껏 자유를 누리며 편하게 살 수 있다고 생각했는데, 정작 현실은 생각과는 달랐다. 자신은 여전히 일에 치이고 사람에 치이는 그런 존재가 되어 있을 뿐이기 때문이다.

그래서 그 상황에서 벗어나기 위한 몸부림은 더욱 간절하다. 남들이 모르지만 자신은 너무나 잘 알고 있는 현재 상황에서 탈출하기 위해 다양한 방법을 찾는다. 유명한 강의를 듣는다거나 비싼 세미나에 참석해 고개를 끄덕이며 무언가를 배운다. 그리고 유능한 인재를 모셔온다거나 혹은 제품과 서비스를 더욱 다양하게 만들기도 한다. 하지만 달라지는 것은 없다. 어려울수록 정도를 걸어야 한다는 생각에 '고객은 왕이다'라는 정신으로 고객들을 더욱 정성껏 모셨더니 정말로 나는 고객님들의 하인이 되어 있고, 직원들을 위해 봉사하겠다는 마음으로 대했던 것인데 어느 순간엔가 '거래처를 빼돌려 나가면 어쩌지?' 하고 고민하는 나를 발견하게 된다. 영업팀장의 눈치를 보고 있는 내가 싫고, 내가 뽑아놓고도 열심히 일하려 하지 않고 복지부동하며 기본급만 받으려고 하는 게 뻔히 보이는 직원들이 마냥 답답하다. 왜 열심히 일하려고 하지 않을까?

안팎으로 총체적인 난국이다. '내가 이런 꼴을 보려고 그동안 그 고생을 하며 사업을 키웠는가' 하는 자괴감이 들고 후회가 된다. 예전에는 엄두도 내지 못할 고급 음식점에 가서 가족들과 외식을 하고, 비싼 외제 차를 끌고 다니게 됐으니 분명 성공한 것은 맞지만 어디 가서도 하소연할 데가 없다. 매출이 늘어나면서 시설과 직원의 숫자도 늘어났고, 갖춰야 할 것들도 자연스럽게 많아졌다. 사업이 성장한 만큼 리스크도 덩달아 커졌기 때문이다.

문득 '원래 이런 건가? 다들 이렇게 사는 건가? 아닌 것 같은데' 하는 마음이 든다. '이러다가 매출이 꺾이기라도 한다면?' 상상하기도 싫은 지경이 슬금슬금 머릿속에서 그려진다. 무슨 방법이 없을까? 어렵게 찾아낸 아이템으로 재미를 봤지만 내가 기껏 개척해 놓은 이 아이템, 업종으로 승냥이 같은 경쟁자들이 우후죽순으로 등장하면서 수익성은 하루가 다르게 뚝뚝 떨어지고 있다. 게다가 오랜만에 회사 일을 내 일처럼 열심히 하는 사원이 입사해서 '열심히 하게'라면서 진심으로 격려해 주었더니 그 직원은 거래처를 빼돌려 나가서 경쟁자가 됐다. 부글부글 끓지만 그러나 그게 현실인 것을 어찌 하겠는가. 그러다 '나는 원래 혼자 일할 팔자인가보다'라고 생각하게 된다.

그게 바른 판단이 아니라는 것은 그 자신이 잘 알고 있겠지만 달리 방도가 없으니 그렇게 애써 마음을 다잡을 수밖에 없을 것이다. 이렇게 어느 정도의 성공을 이뤘지만 생각지 못했던 상황을 해결하지 못해서 전전긍긍하며 과거의 방법을 답습하며 갈피를 못 잡고 있는 분들의 상황을 필자는 '삼겹살집 신드롬'이라고 표현하곤 한다.

좋은 고기를 대주는 업체를 어렵사리 찾았고, 수많은 시행착오 혹은 고기에 곁들여 먹는 소스 레시피 하나를 얻기 위해 고생하고 이런저런 시행착오 끝에 성공 레시피를 찾아가게 밖에서 사람들이 기다릴 정도로 잘 되는 삼겹살집을 만들어냈다. 하지만 돈 세는 재미가 무엇인지를 느끼는 행복한 날들은 그러나 그리 오래 가지 않는다. 현실에는 경쟁이라는 아주 중요한 변수가 항상 자리하고 있기 때문이다. 분명히 내 레시피 같은데 뭐라고 증거를 잡기도 힘들지만 바로 근처에 같은 업종의 점포가 생긴다. 가게도 더 크고, 종업원들도 더 부지런하고 친절하다. 시설도 우리보다 훨씬 좋다. 내가 먹어봐도 맛도 좋다. 이러다 손님들 다 뺏기는 게 아닐까 싶었는데 하루가 다르게 손님이 줄어드는 게 눈에 보인다. 일주일에도 몇 번씩 오던 단골이라고 그렇게 챙겨줬는데 새로 생긴 가게로 들어가다가 나와 딱 맞닥뜨렸다. 피차 겸연쩍지만 그러나 어쩌랴 자기 돈을 내고 먹는 것인데 뭐랄 수도 없지 않은가. 그렇게 줄어가는 매출만큼이나 속은 타들어 간다. 결국 이대로 가다가는 큰일 나겠다 싶어 부랴부랴 권리금 약간 받을 수 있을 때 접는 게 낫겠다 싶어 눈물을 머금고 고생 끝에 일궜던 삼겹살집을 판다. 그리고는 '아이템을 잘 잡았어야 했는데'라고 생각한다.

그런데 과연 그럴까? 내 삼겹살집이 잘 안된 것이 잘못 잡은 아이템 때문일까? 대박 나는 아이템을 남보다 한발 앞서 선점하면 프리리치까지는 바라지도 않고 그저 어느 정도 큰돈은 벌 수 있지 않았을까? 하지만 현실은 그렇지 않다. 아이템을 잘못 잡아서 장사가 잘 안된 것이 아니다. 대부분의 사례들이 그렇다. 정작 실패한 원인은 다른 데에 있는데 그러한 원인을 정확하게 파악하지 못하거나 하지 않은 채, 아이템을 잘 잡았어야 했다고만 한다. 그러니 다음번에 무슨 아이템을 잡아서 새로 일을 시작하더라도 결국은 어찌 됐든 그 결과는 또 반복될 수밖에 없다.

'복붙'이라는 말을 혹시 들어보았는가. 복사해서 붙여넣기라는 말을 줄인 단어인데, 컴퓨터 워드 프로그램 등에서 복사하기Ctrl+C한 다음에 붙여넣기Ctrl+V를 하면 복사된 부분이 몇 번이고 반복해서 입력되는 것을 말한다. 방금 전에 말했던 '아이템을 잘 잡았어야 했는데'라는 후회가 사실은 아이템 선정의 문제가 아니라 그 아이템으로의 진입장벽이 낮기 때문에 발생한 비극일 뿐이다. 하지만 대부분의 사람들은 그 점을 놓치고는 같은 실수를 반복한다. 장사 경험 그중에서도 음식점 장사를 해본 경험이 아예 없는 내가 삼겹살집을 어렵지 않게 창업할 수 있었다는 것은 바꿔 말해 다른 사람도 그렇다는 의미이다. 내게 어렵지 않은 것은 남들에게도 어렵지 않은 법이다.

그러므로 내 삼겹살집이 장사가 잘되면, '오~ 여기서 삼겹살집이 대박이로군. 그럼 나도 해볼까?' 하는 생각을 갖게 된다. 내가 삼겹살 전문점을 시작했던 그 방식 그대로 말이다. 그러니 새로 생긴 다른 집이 아니라 내 삼겹살 집으로 손님이 와야 하는 별다른 이유가 없다면 경쟁은 치열해질 수밖에 없고, 장사는 어려워지는 게 어찌 보면 당연한 이치인 셈이다. 내가 아무리 고객관리를 잘 한다 하더라도, 인테리어에 돈을 많이 들였더라도, 종업원 복지에 힘을 쏟았더라도 손님이 우리 가게로 와야만 하는 이유가 딱히 없으면 이런 불상사는 반드시 생기게 마련이다.

결국 사업과 장사를 접근하는 구조가 잘못된 것인데 장사가 잘 안된 원인을 정확하게 파악하지 못했으니 결과는 보지 않아도 같아진다. 그리고 우리 가게가 잘된다고 옆 점포에 같은 아이템으로 장사를 시작한 그곳이라고 사정이야 뭐가 다르겠나. 얼마 지나지 않아서 같은 신세가 될 게 뻔한데나 망하게 하더니 고소하다라고 생각할 게 아니라 왜 장사를 접게 됐는지에 대해서 다르게 생각해 봐야 한다.

자영업 시장에서 흔히 볼 수 있는 이런 구조적인 문제점을 필자는 '삼겹살집 신드롬'이라고 부르는데, 조금 더 리얼하게 이 장면들을 살펴보자면 이런 모습이다. 이런 저런 이유로 퇴직금 등으로 모은 돈을 들고 자영업 시장에 진출한다. 외식업이든 판매업이든 서비스업이든 딱히 경험한 것이 없으니 그중에서 제일 만만해 보이는 먹는장사로 자연스럽게 눈길이 간다. 생각해보면 어렸을 적부터 사람들에게서 '손맛이 좋다' '식당하면 잘하겠다'는 소리 좀 들었던 기억도 '왠지 하면 잘될 것 같다'라는 근거 희박한 낙관을 부른다. 결국 창업 박람회나 방송, 인터넷 등을 통해서 '요즘 잘 되는 아이템이 뭔가?'라고 관심을 두게 된다 '이거다!' 싶은 아이템을 찾았지만 나름 신중히 처리하려고 한다. 자칫 실패할 경우 나와 가족의 삶에 심각한 영향을 줄 수 있기 때문이다. 전문가들을 찾아가서 자못 진지하게 상담을 받고, 주위 사람들과도 허심탄회한 대화를 나눈다. 그리고는 새로운 인생 2막의 시작이라고 프랜차이즈 치킨전문점 혹은 가맹본부에 많은 돈을 줄 필요 없다며 실패할 확률이 적은 안정적인 아이템인 삼겹살집을 연다.

이렇게 다들 자영업의 개미지옥으로 빠져들기 시작한다. 처음에는 대부분 비교적 괜찮게 시작한다. 새로 오픈한 깨끗한 인테리어에 실력 있는 주방장과 홀 서비스의 달인인 이모님을 소개받아서 가게가 물 흐르듯 순조롭게 돌아간다. 예단은 금물이지만 '이렇게 장사가 이어진다면?' 하는 생각의 끝에 가게도 넓은 곳으로 확장 이전하고, 집도 넓히고, 아파트도 몇 채씩 사는 미래가 눈에 그려진다. 냉면집이 대박 나서 빌딩 올렸다는 전설 같은 얘기가 괜히 내 얘기처럼 들리기도 하지만, 사람은 잘될수록 겸손해야 하므로 표정 관리를 하고 있다.

그렇지만 이런 봄날의 단꿈 같은 시간은 얼마 지나지 않아 먹구름이 끼기 시작한다. 내 가게가 장사가 잘된다는 소문이 벌써 돌았는지 근처 가게가 새로 인테리어를 하는데 삼겹살집이라는 얘기가 들려온다. 자기가 열심히 개척해서 잘할 생각은 않고, '남이 잘된다니까 그냥 따라 할 궁리나 하는 사람들이 많아서 나라 경제가 어려운 거야'라는 생각이 든다. 그런데 얼마가 지나고 보니 이 골목에 삼겹살집이 더 생긴다는 눈치다. '벌써 몇 개야?'라고 본격적으로 신경이 쓰인다. 이럴수록 더 좋은 음식과 서비스로 고객을 사로잡아야 한다는 다짐을 하게 식구들과 함께 나눠본다.

그리 오래지 않은 얼마 후, 골목에 들어선 신규 경쟁자들 때문에 눈에 띄게 손님이 줄어들고 있다. 새로 오픈한 가게는 인테리어도 요즘 사람들의 취향에 맞게 세련되기까지 하다. 그래서인가 젊은 손님들이 끊이질 않는 것 같다. '우리 가게도 인테리어에 좀 손을 써야 할 것 같다'라는 생각이 드는데, 인테리어에 손을 대면 돈이 한두 푼 드는 게 아니므로 음식과 서비스에 더 신경을 써야겠다는 합리적인 의사결정을 한다. 원재료비가 조금 더 들어가더라도 푸짐하게 주어 손님을 다시 끌어모으려고 한다.

그런데 이런 노력에도 개업 초기의 매출은 좀처럼 회복이 되질 않는다. 슬슬 초조해지기 시작한다. 경쟁 점포들은 더 생기고 있고, 우리 손님들은 눈에 띄게 줄었다. 블로그 홍보 같은 요즘 마케팅을 해봐야겠다는 생각에 알아보니 '키워드 광고가 이렇게 비싼 줄 몰랐구나' 싶다. 배달 애플리케이션에 입점했지만 앞부분 노출을 하려고 하니 그것도 돈이다. 매출이 저조해지자 홀에서 서빙을 보는 이모님들이나 주방장도 덩달아 의기소침해지고, 불평불만이 많아지는 것 같다. 골치 아프다.

'이대로는 안 되겠다'라는 생각에 주방 기물들을 새로운 것으로 바꾼다. 원래를 인테리어도 요즘 식으로 바꾸려고 했지만 그건 돈이 한두 푼 드는 게 아니라 이 정도에서 만족해야 싶다. 그래도 제법 돈을 들이긴 했다. 블로그 마케팅도 하고, 요즘 젊은 사람들이 많이 한다는 인스타그램도 시작했다. 사진 잘 나오게 조명도 밝게 하고 신경을 계속 쓰고 있다.

하지만 백약이 무효라고, 내가 들이는 정성과 공에도 매출은 회복되지 않는다. 영업 이익이 눈에 띄게 줄어들고 있다. 퇴직금을 털어서 시작한 장사인데 이런 추세로 가면 몇 달 못 가서 돈이 바닥이 날 것만 같다. 장사가 안 돼서 인상을 찌푸리고 있었는지 주방장도 괜히 짜증을 내는 것 같고 하는 행동이 마음에 들지 않지만 모르는 척 참는다. 홀의 이모들도 손님상에 음식 그릇을 퉁명스럽게 내려놓는다. 다 마음에 들지 않는다. 결국, 더 버텼다가는 큰일 나겠다 싶어서 권리금을 조금만 받고 가게를 다른 사람에게 넘겨야겠다는 생각을 하게 된다. 그리고 얼마 후, 대박이 나서 빌딩 올리는 거 아닌가 했던 가게의 간판을 내리고, 업자들이 주방 기물과 시설물, 의자와 테이블을 한꺼번에 가져가기로 했는데 이건 완전히 헐값이다. '아, 이렇게 퇴직금을 말아먹는다는 거였구나' 싶다.

퇴직금으로 외식업체를 시작했다가 망해서 문을 닫는 전형적인 스토리를 가상으로 그려보았다. 가상의 이야기이지만 너무나 흔히 접하는 실제 사례와 다르지 않다. 필자가 '삼겹살집 신드롬'이라고 부르는 이야기로 실제로 우리네 외식업, 자영업 현장에서 비일비재하게 일어나는 상황이기도 하다. 돌이켜보면 그 수많았던 와인숙성 삼겹살집은 다 어디로 갔으며, 발에 치일 정도로 많았던 벌집 삼겹살은 왜 거의 사라진 지를 말이다.

이렇게 삼겹살집 신드롬을 말하는 것은 자영업에 종사하는 분들에게 괜히 비관적인 이야기를 하려는 것이 아니다. 이런 현실이 분명히 매우 높은 확률로 존재하기 때문이고, 우리가 진짜로 배우고 대비해야 하는 것들에 관해서 얘기하기 위해서다. 그렇다면 왜 실패했을까? 맛이 없어서? 인테리어가 요즘 트렌드에 맞지 않아서? 그걸로는 실패한 원인을 설명하기에 많이 부족하다.

삼겹살집 신드롬에서 이것을 알아차려야만 한다. '애초에 잘될 수 없었구나'라는 사실을 말이다. 원래부터 삼겹살집을 해서 잘 될 수 있는 이유가 없었던 것이 기본적인 실패한 원인이기 때문이다. 남들에게 없는 비장의 레시피가 있었던 것도 아니고, 특출난 요리 솜씨가 있었던 것도 아니었다. 단지 '요즘 뜨는 아이템이라는군'이라는 안일한 기준으로 삼겹살집을 시작했다. 이 시장으로 진입하는 데에 아무런 어려움이 없었다. 그냥 가게를 열 수 있을 정도의 자금과 인력이 준비되면 누구라도 할 수 있는 일이었다. 그러니 내 장사가 잘된다 싶으면 다른 누구라도 '이것봐라? 삼겹살이 되네?'라고 메리트를 느끼고 진입하는 데에 아무런 장애가 없는 그런 시장, 다시 말해 내가 쉽게 시작할 수 있었던 것처럼 다른 사람들도 아무런 어려움 없이 시작할 수 있었던 그런 시장이었다.

이른바 진입장벽Entry Barrier라는 것이 존재하지 않는 시장이었기 때문에 경쟁자들이 갖지 못한 남다른 무언가를 갖추기가 힘들었고, 경쟁자가 등장하면 곧장 광고 홍보비용이 늘어나며, 수익성에 직접적인 타격이 전해지고, 종업원들에 대한 고용이 불안정해지며 따라서 고객들에 대한 서비스의 품질이 낮아지는 순서로 악화하기 십상이었다. 그런데 이런 악순환의 구조에 대해서 안일하게 생각하고 자영업 시장에 뛰어드는 사람들이 많다는 것이 너무나 안타깝다.

요컨대, 내가 열심히 하지 않아서 지금 어려움에 부닥치게 된 것은 아닐지도 모른다고 여겨야 한다. 자만하지 않고 하는 일에 더욱 채찍질하면서 열심히 하는 것은 좋은 행동이지만, 원인을 파악하지 않고 잘못됐다고만 하는 것은 자칫 부질없고 소모적인 자학으로 이어질 뿐이다.

더는 경제적인 문제로 고민할 필요가 없는 부를 일궈내는 단계인 프리리치가 되는 첫 번째 중요한 팁이 '나를 찾아오게 만들라'는 것이었다고 해서 모든 난관이 해소되지는 않는다. 다음 단계가 숨돌릴 틈도 주지 않고 들이닥치기 때문이다. 어느 정도 성공을 거두었지만 사업이 혹은 장사가 더 쉽고 편해지지 않고 오히려 더 힘들고 고달파졌다면 그건 두 번째 중요한 팁이 있어야 하는 때가 됐다는 뜻이기도 하다.

앞으로 반복적으로 언급이 되겠지만 우선 약간의 힌트를 드린다면 '미슐랭 3스타'를 생각해 보라. 세계적인 타이어 회사 미쉐린은 타이어에 강철 와이어를 넣어 내구성을 크게 향상시킨 자사 타이어의 우수성을 사람들이 직접 체험할 수 있도록 장거리 운전을 유도하려는 목적을 겸해, 세계 곳곳의 유명한 레스토랑, 맛있는 식당들을 찾아, 엄격한 기준을 통해서 별을 부여하고 그것을 〈미쉐린 가이드The Michelin Guide, 불어로 미슐랭 기데〉라는 책자를 만들어 배포하고 있다. 마케팅의 목적으로 시작된 이 미쉐린 가이드는 엄청난 반향을 일으켜서 내로라하는 세계의 유명 레스토랑, 쉐프들이 자신의 레스토랑이 미슐랭 스타를 받는 것을 평생의 영광으로 생각할 정도가 됐다. 등급은 미슐랭 1스타에서 미슐랭 3스타까지 있는데, 이 미슐랭 3스타가 프리리치가 되기 위한 우리의 여정에서 중요한 두 번째 비밀의 힌트가 될 수 있다.

미슐랭 3스타가 어떤 곳인가 하면 먼 외국에서 그 음식을 먹기 위한 목적으로만 찾아올 정도로 훌륭한 요리가 있는 곳이라는 뜻이다. 이를테면 세계 최고의 레스토랑으로 여러 차례 선정됐던 코펜하겐에 있는 노마Noma가 미슐랭 2스타 레스토랑이다. 노마가 3스타가 왜 아니냐 같은 지엽적인 문제는 호사가들이 다툴 일이지만, 우리에게 시사하는 바는 외국에 사는 사람이 일부러 덴마크까지 노마의 음식을 먹으러 찾아오려고 몇 달 전부터 예약하고 기다린다는 점이다. 왜일까? 미슐랭 스타라는 엄청난 권위가 뒤에 깔려 있기 때문이다.

예를 들어 강원도의 한 바닷가 마을에 생선구이 집이 있는데 이 집에서 파는 생선구이가 너무나 맛이 있어서 미슐랭 1스타를 받았다고 해보자. 그렇게 된다면 당장 수많은 언론과 맛집 블로거나 유명 인사들이 앞다투어 이 집에 찾아와 생선구이를 먹으려고 예약 전화를 하고 하루 이틀 정도는 기다리는 고생도 마다치 않고 줄을 서게 될 것이다. 강력한 포지션을 가진 브랜드에서나 가능한 일인 셈이다. 그런데 이렇게 미슐랭 스타를 받은 생선구이 집이 있다고 하면 그 근처에 생선구이 집이 몇 개가 생긴다고 하더라도 신경을 쓸까? 동네에서 제법 맛있다고 소문이 난 생선구이 가게 100개가 있다고 하더라도 이 미슐랭 스타를 받은 생선구이 집에는 아무런 영향도 주지 못한다. 전 세계적으로 최고권위를 자랑하는 미슐랭 스타라는 객관적으로 인정받는 강력한 브랜드를 갖게 됐기 때문이다.

당신의 사업이, 장사가 어느 정도 성공을 거두었지만 더 성장하지 못하고 정체 상태에 머물거나 매출이 늘어날수록 더욱 열심히 뛰어야 하고, 신경 쓰지 않으면 안 되는 더욱 고단한 상황이 됐다면 이 단계에서 강력한 브랜드를 가져야만 한다. 필자가 강의에서나 혹은 예전 책에서 숱하게 언급하고 있는 멘토 포지셔닝도 같은 맥락이다. 당신의 고객이 될 수 있는 사람들에게 찾아가서 만나보고 싶은 전문가, 멘토 같은 사람이 되면 문제는 저절로 해결되기 시작한다.

그렇게 강력한 브랜드를 바탕으로 차돌처럼 단단한 충성고객 집단을 갖는 것이 가능해진다. 무엇을 하더라도 판매하자마자 완판이 되고, '사고 싶다, 함께 하고 싶다'라는 사람들이 가방에 돈을 싸 들고 와서 나를 받아달라고 사정하는 그런 기적 같은 일들이 벌어지게 된다. 이런 상황이 된다면 '아이템을 잘못 잡아서 망했다'라는 삼겹살 집 신드롬과는 영원히 안녕할 수 있다. 최소한 '나만의 특별한 무언가'만이라도 갖출 수 있게 될 때 프리리치의 꿈은 성큼 현실로 다가오게 되는 것은 물론이다.

당신의 사업이, 장사가 어느 정도 성공을 거두었지만 더 성장하지 못하고 정체 상태에 머물거나 매출이 늘어날수록 내가 더욱 열심히 뛰어야 하고, 신경 쓰지 않으면 안 되는 더욱 고단한 상황이 됐다면 이 단계에서 강력한 브랜드를 가져야만 한다. 필자가 강의에서나 혹은 예전 책에서 숱하게 언급하고 있는 멘토 포지셔닝도 같은 맥락이다. 당신의 고객이 될 수 있는 사람들에게 찾아가서 만나보고 싶은 전문가, 멘토 같은 사람이 되면 문제는 저절로 해결되기 시작한다.

CHAPTER 3

프리리치로 성공한 그들이 가지고 있는 비밀의 요소

1

너무나 강력한 퍼스널브랜딩 효과, 멘토 포지셔닝

앞에서 언급됐던 비밀, 즉 '나를 찾아오게 만들라'와 '나만의 특별한 무언가'는 너무나 확실하게 경제적 문제에서 자유롭게 해줄 프리리치의 길로 인도해 줄 첫 디딤돌이 되어준다. 이에 관한 자세한 설명은 《영업의 정석》이나 《슈퍼리치 영업의 기술》을 참고하면 좋다. 다음 장에서 본격적으로 다루게 될 여덟 개의 단계에서도 다시 언급되겠지만 '나를 찾아오게 만들라'와 '나만의 특별한 무언가'는 타깃팅과 멘토 포지셔닝이라는 이름으로 구체화할 수 있고 개입 상품 등에 대한 지식을 쌓고 훈련을 해야 한다. 이 모든 것을 '프리리치 7단계' 혹은 '슈퍼리치 영업의 기술'이라는 이름으로 체계화했다.

법칙이라는 표현을 썼던 것은 '필자가 제시한 방법을 착실하게 이행한다면 누구라도 성과가 나타난다'라는 자신감의 표현이자 수많은 사람들의 사례들로 검증했던 객관성이 담보되어 있기 때문이다. 그중 타깃팅과 멘토 포지셔닝, 이 2가지의 비밀은 분명히 다른 단계의 작업을 필요로 하지만 마치 동면의 앞뒷면처럼 떼려야 뗄 수 없는 한 묶음으로 작동되어야 효과를 볼 수 있다. 여러 차례 언급됐던 필자의 전작들을 참조하기 전에 실제의 사례를 통해서 그것이 어떠한 내용이고 어떻게 진행되어야 하는 단계인지를 개략적으로나마 알아보자.

먼저 살펴볼 사례는 그 효과와 그에 따른 결과가 너무나 극적이다. 이 남성 분이 필자를 찾아왔을 무렵에 했던 얘기를 잠시 해보겠다. 그는 다른 사람의 사업에서 월급을 받으며 일하고 있던 평범한 직장인이었다가 덜컥 일을 저지르고 어찌할 바를 모르고 헤매고 있었다. 어린 나이였지만 자기 일에 대한 열정이 컸던 그는 몸담고 있던 직장에서 비전을 발견할 수 없었고, 창업을 감행하게 됐었다. 하지만 지금도 그렇지만 자영업 시장은 곁에서 보는 것 이상으로 굉장히 치열하고 살아남기 어렵다. 독립해서 자기 사업장을 차렸지만 가진 돈의 사정상 서울 안에서는 시작할 수가 없어서 자동차로 1시간 정도 이내에 도달할 수 있는 외곽지역에 자리를 잡을 수밖에 없었다.

'괜찮은 시장과 내 능력 정도라면'이라는 2가지 요소의 조합으로 창업에 뛰어드는 경우가 상당히 많은데, 창업을 실제로 감행하기에 앞서서 최대한 자기 자신과 상황을 객관화할 필요가 있다. 회사에서든 소규모 자영업에서든 직원으로서 훌륭한 역량을 발휘하는 것과 그 자신이 스스로 하나의 사업을 책임지고 꾸려나간다는 것은 별개의 문제라고 할 수 있기 때문이다. 이 남성도 전형적으로 그런 경우였다. 본인의 역량이라면 성공할 수 있으리라고 판단하고 벌인 자영업이었지만 다른 사람들, 고객들이 볼 때는 동네에 있는 가게 그 이상의 무언가를 전달하지 못하는 상황이었다. 게다가 성장하는 시장이다 보니 우후죽순으로 하루가 다르게 처지가 비슷한 경쟁자들이 잇따라 인근에 진입하고 있던 터였다.

같은 소비자를 대상으로 하는 시장에 서로 대동소이한 서비스를 놓고 경쟁을 벌이는 형국이다 보니 '내가 다른 사람보다 이런 면에서 낫다'라고 확실하게 말할만한 경쟁 무기를 찾아내기가 쉽지 않았다. 사업의 성격상 인터넷을 통한 홍보와 마케팅이 보편적이었는데 경쟁이 치열하고 성장하는 분야이다 보니 키워드 하나를 선점하고, 광고하는 데에도 큰돈이 들어가는 상황이었다. 당시의 상황을 이 남성은 이렇게 털어놓았었다.

"클릭 한 번에 7천 원이나 내는 키워드 광고로 전화 상담이 와요. 그런데 대부분 이것저것 물어보고는 '한번 들르겠습니다'라고만 하고는 전화가 끊어져요. 결국 계약으로 끌어내지 못하는 거죠. 이게 반복되다 보니 속상한 마음에 경쟁사들 홈페이지를 돌아가며 클릭하는 짓궂은 짓도 몇 번 해봤어요. 몇 번 클릭했는데 못 할 짓이라 그만뒀어요." 이분은 필자와의 상담을 통해서 사업의 방향을 바꾸게 됐다.

그 결과는 실로 놀라웠는데 지금은 길가는 사람들에게 물어보면 어지간하면 '잘 알아요'라고 할 정도로 유명해졌다. 그 남성은 바로 개통령 강형욱 소장의 이야기다. 앞에서 언급했던 프리리치 7단계라고 하는 방법론의 사례인데, 이 방법론을 프로세스Process, 절차, 과정라고 부르는 이유는 성공을 위해 밟아야 하는 여러 단계가 순서에 따라서 진행되어야만 하기 때문이다. 앞으로 이 방법론에 대해서는 앞으로도 설명하겠다.

실력이 좋은 사람들은 많다. 하지만 세상은 그들의 실력을 제대로 알아주질 않는다. 심지어 어떤 사람은 실력에 비해서 과한 평가를 받기도 하고, 정말로 실력이 있는 사람이지만 아무도 알아주지 않는 경우도 많다. 그러나 어쩌겠나 그게 세상인 것을. 그래서 나를 알리는 것이 중요하다. 그냥 홍보지를 돌리고, 블로그 활동을 열심히 하는 단순하고 막연한 활동이 아니라 나를 전문가로 믿게끔 만드는 매우 치밀하고 전략적인 활동이 필요하다.

사람들로 하여금 나를 전문가로 인정받게 만들면 내가 고객들을 찾아가지 않아도, 그들이 먼저 나를 찾아오게 되고 그로 인해 예전의 방법으로는 상상도 못 했을 그런 성공의 길이 성큼 눈앞에 다가와 있음을 실감하게 된다. 그게 바로 '멘토 포지셔닝'의 위력이다. 프리리치의 길에서 절대 빠질 수도, 빠뜨려서도 안 되는 중요한 단계의 하나다. 개통령 강형욱 소장은 그 좋은 사례의 하나인 셈이다. 그와 필자가 준비하고 있는 다음을 통해서 한 번 더 도약하게 되면 다시 그에 관해서 설명하겠다.

2

고객이 아니라 팬으로 만들어 그들의 충성을 얻는 법

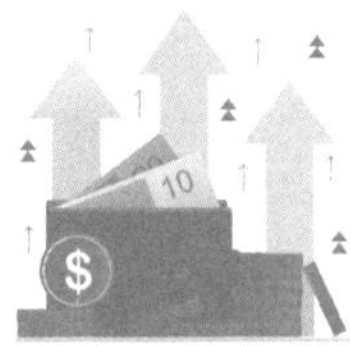

어느 날 '천억 부자'라는 원대한 꿈을 꾸던 최민준 군이 나를 찾아왔다. 그러나 잘생긴 미대생인 그가 처했던 현실은 안타까웠다. 미대 졸업생들이 대부분 입시 학원 강사를 하거나 아니면 아동 미술학원에 취업하거나 하는데, 이 미대생은 아동 미술학원으로의 취업이 어려웠다. 아동 미술학원의 수강생이 대부분 여아인데 학부모들이 남자 선생보다는 여자 선생님을 선호하기 때문이었다. 여자아이들이 하라는 미술 공부는 안 하고 잘생긴 이 미대생만 쳐다본다면서 미술학원에서는 좀처럼 받아주지 않고 있었다. 웃지 못할 비극이었던 셈이다.

그런 상황에서 그와 만나게 됐다. 성공과 실패를 좌우하는 중요한 요소 중 하나가 바로 삶을 바라보는 성향이라는 것을 이 미대생을 통해서도 확인할 수 있었다. 현실적으로는 취업 자체가 어려웠던 상황이었지만 그는 어떻게 해서든 문제를 해결하는 방법에 관심이 있었지, "왜 남자선생님의 채용은 쉽지 않은 걸까요?"라는 직면한 현실에 매몰되어 있지 않았다. 덕분에 낙담과 실의에 빠져있는 멘탈에 활기를 불어넣어 주는 과정을 생략하고 '어떻게 하면 부자가 될 수 있을까?'라는 구체적인 방법론으로 직행할 수 있었다. 미술을 가르치는 교수법에 상당한 경쟁력이 있었고, 보는 사람에게 신뢰감과 호감을 주는 준수한 외모도 분명 경쟁력이 될 수 있었다. 일단 목표시장을 좁혀 잡기로 했다. 미술 교육 시장을 세분화해서 아동 미술 교육으로 좁혔고, 거기에서도 한발 더 나아가서 우리는 남아 전문 미술학원이라는 작은 틈새시장에 주목했다. 그리고 미술학도답게 가상의 고객을 아주 명확하게 구체화했다. '산만한 아들 때문에 미쳐버릴 것 같은 엄마들'을 타깃으로 하는 전략을 세웠다.

대부분의 사람이 이렇게 반문한다. "아니, 이왕이면 잠재고객이 많은 시장에 뛰어들어야 성공할 확률이 높지 않나요? 고객이 될 만한 사람도 별로 없는데 뛰어들면 잘 된다 해도 큰 시장에서 작게 성공하는 것만 못할걸요?"라고 말이다.

하지만 그것은 전형적인 착각이고 얕은 시각이다. 대한민국은 인구가 5천만 명의 나름 큰 나라이고 내가 아무리 아동 미술 교육 분야의 어마어마한 실력자라고 하더라도 우리나라의 아이들을 모두 가르칠 수도 없는 노릇이다. 그러므로 이렇게 시장을 좁혀도 되나 싶을 정도로 좁게 잡아도 충분한 규모의 시장이 도출된다. 그래서 우리는 아동 미술학원 중에서도 아주 작아 보이는 남아 미술 학원, 그중에서도 산만한 아들을 위한 미술교육에 집중하기로 한 것이다.

그는 이 작아 보이는 틈새시장에서 너무나 성공적으로 자리를 잡게 되는데 필자가 강의나 정규교육 과정 중에서 자주 이야기하는 강력한 충성 고객 즉, '핵심 타깃층'을 갖게 되었기 때문이다. 이를테면 세계적인 가수가 된 방탄소년단BTS에 강력한 팬 그룹 아미ARMY가 있는 것처럼, 그가 어떤 말을 하든 이 핵심 고객층은 모두 신뢰하고, 그가 판매하는 물건들을 모두 판매 즉시, 완판이 된다. 덕분에 최민준 사장이 운영하는 산만한 아들 전문 미술학원은 가맹비만 수천만 원을 받는 업계의 기린아로 대접받고 있다. 다른 아동 미술학원들은 아예 가맹비가 없거나 많아야 몇백만 원 수준인 데에 비해, 그의 열 배 수준의 가맹비를 받고 있음에도 가맹을 희망하는 원장들의 대기가 계속 이어지고 있기 때문이다.

이렇게 학교를 졸업하고도 마땅한 일자리가 없었던 미대생은 어느새 전국에 수십 개의 프랜차이즈를 거느린 미술교육 사업가가 됐고, 그가 판매하는 남아 전문 물품과 책들은 판매 즉시 모조리 완판이 되는 성공한 사업가가 됐다. 돌멩이 고객이라는 놀랍도록 충성스러운 이러한 엄마 고객층이 있고 이들 남자아이를 두고 있는 엄마들이 이 미대생의 말 한마디에 귀를 기울이게 된 것은 그가 전문가로서 인정받고 있기 때문이다. 앞에서 언급했던 멘토 포지셔닝을 성공적으로 구축했던 덕분이다. 그리고 여기서 기억해야만 하는 단어 하나, 바로 로볼Low Ball이 성공스토리의 핵심 비밀이다.

조금 더 구체적으로 설명해보자면 이 미대생과 필자는 남자아이를 둔 부모들 중에서 산만한 아이 때문에 미칠 것 같은 엄마들을 핵심 타깃으로 삼았는데 이들 엄마들이 가장 궁금하고, 알아야만 하는 것들을 정리, 작은 소책자 형태로 만들었다. 〈딸로 태어난 엄마들은 절대로 모르는 아들 교육 노하우〉라는 제목의 이 책자에는 남자아이들에게 미술교육이 필요한 이유와 그 방법에 대해서 언급되어 있다. 이 긴 제목의 소책자에는 우리가 정리한 모든 내용이 아니라 더 큰 호기심을 가질 수 있도록 중요한 일부분의 내용만이 실려 있도록 제작되었다.

당연히 엄마의 속을 본격적으로 썩이는 미운 네 살이나 미운 일곱 살 아들을 두고 쩔쩔매고 있는 엄마들에게 귀가 솔깃할 수밖에 없는 콘텐츠였기 때문에 '저도 보내주세요'라는 요청 메일이 쇄도했다. 이것을 시작으로 해서 그가 무엇을 하든 보고, 듣고, 구매하는 팬덤이 만들어지기 시작했다. 이렇게 해서 취직할 데가 없던 이 미대생은 어느새 기업 가치 1천억 원의 평가를 인정한 투자를 받을 정도로 성공한 사업가가 되어 있다.

이렇게 개략적으로 경제적 문제에서 해방될 수 있는 위치, 프리리치가 되기 위한 방법론과 실제 사례들을 빠르게 살펴보았다. 이제 2장에서는 본격적이고 매우 구체적인 실천 방법인 프리리치 7단계에 대해서 이야기해 보자. 앞으로도 여러 차례 반복해서 말하겠지만 당신도 프리리치가 될 수 있다.

무엇보다 나를 알리는 것이 중요하다. 그리고 그냥 홍보지를 돌리고, 블로그 활동을 열심히 하는 단순하고 막연한 활동이 아니라 나를 전문가로 믿게끔 만드는 매우 치밀하고 전략적인 활동이 필요하게 된다. 사람들로 하여금 나를 전문가로 인정받게 만들면 내가 고객들을 찾아가지 않아도, 그들이 먼저 나를 찾아오게 되고 그로 인해 예전의 방법으로는 상상도 못 했을 그런 성공의 길이 성큼 눈앞에 다가와 있음을 실감하게 된다. 그게 바로 '멘토 포지셔닝'의 위력이다. 프리리치의 길에서 절대 빠질 수도, 빠뜨려서도 안 되는 중요한 단계의 하나이다.

PART 2

워밍업-
프리리치 7단계와
인생템 프로세스를 위한
8가지 요소

CHAPTER 1

프리리치 워밍업, 먼저 보이지 않는 쳇바퀴를 벗어날 것

1

이것이 프리리치로 가는 8가지 요소다

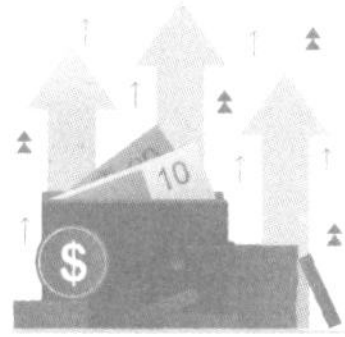

"열심히 삶을 살아가는 것 말고는 특별하게 가진 것이 없는 평범한 이들이 프리리치가 될 수 있다"라고 앞서 말했다. 이제 그 일곱 단계의 프리리치 과정을 본격적으로 살펴보기에 앞서, 예전에 다뤘던 슈퍼리치 영업의 기술 프로세스, 그리고 로볼과 멘토 포지셔닝과 같은 것에 대해 개략적으로나마 설명하겠다.

프리리치를 이해하기 위해서는, 단어 자체가 어렵지는 않지만 필자가 지난 시간 동안 경험하고 갈고 닦아온 개념들을 표현하기 위해 만들어 사용하고 있는 이 용어들에 대해서 개략적으로나마 어떤 의미인지에 대해서는 알고 있어야 하기 때문이다.

예전 책에서 '프로세스' 혹은 '슈퍼리치 영업의 기술'이라고 칭한 이 방법론을 통해서 수많은 사람들이 '월 천 회'나 매달 차 한 대씩 뽑는 게 취미라거나 하는 믿기 힘든 성공을 거두었다. 그런데 이 기하급수적인 매출 증대를 보장하는 방법론에는 한 가지 전제 조건이 있다. 이는 당신이 가진 지원, 즉 시간과 노력과 자본에는 분명한 한계가 있다는 것을 인식해야 한다는 것이다. 평범한 우리가 가진 돈이 많아서 어떤 일을 하든 영업을 하든 무한정 쏟아부을 수도 없거니와 '열심히 하면 못 이룰 것이 없다'는 막연한 자세로 그저 열심히만 하기에는 우리의 인내력과 정신력은 너무나 쉽게 좌절하고 용기도 줄어들게 마련이다. 그러므로 '프로세스 슈퍼리치 영업의 기술'이라는 방법론은 행동 대비 최대의 효과를 가져올 수 있도록 설계되어 있다. 막연하게 '우주에 소원을 빌면 뜻한 바가 이루어진다'는 그런 방법론이 아니라, 누구라도 이 방법을 착실하게 따라하게 되면 성공할 수 있는 보편타당성을 지녀야 하기 때문이다.

첫 번째, 플랜(10년 개발계획, 매각 플랜)이다.

프리리치는 살아가면서 돈 문제로 더는 고민하지 않아도 될 충분한 부를 일굴 수 있게 해주는 구체적 방법론이다. 이는 7단계로 이루어져 있는데, 이를 위해서는 8가지의 준비가 선행되어야만 한다. 이 준비는 이전 책들에서 자세히 다루고 있는 세일즈 프로세스 및 슈퍼리치 영업의 기술이다.

이 준비가 어떤 것인지에 대해서는 조금 더 구체적인 표현으로 칭하겠다. 나를 완벽한 경제적 자유로 이끌어줄 이 핵심적인 경쟁력을 인생템(인생 + 아이템)이라고 하자. 이 인생템을 어떻게 구축할 것인지, 즉 8가지의 인생템의 프로세스의 첫 번째 포인트는 바로 플랜Plan이다. 나를 프리리치로 만들어줄 인생템을 어떻게 구축해 나갈 것인지에 대한 전체적인 조감도인 마스터 플랜이 필요한데 그것을 '플랜'이라고 칭한다.

내가 지금 하려고 하는 장사 혹은 사업을 통해 궁극적으로 도달하고자 하는 목표가 무엇인지, 그 목표에 도달하기 위해서 내가 시장과 잠재 고객들에게 판매하고자 하는 아이템 그리고 아이템을 사업화해서 어떻게 목표에 도달할 것인지에 관한 전체적인 계획인 로드맵을 구상하는 것이다.

한영인에서는 단순히 '이런 인생템으로 큰돈을 벌어 부자가 되자'라고 구호만을 외치는 것이 아니라, 그 목표를 잘게 나누어서 '한영인 10개년 개발계획'이라는 10년짜리 계획을 세우는데, 이 계획의 종착점이 프리리치의 마지막 7단계인 매각으로 구성된다.

이렇게 본격적인 프리리치의 7단계를 밟아나가기 위한 8가지의 준비과정을 시작하면 그 첫 번째인 플랜은 일종의 '달성하고자 하는 부를 어떻게 이룩할 것인가에 대한 설계도'를 의미한다. 이는 과정 전체를 아우르고 있는 마스터 플랜이다. '꿈을 날짜와 함께 적으면 목표가 되고, 목표를 잘게 쪼개면 계획이 된다'는 말처럼, 이 플랜을 잘 세우고 항상 머릿속에 넣어두고, 책상 같은 잘 보이는 곳에 붙여두면서 볼 수 있다면 더 좋다.

두 번째, 타깃팅이다.

인생템 프로세스의 8가지 준비 중 두 번째는 타깃팅이다. 당신이 가진 시간과 돈 그리고 열정은 한계가 있으므로 정확하게 어떤 사람들을 나의 고객으로 할 것인지에 대한 목표를 명확하게 설정해야 한다. 낚시에 비유한다면 내가 낚고자 하는 물고기의 정확한 어종을 정하는 것이다. 장어를 잡으려고 하는지, 문어를 잡으려고 하는지, 돔을 잡으려고 하는지를 정확하게 정하지 않으면 이후의 모든 과정이 무의미해지기 십상이다. 힘이 좋은 돔을 잡겠다는 사람이 붕어낚시에 필요한 낚싯대와 떡밥을 준비한다면 그 낚시가 성공할 리가 없는 것처럼 말이다.

세 번째, 로볼이다.

그다음 단계는 로볼Low Ball이다. 대 여섯 살짜리 아이와 아빠가 공놀이할 때 아빠는 전력을 당해서 공을 던지지 않는다. 아이가 받을 수 있을 만한 정도로 공을 낮고 천천히 던져준다. 아이가 공을 무서워하지 않게끔 그리고 공을 잡는 것에 익숙해질 때까지 몇 번이라도 웃으면서 공을 살살 던져주게 마련이다. 로볼의 역할이 바로 그렇다. 내가 판매하려는 제품 혹은 서비스가 아무리 고객에게 좋고 유리한 것이라고 해도 내가 그것을 곧장 고객에게 들이댄다면 누구라도 부담을 갖고 멈칫할 수밖에 없다. 그렇게 과격하다 싶은 세일즈가 마케팅이 효과를 볼 수는 없다.

그래서 아빠가 대여섯 살 아이에게 낮고 느린 공을 천천히 던져 주는 것처럼, 고객들이 부담을 갖지 않고 내가 하는 행동, 영업, 마케팅 활동에 반응할 수 있게끔 만드는 역할을 하는 작은 장치나 소품 혹은 잡담 등이 필요하다. 그렇게 내가 만난 고객들이 나와의 대화, 만남에 부담을 갖지 않고 편하게 이어갈 수 있도록 만드는 장치를 로볼이라고 한다.

낚시의 예를 계속해 보자면 로볼은 미끼 또는 떡밥인 셈이다. 내가 잡고자 하는 물고기가 좋아하는 떡밥을 뿌리고, 미끼를 던져 모여들게끔 하는 것이 미끼와 떡밥의 역할인 것처럼 말이다. 중요한 것은 장어가 좋아하는 미끼와 돔이 좋아하는 미끼가 다르다는 것인데, 돔이 좋아하지 않는 미끼를 갖고 낚시를 하면 제대로 잡힐 리가 없지 않은가.

한 달에 40만 원짜리 고시원에 살다가 강남 펜트하우스로 이사를 한 그 주인공의 로볼은 〈강남 오피스텔 131개의 분석 자료집〉이었다. '강남 불패'라는 부동산 신화를 믿고는 사람들, 그중에서도 오피스텔 투자에 관심이 있는 사람들을 타깃팅했고 그들이 관심을 가질만한 정보를 소책자로 만들어 로볼을 만들었다. 이 소책자에 관심을 보이는 사람들에게 당시 강남에 있던 131개의 모든 오피스텔에 대한 자세한 분석과 평가 자료를 무료로 배포했었는데 이 로볼은 그야말로 대성공이었다. 블로그나 부동산 사이트에서는 찾아볼 수 없는 생생하고 자세한 정보를 무료로 주겠다고 하는데 강남 오피스텔 투자에 관심 있는 사람 중에서 그걸 마다할 사람이 있을 리 없을 테니까.

네 번째, 포인트이다.

열심히 만든 떡밥, 미끼를 아무 데나 던질 수는 없는 것처럼 로볼은 가장 높은 효과를 거둘 수 있는 장소에서 배포해야만 한다. 따라서 포인트는 장소라는 의미로 이해하는 것도 좋다. 온라인이든 오프라인이든 구분을 지을 필요가 없이 잠재고객들이 어디에 많은가, 어디로 지나가는가를 생각하고 발굴하는 것이 중요하다.

다섯 번째, 개입상품이다.

그다음 단계가 개입 상품으로 내가 던진 로볼에 관심을 두게 된 잠재고객들을 실제 고객으로 만들기 위한 장치의 하나다. 예를 들어 허름한 빌라를 싸게 사서 인테리어 등을 새롭게 한 다음 비싸게 되파는 일을 하는 부동산업자가 '경매로 빌라 사서 비싸게 되파는 실전 노하우 15선'이라는 정보가 담긴 로볼을 인터넷 부동산 커뮤니티나 유튜브, 지식iN 등에 올려서, 나도 보내 달라며 메일과 연락처를 보내온 사람들의 DB를 확보했다고 가정할 때, 이렇게 확보된 사람들을 대상으로 준비하는 것이 개입 상품이다. 세미나 참가자만 100만 원 상당의 전문가 동행 서비스를 제공하는 참가비 3만 원짜리 오프라인 세미나를 기획했다면 그 세미나가 바로 개입상품이다.

예를 들어 빌라 투자에 관심 있는 사람이 로볼을 받아보고는 관심이 생겨서 3만 원을 내고 세미나에 참가해서 전문가의 강의와 조언을 들었다고 치자. 나중에 이 사람이 실제로 경매를 통해 구매하고자 하는 빌라 물건이 생겼을 때 어떻게 할까?

상당한 금액의 투자를 해야 하는 중요한 결정의 순간, 만나본 적도 없는 사람에게서 조언을 받으려고 할까? 아니면 관심 가는 정보를 제공했고 자기 돈을 주고 세미나까지 참석했었던 그 전문가에게 조언을 받으려고 할까?

게다가 세미나에서 전문가 동행 서비스까지 약속을 받았는데 말이다. 거의 대부분 후자를 선택할 것이다. 그렇게 하지 않으면 괜히 100만 원을 날리는 것 같은 생각을 하게 되기 때문이다. 실제로는 3만 원밖에 내지는 않았지만 말이다. 세미나에 참석한 것으로 참가 수강생들은 관심 있는 정보를 제공한 전문가이자 3만 원이나 내고 들었던 세미나 그리고 언제든 사용할 수 있는 100만 원 상당의 전문가 동행 서비스에 대한 권리를 어지간해서는 놓치려고 하지 않게 마련이다. 남이 공짜로 준 10만 원짜리 콘서트에는 귀찮아서 가질 않아도, 내 돈 1만 원을 주고 산 영화표는 낮잠을 자다가도 가는 게 사람의 심리이다. 인간의 자연스러운 본성이 그러하므로 인생에 있어서 중요한 투자를 위한 자문이 필요할 때 이왕이면 내가 돈을 내고 들었던 세미나의 강사 그리고 전문가가 나와 함께 내 관심 매물에 대해서 동행해 조언받을 기회가 있는데 그걸 마다하고 다른 전문가를 찾을 사람이 얼마나 될까? 고객으로서는 본인에게 유리한 선택을 한 것이지만, 돈 3만 원의 세미나 참가비가 자연스럽게 나에게 연락하도록 만든 장치가 된 것이고 이게 바로 개입상품이다.

여섯 번째, 멘토 포지셔닝이다.

다음 단계에서는 내가 잠재고객들이 '이 사람이 전문가로구나' 하는 생각을 하게 만드는 멘토 포지셔닝 작업이 병행되어야 한다. 잠재고객들이 관심을 가질만한 로볼을 만들었더라도 '내가 연락해서 만났는데 별로 믿을만한 게 없는데?'라고 생각하게 되면 이제까지의 노력은 모두 수포가 될 수밖에 없다. 로봇에 반응하고 개입상품까지 구매하게 된 사람이면 거의 실제로 계약하고 구매를 결심하는 단계까지 온 것이기 때문에 그런 잠재고객들에게 '이 사람 진짜 전문가다. 도움을 받아야겠어'라고 확신하게 할 그러한 장치가 필요하다. 그게 바로 멘토 포지셔닝이다. 정수기 파는 아저씨에서 '우리 애가 아토피 때문에 밤새우는데 어떻게 하지요?'라는 문의를 받는, 선생님이라고 불리면서 다급한 전화를 받는 전문가로 탈바꿈할 수 있었던 비결이 바로 멘토 포지셔닝이다. 내가 열심히 영업해도 하루에 서너 명을 만나 그중에 1건의 실적을 올리기도 쉽지 않지만 나를 먼저 찾아오는 아홉에서 열 명의 고객을 통해서 8~9건의 계약을 맺게 된다면 수익은 몇 배로 뛸까? 기하급수적이라는 표현을 실감하게 될 것이라고 확신한다. 그리고 그게 프리리치 7단계이고 슈퍼리치 영업의 기술이다. 그 구체적인 방법에 대해서 부쩍 호기심이 생기고 궁금하다면 그게 바로 당신이 필자에게 개입됐다는 증거다. 무슨 말인지 곰곰이 생각해 보기 바란다. 당신을 부자로 만들어 줄 방법론은 바로 거기에 있으니까.

일곱 번째, 레터다.

너무나 잘 아는 영어 단어인 레터Letter는 인생템 프로세스의 여섯 번째 준비물을 말하는데, 비즈니스 현장에서 쓰이는 텍스트와 이미지로 이루어진 모든 홍보물이라고 이해하면 된다. 인쇄 전단과 같은 오프라인의 홍보물은 물론이고, 휴대폰 문자 메시지, 이메일, 온라인 뉴스레터와 카드 뉴스와 같은 온라인 콘텐츠도 레터의 한 종류라고 이해하면 좋다.

이 레터는 앞 단계에서 만든 로볼과 개인상품을 잠재고객에게 전달하는 효과적인 수단이므로 레터를 받아보는 잠재고객들이 반드시 읽게끔 만들어야 한다. 우리가 일상생활에서 숱하게 접하는 각종 홍보 전단, 이메일, 팝업 광고 등이 전부 레터에 해당하지만 대부분이 받는 즉시, 곧장 휴지통으로 직행하거나 거리에 버려지게 마련이다. 그러므로 레터는 반드시 '내가 왜 이것을 읽어야 하지?'라는 의문을 품게 만들어야만 한다. 로볼을 통해서 불특정 다수의 사람 중에서 내 제품, 서비스에 관한 관심이 생기면 잠재 고객으로 바뀌게 되고, 멘토 포지셔닝을 통해서 그 관심이 보다 구체화하게 된다. '이 사람은 만나보는 게 좋겠다'라는 마음이 생기게 한다. 그리고 이러한 잠재고객들의 관심은 다양한 셀프 어프로칭 수단을 통해서 나와의 접점을 형성해 간다.

여덟 번째, 셀프 어프로치다.

인생템 프로세스의 마지막 단계인 셀프 어프로칭은 말처럼 잠재고객들이 먼저 내게 연락을 해서 '상담을 받아보고 싶다, 정보 집을 받아볼 수 있느냐'라고 행동할 수 있도록 하는 일종의 장치를 말한다. 이메일이나 홈페이지의 설문폼 양식이나 마케팅 프로그램, 외주 대행사에서 진행하는 각종 이벤트와 프로그램들 그리고 요즘에는 샐러던트(샐러리맨+스튜던트, 퇴근 이후에도 무언가를 배우는 것을 계속하는 직장인들을 가르키는 말)가 일반적인 추세가 되었기 때문에 각종 스터디 모임도 활발하게 이루어지고 있다. 이런 스터디 모임도 셀프 어프로칭의 중요한 도구다.

이 셀프 어프로칭을 단순하게 잠재고객이 먼저 접근하도록 하는 장치로만 국한하기보다는 보다 확장된 개념으로 활용하는 것이 좋다. 이를테면 영양제나 보충제 등을 직접 해외구매할 때 사용하는 아이허브https://kr.iherb.com나 마이프로틴www.myprotein.co.kr 같은 사이트 그리고 테슬라에서 운영 중인 마케팅 프로그램들도 이 셀프 어프로칭의 보다 확장된 개념이라고 볼 수 있기 때문이다. 아이허브나 마이프로틴 같은 경우에는 자사에서 판매 중인 제품을 사용해 본 사람들이 리셀러로 활동할 수 있는 프로그램을 운영 중인데, 제품에 만족한 사람들에게서 우호적인 리뷰를 기대하는 것 정도로 끝내지 않고 이들에게 자신의 활동이 자기 자신에게 경제적 이익이 될 수 있는 프로그램을 운영함으로써 고객들이 자발적으로 지속적인 활동을 계속할 수 있도록 만들고 있다.

이들 사이트는 이렇게 자발적으로 열성적인 활동을 하는 고객들 덕분에 제품 판매와 사이트 홍보 역할을 별다른 비용 없이도 훌륭히 할 수 있는 구조를 만들었다. 전기차 시장의 글로벌 넘버 원인 테슬라도 리퍼럴 코드라는 마케팅 프로그램을 운영 중인데, 테슬라의 전기차를 타보고 그것을 열성적으로 대중들에게 알리는 인플루언서들을 대상으로 리퍼럴 코드를 부여하고 있다. 테슬라 자동차를 구매할 때 이 리퍼럴 코드를 입력하면 가격 할인 등의 일정한 혜택을 주므로 구매를 결심하는 고객들은 이왕이면 자기들에게 참고가 될만한 콘텐츠를 올린 사람들의 리퍼럴 코드를 사용하도록 유도한다. 또한 이 리퍼럴 코드를 통해 테슬라 전기차를 구매한 사람이 많아지면 인플루언서들에게도 그만큼의 혜택이 돌아가기 때문에 인플루언서나 구매 고객 모두에게 윈윈할 수 있는 구조가 성립될 수 있다. 결국 이렇게 나의 인생템과 멘토 포지셔닝을 인정하고 관심 있는 사람들로 하여금 자발적으로 나를 찾고, 나의 인생템을 타인들에게 자발적으로 전파하는 것이 가능하도록 만들 수 있다면 프리리치에 도달하는 기간은 한층 단축될 것이 분명하다.

무형의 교육 상품을 판매하는 업종에도 이러한 확장된 셀프 어프로칭 방법은 매우 효과가 좋은데 한영인의 경우에도 자사의 교육 프로그램에 대한 콘텐츠를 제공하고, 그것에 관심을 느낀 잠재 고객들이 학습 효과를 높이기 위해서 자발적인 스터디 모임 등을 만들 수 있도록 유도한다. 예를 들어 카카오톡 오픈 톡방에 잠재 고객 중에서 먼저 어프로칭한 사람들에게 우선적인 혜택을 받을 수 있도록 운영하고 있다. 이렇게 함으로써 남보다 더 많은 혜택을 받기 위해서 미리 대기하고 있는 잠재고객들을 갖춘 상태에서 다양한 마케팅 활동을 수행하는 효과를 거두고 있다.

이렇게 8가지 단계의 장치와 준비를 통해서 아무것도 가지지 못한 개인이 프리리치가 되기 위한 실질적인 첫 번째 단계가 진행된다. 프리리치 7단계, 슈퍼리치 영업의 기술은 나라는 개인이 매출을 곧장 올리고 더 많은 이익을 얻을 수 있게끔 만드는 시작 단계에서의 매우 중요한 사전 정지 작업이다. 이를 통해 지금까지 수많은 사람들이 다음 달 당신의 매출을 두 배, 세 배 쭉쭉 올려드린다던 나의 호언장담이 허언이 아니었다는 것을 확인할 수 있었다.

간략하게나마 인생템 프로세스의 준비물에 대해서 살펴봤다. 프로세스라는 말에서 짐작할 수 있는 것은 이 8가지 준비물은 개별적으로 따로 떨어져 있는 몇 가지 방법이나 요령이 아니라 전체적으로 잘 설계된 분명한 흐름을 갖고 있고, 그렇게 일관된 맥락 아래 설계된 방법론을 차례로 실행에 옮기게 되면 예외 없이 놀랄만한 효과를 볼 수 있게 되기 때문에 슈퍼리치 영업의 기술이라고 칭하고 있다.

이제 우리는 아무것도 가진 게 없는 평범한 소시민에서 경제적인 문제에서 완벽한 자유를 누릴 수 있는 프리리치가 될 수 있는지에 대한 본격적인 방법론으로 들어갈 준비가 되었다. 프리리치라는 당신을 부자로 만들어 줄 일련의 방법론은 분명한 효과가 있지만 그렇다고 그것이 하루 이틀 만에 가능한 것은 아니므로 전체적인 과정을 조감할 수 있는 폭넓은 시야가 필요하다. 부자가 되는 과정 동안 고삐를 바짝 죌 때와 한숨을 돌리면서 몸과 마음을 정비하는 호흡 고르기의 과정도 있다. 앞으로 제법 긴 걸음을 걸어야 하기 때문이다.

7가지 단계의 장치와 준비를 통해서 아무것도 가지지 못한 개인이 프리리치가 되기 위한 실질적인 첫 번째 단계가 진행된다. 프리리치 7단계, 슈퍼리치 영업의 기술은 나라는 개인 이 매출을 곧장 올리고 더 많은 이익을 얻을 수 있게끔 만드는 시작 단계에서의 매우 중요한 사전 정지 작업이다. 이를 통해 지금까지 수많은 사람들이 다음 달 당신의 매출을 두 배, 세 배 쭉쭉 올려드린다던 필자의 호언장담이 허언이 아니었다는 것을 확인할 수 있었다.

CHAPTER 2

1단계: 나를 프리리치로 만들 핵심, 인생템 찾기

1

무조건, 시작은 작고 가볍게 할 것

우리를 경제적 문제에서 자유롭게 만들어 줄 프리리치가 되기 위해서는 주력으로 다루는 무언가가 있어야만 한다. '내가 부자가 될 때까지는 이것만 집중적으로 파겠다'라고 전적으로 매진할 그 무언가, 즉 내 인생의 중요한 한 부분을 바쳐 집중할 아이템이 있어야 하고 그것을 필자는 '인생템'이라는 이름으로 표현한다. 프리리치 7단계의 시작 이전에 전체적인 과정에 대한 로드맵이 있었던 것처럼, 프리리치의 과정에도 준비운동과 같은 예비 단계가 있다. 하지만 이번에는 로봇을 만들거나 개입상품을 설계한다거나 하는 물리적인 준비가 아니라 정신적인 측면에서의 준비가 필요하다.

이런 흔한 스토리가 있다. 열심히 일한 직장생활 끝에 어느 정도의 목돈으로 퇴직금을 받게 되는데 그 퇴직금으로 치킨전문점을 연다던가, 음식점 혹은 스마트폰 대리점을 연다거나 하는 것에 사용하게 마련이다. 그런데 이렇게 시작한 새로운 일이 성공을 하면 다행이지만 대부분은 실패하기에 십상이다.

이런 질문을 한번 해보자. 앞서 만약 매달 100만 원씩 모아서 1억 원이라는 목돈을 모으려면 8년이 좀 넘는 시간 동안 매달 꾸준히 모았어야 했다. 짧지 않은 시간이다. 이렇게 어렵사리 모은 돈으로 시작한 치킨전문점, 대왕 카스텔라 집, 핫도그 전문점, 생과일 주스 전문점을 열었다가 돈을 벌기는커녕, 망해서 빈손으로 나오는 경우가 많다. 그런데 중요한 것은 1억 원을 모으는 데에 10년 가까운 시간을 인고해야만 하는데 그 피 같은 돈을 까먹는 데에는 불과 몇 달이 걸리지 않는다는 사실이다. 더더욱 놀라운 사실은 이렇게 기가 막히는 현실에 대해서 다들 둔감하다는 것이다. '뭐, 가게 하다가 망하면 돈 몇 천 까먹는 건 당연한 것 아니야?'라고 생각할지 모르지만 그게 현실이라고 하더라도 만에 하나 새로 시작한 장사나 사업이 잘못됐을 때라도 피해를 최소화할 방법에 대해서는 치열하게 고민해야 하는 게 아닐까?

그래서 필자는 늘 이렇게 당부하고 당부한다. "제발 작게, 가볍게 시작하세요"라고 말이다. 벤처업계에서 사용하는 말 중에 MVPMinimum Viable Product라는 개념이 있다. 이는 주로 스타트업 기업들이 창업자의 아이디어를 구현하기 위한 최소한의 기능만을 가진 제품이나 서비스를 만들어 출시하는 것을 말한다. 최소한의 비용을 투자, MVP를 만들어 시장에 출시하고 반응을 보면서 해당 서비스나 사업에 관한 판단을 내린다. 벤처 사업이라는 것이 워낙 성공할 확률이 낮다 보니 실패를 최소화하기 위한 다양한 방법들이 모색됐고 MVP라는 개념도 그중 하나인 셈이다.

프리리치의 여정도 이렇게 '최대한 작고 가볍게' 시작되어야 한다. 고객들이 우리의 프리리치 7단계를 통해 우리의 제품이나 서비스를 구매하는 데에 있어서 내 사무실의 인테리어나 직원의 숫자 혹은 자본금의 규모를 보고 판단하는 일은 없기 때문이다. 요즘은 아예 클리워크www.qliwork.co.kr 같은 공유 사무실 등을 통해서 사무실과 인테리어, 가구와 집기 등에 들어가는 초기 비용을 대폭 줄일 방법도 다양하게 있다.

넉넉지 않은 자원을 인생템에 집중해 최대한 몸집을 줄여 시작한 사례를 하나 말해보자. 요즘은 오프라인에서 영어를 배우기보다는 유튜브나 인터넷 강의 같은 온라인에서 영어를 배우는 게 일반적이지만, 불과 십여 년 전만 하더라도 영어 학원에 다니면서 영어 공부를 하는 게 상식이었다. 종로나 강남역에는 이런 영어 공부를 하기 위해서 모여드는 대학생, 직장인들을 대상으로 하는 학원들이 문전성시를 이루던 시절이 있었는데 그렇게 영어 학원들이 인기를 구가하던 무렵, 중·고생들을 대상으로 하는 영어학원을 운영하면서 꽤 성공했던 50대 중년 남성이 지난 2016년 찾아왔다. '이제는 학원에 오질 않네요'라며 하소연을 하던 그분의 사업은 계속 쌓여가는 적자를 감당하기 어려워 눈물을 머금고 폐업을 심각하게 고민하는 지경까지 이르게 됐다. 도저히 돌파구가 없어서 고민하다가 필자를 찾아온 경우였다. 따뜻한 차 한 잔을 나누면서 이야기를 나누다가 그분이 자신 있어 하는 프리토킹에 대해서 집중적으로 파고들었다.

오랜 기간 영어학원을 운영하면서 쌓인 노하우와 프리토킹에 대한 자신감을 더 구체적으로 대화의 주제로 파고들다가 '제가 영어 귀 뚫기를 잘한다는 소리를 많이 들었다'라는 핵심을 발견하게 됐다. 이분이 젊은 시절 해외 취업을 생각하고 있어서 관련된 조사도 아주 많이 했었고, 이런저런 시도를 많이 했었다는 얘기를 했다. 이를테면 영어 학원과 어느 정도 사업상의 맥락이 있는 분야로 전환을 하기 위해 다양한 변화를 수소문하다 유학 컨설팅 사업에 관심을 두게 됐었고, 그 사업을 하고 있던 지인과 동업을 구체적으로 고려하면서 나름 그 업계가 어떻게 돌아가는지도 잘 안다고 할 정도의 경험을 갖게 됐다. 같은 연장선 상에서 해외 취업 관련된 활동도 이력서에 기재할 만큼 다양하게 한 경험 역시 눈여겨보게 된 포인트였다. 그게 모두 중요한 자산이 될 수 있으니까.

그래서 우리는 '해외 취업을 나가는 사람들만을 대상으로 취업하려고 하는 업종에 특화된 영어 위주의 단기간 영어 귀 뚫기라는 교육 상품'을 만들었다. 이를테면 간호사 취업 희망자에게는 영어 면접과 의사와의 대화, 다른 간호사와의 대화 그리고 환자와의 대화를 시뮬레이션화, 집중적으로 훈련할 수 있도록 교육 프로그램을 구성, 수요자의 요구에 세밀하게 부응할 수 있도록 했다. 지금도 호주나, 캐나다 같은 나라들로 해외 취업을 희망하는 청년층은 물론 중·장년층 취업 희망자들이 상당수 존재하고 이렇게 해외 취업을 원하는 사람들에게 가장 큰 문제점이 여전히 영어이기 때문에 이런 사람들에게 '빠른 영어 귀 뚫기'는 외면하기 힘든 상품이 될 수 있었다.

하지만 이런 결론에는 이르렀지만 이분 역시 중년의 나이 때문인지 두

달가량을 망설이면서 '과연 될까요?'라며 시간을 허비하게 됐다. 이 일에서 다시 실패한다면 정말 나락으로 떨어질 것이라는 걱정 때문이었다.

내가 하는 일이 다음 달 매출을 두 배, 세 배 쭉쭉 올려주는 세일즈 멘토이지만 내 중요한 일의 하나는 바닥까지 떨어진 자신감을 한껏 끌어올려주는 것이기도 하다. 결국, 필자는 이분을 반강제로 이끌고 '해외 취업 영어'라는 새로운 아이템으로 학원 설명회를 개최하게 했다.

첫 번째 설명회에서 3명의 잠재고객이 확보됐고 그중 2명이 결제를 하는 성과를 거뒀다. 하자마자 바로 성과가 나타나니 마냥 망설이던 이분도 태도가 적극적으로 바뀌기 시작했다. 바로 그다음 주에는 2명이 설명회에 왔고 1명이 결제했다. 상품 가격이 365만 원이었기 때문에 영업 개시 2주 만에 매출 1천만 원을 기록한 것이었다. 이후로 필자가 더는 강권하지 않아도 자신감을 얻고 그 사업을 진행할 수 있었다. 자신이 경험했던 그 분야의 일을 다른 방식으로 풀어낸 것이기 때문에 거의 돈을 더 들이지 않고 가벼운 몸집으로 새로운 사업을 시작할 수 있었던 것도 높은 수익을 만드는 데 기여를 했음은 물론이다. 이렇게 최대한 몸집을 가볍게 시작하는 것이 아주 중요하다.

원 포인트 어드바이스

내 장사는 잘되는 데 1단계도 아니라고?

프리리치에 대한 특강이나 동영상 등을 접한 사람 중에 가끔 질문을 가장한 힐난을 하는 경우를 만나게 되는데, 그분들의 목소리가 그렇게 자신만만한 데에는 이유가 있다는 것을 필자는 잘 안다. '내 장사는 잘되는데?'라는 생각이 깔려있기 때문이다. 그렇지만 일 년 중 해가 가장 높게 뜨는 하지의 정오에는 그림자가 보이지 않는 법이다. 장사가 잘 되서 자신만만한 분들이라도 지금부터 한번 곰곰이 생각해 보길 바란다. '이것저것 다 떼고 매달 내 수중에 떨어지는 게 얼마나 되지?'라고 아마, 최대 월 1천만 원일 것이다. 이 수준이 되면 '그 집 잘된대'라는 입소문이 퍼졌고 벌써 경쟁점포들이 등장하기 시작한다.

경쟁이 시작되면 당연히 가격 하락 요인이 발생하고, 마진도 줄어들 수밖에 없다. 필자가 무슨 점쟁이나 무당 같은 신기가 있어서가 아니라 장사도 일정한 단계가 있기 때문이다. 어렵사리 어떤 수준까지 이르게 되면 따라 하는 사람들이 생기게 된다. 그중에는 객관적으로 나보다 더 나은 사람들도 있을 수 있다. 이런 상황이 도래하게 되면 결국 고객들은 줄어들 수밖에 없다. 시기와 정도의 차이가 있을 따름이다.

이건 불합리하거나 '왜 나에게 이런 시련이?'라고 한탄할 필요가 없는 자연스러운 순리라고 보는 게 낫다. 결국 장사가 잘돼서 벌 만큼 번다는 얘기를 들어도 어느 순간에 가면 보이지 않던 벽과 맞닥뜨리게 되는 지점이 온다. 그 이상을 벌더라도 이런저런 이유로 뒤로 나가는 돈이 생기게 되고, 갑작스럽게 장사가 혹은 사업이 처할 수 있는 예상 리스크도 상대적으로 커지게 된다. 게다가 내가 열심히 뛰는 만큼 돈이 벌리기 때문에 다른 데에 눈을 돌릴 여력이 없게 된다. 〈생활의 달인〉과 같은 프로그램에 나오는 요식업 달인들을 보면 어디 그분들이 골프를 치러 다닌다거나 해외 낚시여행을 간다거나 하는 걸 볼 수 있었는지 생각해보라. 그만큼 올인해서 일해야 거둘 수 있는 수익이다. 당연히 시간도 없을뿐더러 건강을 돌볼 여유도 없으니 가족관계도 소원해지게 된다. 죽자 살자 고생해서 애들 좋은 대학 보내고, 잘 살아보자 했는데 이렇게 됐다며 혀를 끌끌 차던 사장님들의 하소연도 자주 듣는 레퍼토리다. 이것이 필자가 말하는 본격적인 프리리치 7단계에 들어가기 이전인 우리네들의 평범한 분투기다.

2

내 인생 안에 이미 프리리치의 지름길이 있다

이제 프리리치가 되기 위한 여정은 본격적으로 시작되었다. 결국 당신을 부자로 만들어 주는 것은 인생템이고 그것을 기반으로 프리리치의 일곱 단계를 착실하게 밟아나가면 된다. 인생사의 모든 것이 그렇듯 프리리치 7단계도 현재 나의 상황을 냉철하게 객관적으로 파악하는 첫 번째 단계를 거친 후, 두 번째 단계이자 프리리치의 본격적인 첫 단계의 과제인 인생템을 제대로 다지지 않고서는 사상누각일 수밖에 없다. 이 인생템을 제대로 갖추는 과정, 즉 프리리치의 실질적인 첫 번째 단계가 앞 장에서 설명했던 나만의 프리리치 7단계를 완성하는 것이다. 이렇게 설명을 하면 고개를 끄덕이다가도 아무 말이 없어지는 사람들이 상당수다. '내가 뭘 팔고, 어떤 서비스를 만들 수 있을까?' 하는 생각에 막막해진다. 그런 생각을 하는 사람들은 백이면 백, 현재 하는 일에 대해서 비관적이게 마련이다. 현재 하는 일에서 만족할만한 성과가 나왔더라면 나를 찾아오지도 않았을 테니 당연한 반응일지도 모르겠다. 그러므로 '지금 하는 일 말고, 다른 일은 없을까?'라고 자연스럽게 생각하게 된다.

하지만 냉정하게 지극히 현실적으로 생각해보자. 현재 하는 일이 비록 성과가 제대로 나지 않고 있다고는 하지만 이 일을 하면서 이미 당신은 상당한 금전과 시간을 투자했다. 그런데 그 모든 것을 무위로 돌리고 전혀 새로운 일을 찾아 그것으로 부자가 된다는 것은 전혀 현실적이지 못하다. 그래서 늘 필자는 대부분의 상담자들에게 '현재 하는 일을 다른 방식으로 접근해보자'라고 말한다. 해외 취업자를 대상으로 하는 단기 귀 뚫기 과정으로 본인만의 프리리치 7단계를 만들었던 그분과 비슷한 시기, 비슷한 연령대의 사례를 하나 더 얘기해보겠다.

지난 2016년 초겨울, 필자에게 찾아오셨던 50대의 중년 여성이 있었다. '다른 일을 해야 할 것 같은데 돈은 없고 방법이 없어 막막해요'라는 사연은 나로서는 자주 듣는 유형의 하소연이지만 늘 마음을 무겁게 한다. 이분이 겪어왔을 삶의 고단함과 팍팍함을 충분히 짐작할 수 있기 때문이었다. 우리는 따뜻한 차 한잔을 마시면서 이분이 지난 20년간 헌책을 파는 일을 하셨다는 것을 알게 됐고 바로 그곳에서 문제의 해결점을 찾기로 했다.

오랫동안 해오던 일에 지쳤다고는 하지만 본인이 나이만 조금 젊었더라면 큰 욕심 부리지 않고 평생 먹고살 만한 일이라는 사실은 잘 알고 있었기 때문이었다. 다만 별다른 비전이 없는 반복되는 하루하루에 조금씩 지쳐갔던 이분은 '다른 일을 하고 싶다'라는 막연한 생각에 건강식품 다

단계 일에 발을 디디고 있는 상태였다. 썩 내켜서 시작한 일은 아니었지만 새로 일을 시작하는 데에 별다른 자본이 필요한 것도 아니고, 그 일로 돈을 많이 벌었더라는 얘기를 제법 들었던 것도 '이 일로 돌파구를 찾아봤으면' 하는 마음으로 시작하게 됐더란다.

하지만 새로운 일에도 조금씩 적응을 해나가면서 '이것도 아닌가?' 하는 마음이 들어 무척이나 심란한 상태로 필자를 찾아오게 됐었다. 이분이 새로운 일로 승부를 보기보다는 과거부터 해왔던 일, 그래서 너무나 잘 알고 있는 그 일에서 돌파구를 찾자고 설득했다. 이분이 하셨던 중고 책 유통이라는 것이 외부로 보이는 모습은 허름한 가게에다 도매상 등을 통해서 구한 중고 책을 빽빽하게 쌓아놓고는 오는 손님들에게 책을 판매하는 아주 단순한 종류의 일이기 때문에 아무런 비전을 발견하지 못하는 것도 사실 무리는 아니었다. 하지만 필자는 헌책 판매라는 업종 자체에서 해결점을 찾아야 한다고 봤다.

지금은 사라져 그 모습을 찾을 수가 없지만 필자가 대학을 다니던 시절만 하더라도 청계천 황학동 근처에는 헌책을 파는 서점들이 모여 있는 곳이 있었다. 주머니가 가벼운 대학생이나 책을 좋아하는 직장인 그리고 어르신들이 책을 구하기 위해서 즐겨 찾던 곳이 이런 헌책방이었는데 이분은 평생 그 일을 해오셨다.

그런데 헌책 판매와 같은 종류의 일이라는 것이 고정적으로 발생하는 매출을 기대하기란 구조적으로 어려운 데다 헌 책 도매상에서 책을 떼다가 가게로 가져와 기본적인 손질과 정리를 하고 진열하는 반복적인 일이 육체적인 수고가 작지 않아서 점점 더 몸이 힘들어 가는 그런 상황이었다. 무거운 책을 몇 보따리씩 옮기는 과정은 나이 있는 여성으로서는 분명 버거운 일이었을 테니까. 게다가 일의 비전도 그다지 없지만 그렇다고 해서 달리 경험한 것은 없고 가진 돈이 넉넉하게 있어서 업종전환을 하는 것도 엄두가 나지 않아 답답한 상황이 간절히 돌파구를 찾게 했던 것이었다.

이런저런 이야기를 나누는 동안 이분이 가진 것이 어떤 것이 있을까에 대해서 판단했는데, 다른 것은 몰라도 중고 서적을 싸게 가져오는 루트와 방법 그리고 헌 책이 유통되는 과정에 대해서만큼은 꿰뚫고 있는 전문가라는 사실을 알 수 있었다. 본인이 나이만 젊다면 이 일도 대박은 아니어도 나름 먹고 살 만한 아이템이라고 생각하고 있었기 때문에 인생템을 다른 분야에서 찾기보다 현재의 일을 약간 바꾸어서 달리 접근하는 쪽으로 가닥을 잡아나갔다. 사양 산업이라고 하더라도 그 업종이 충족시켜주고 있는 고객들의 욕구는 줄어들지 않는 경우도 있기 때문이다.

그래서 필자는 '평생 해왔기 때문에 가장 잘할 수 있는 일을 지금까지 누구도 하지 않았던 방식'으로 재해석했다. 이렇게 재해석한 '헌책 유통'이라는 업이 중고차 딜러에 대한 컨설팅과 이분의 사례가 구조적으로는 유사한 측면이 있다고 판단해, 응용하는 방법을 가다듬었다.

그렇게 해서 우리는 팔릴만한 헌 책을 보는 요령에서 싸게 구하는 노하우와 책 관리는 어떻게 해야 하는지, 그리고 부가가치를 높일 수 있는 다양한 방법과 인터넷을 통한 온라인 마케팅 등을 집대성해서 그것을 하나의 교육과정으로 만들어, '중고 책 딜러 과정'이라는 이름으로 론칭했다.

이렇게 자신만의 삶과 경험이 녹아든 프리리치 7단계 즉, 인생템을 만들었지만 이분은 그 결과에 대해서는 여전히 걱정이 많았다. '과연 누가 수백만 원이나 되는 그 큰 돈을 내고 중고 책 딜러가 되려고 할까?'라는 생각을 갖기 쉽지만 의외로 수요는 존재했다. 출판업이라는 업종 자체는 사양 산업이 되어가고 있었지만 책이 있어야 하는 사람들은 절대 줄어들지 않았기 때문이었다. 이를테면 중고 책 딜러의 핵심 고객인 전집을 사려고 하는 엄마들이 늘 있는 것처럼 말이다. 게다가 헌책방과 같은 오프라인 매장이 필요 없는 재택 창업 형태의 교육 프로그램으로 만들었던 것도 주효했다. 우리가 파고들었던 사업적 포인트가 그것이었고 결국 개구리 자전거 사례처럼 책을 좋아하면서도 그것으로 직업으로 삼으려고 하는 사람들이 적지 않았기 때문에, 이 중년 여성의 중고 책 딜러과정은 한 명씩 두 명씩 입소문을 탔고 사업이 본궤도에 오르기 시작했다. '중고 책 딜러 양성 과정'이라는 전에는 존재하지 않았던 새로운 사업을 시작한 첫 몇 달을 제외하고는 평균 매달 수천만 원의 매출을 올리면서 이 아주머니는 어엿한 '사장님, 강사님'이라 불리는 전문가로 대접받기 시작했다. "이번 달에는 9천만 원 벌었어요"라고 배시시 웃으셨던 이분에게 "그렇게 안 된다고 버티시더니"라고 놀리면 "제가 언제 그렇게…"라고 부인을 하면서도 얼굴에 번지는 미소로 성과를 짐작할 수 있게 해주던 인생템의 좋은 사례였다.

이렇게 경제적 문제에서 벗어나게 될 수 있는 프리리치를 위한 두 번째 단계인 인생템은 자기가 평생 동안 경험해왔던 것을 기반으로 하고, 남들이 쉽게 흉내 낼 수 없는 형태로 재해석하는 방법에서 찾는 것이 좋다. 이미 자기가 업의 장·단점과 위험요인 등에 대해서 잘 알고 있으므로 실패할 확률을 다른 선택에 비해서 확연히 줄일 수 있기 때문이다.

관건은 익히 잘 알고 있는 과거의 업종을 어떻게 재해석하느냐라고 할 수 있다. 이렇게 자기가 그동안 경험해왔던 것을 기반으로 그 형태를 약간 바꿔 인생템으로 만들어 성공한 사례는 아주 많다. '세일즈 디자이너'라는 이름으로 성공한 젊은이의 이야기도 인생템의 좋은 레퍼런스가 될 수 있다.

대학을 졸업하고 창업에 뛰어는 한 젊은이는 재주 많은 사람이 많기로 유명한 충무로 인쇄골목에서 광고물과 전단 제작 등을 하는 인쇄물 기획사를 운영하고 있었다. 하지만 경기를 민감하게 타는 업종의 특성과 기존에 자리 잡은 많은 경쟁자들의 틈바구니에서 녹록치 않은 현실을 깨달아가고 있던 와중에 필자를 찾아오게 됐었다.

이분이나 필자를 찾아오는 거의 모든 사람들이 저마다 제각각의 사연과 입장이지만 공통적인 한 가지가 있는데 그게 바로 '처지가 좋지 않다'라는 것이었다. 현재 하는 일이 마땅치 않아서 다른 일로 돌파구를 찾으려고는 하지만 막상 어렵사리 새로운 일을 찾아낸다 하더라도 그 일을 시작하는 데에 필요한 자본과 시간 등을 갖추지 못한 경우가 절대 다수였다.

생각해보라. 이, 삼십 년 회사에 다니고 받은 퇴직금으로 경험도 없는 치킨집이나 유행하는 아이템이라고 해서 가게를 덜컥 열었다가 채 1년이 못 되어 수익은커녕 폐업을 걱정해야 하는 상황이 되어 실의에 빠져 있기에 십상인 분들에게 전혀 새로운 일을 하는 데 필요한 돈이나 의욕이 얼마나 남아있겠는가.

그래서 필자는 '지금까지 하셨던 일에서 방법을 찾아내 봅시다'라고 말한다. 창업한 지 오래되지는 않았지만 충무로 일에서 비전을 찾지 못해 전직을 심각하게 고민하고 있던 이 젊은이와의 인연도 마찬가지였다. 설득 끝에 그도 '지금까지 하던 일에서 방법을 찾아내보자'라는 필자의 의견에 동의하게 됐다.

우선 당시 충무로 인쇄업체들의 주요 수입원 중 하나였던 명함 인쇄에서 나만의 경쟁력을 찾기 시작했는데, 그 무렵 충무로에서 명함을 대량으로 주문해 가던 고객들이 원하는 것이 자기 얼굴이 인쇄된 명함이었다는 점에서 착안했다. 보험이나 자동차 영업 등 대량으로 명함이 있어야 하는 고객들이 명함에 사진을 넣는 방법으로 차별화를 꾀하고는 있었지만 명함을 받는 사람의 관점에서 아무런 차이를 느끼지 못하는 밋밋한 증명사진을 넣었을 뿐인 명함이 대부분이었다. 그래서 우리는 명함에 들어가는 사진을 보다 전문가적인 느낌을 줄 수 있는 것으로 연출하는 방법을 무료로 제공하는 로볼을 기획했했다. 어떻게 하면 명함을 받는 사람들로 하여금 '어? 이 사람은 전문가인가 본데? 뭔가 다르네'라는 느낌을 줄 수 있는 사진을 찍을 수 있는지를 경쟁력으로 삼았다. DSLR 촬영이 취미였던 것을 십분 활용한 것이었는데, 여기에 필자가 교육생들에게 제공하는 '인생템 프로세스'의 중요한 부분 중 하나인 레터 작성법을 적용해, 명함을 받은 고객들이 연락할 수 있게끔 하는 카피를 어떻게 쓸 수 있는지 등에 대한 컨설팅도 함께 무료로 알려주었기 때문에 명함에 사진을 넣으려고 하던 사람들에게 좋은 반응을 얻을 수 있었다.

덕분에 충무로의 다른 인쇄기획사들은 1만 원에 500장과 같은 초저가 경쟁을 하던 상황에서도 '명함 제작 + 사진 촬영, 기획 비용을 포함, 30만 원짜리 마케팅 명함'으로 만들어 불티나게 팔 수 있었다. 그뿐만 아니라 '세일즈 디자이너'라는 이름으로 자기 자신을 브랜딩하기 시작했다.

세일즈 디자이너라는 명칭은 익숙한 글자로 구성됐지만 막상 생각을 해보면 '어…뭐지?'라고 생각하게 만드는 것이었다. 젊은 충무로맨은 자신이 해왔던 일을 다른 관점에서 바라보기 시작했다. 자신이 만드는 홍보물이나 전단, 명함 등을 고객들에게 판매Sell하는 것이 아니라 자신의 고객들이 그들 각자의 필요로 구매Buy하는 것이라는 생각으로 고객들의 관점에서 디자인을 하고, 기획해서 상품을 만들었다.

그 작은 차이가 조금씩 입소문을 타면서 '나도 명함 하나 만들어 달라 돈이 얼마가 됐든 좀 새롭고 신선한 걸 갖고 와달라'는 요청을 받게 했다. 그렇게 이 세일즈 디자이너는 성공적으로 인생템을 찾아냈고 작은 디자인 사무실 직원에서 많은 풀뿌리 클라이언트를 가진 어엿한 사업가로 거듭나게 되었다. 혹시라도 이분에 대한 자세한 이야기가 듣고 싶으신 분은 필자를 찾아오면 언제든 들을 수 있다.

이렇게 간략한 몇몇 사례를 통해서 우리를 프리리치라는 목표에 도달할 수 있도록 만드는 원동력이 되어줄 인생템을 타깃, 로볼, 포인트, 개입

상품, 멘토 포지셔닝, 레터, 셀프 어프로치로 설명한 프리리치 준비 단계라는 방법론을 통해서, 나의 인생 경험에 특화해 만드는 것으로부터 시작하는 것이 좋다. 나의 경험이나 지식과 연륜 그리고 상징성, 사업의 명분과 기존에 해오고 있는 사업에 대한 개인적인 적성 등을 바탕으로 내가 현재 취급하고 있는 아이템을 새롭게 재해석하는 것이 가장 현실적이고 좋은 방법이기 때문이다.

그저 열심히 하는 것 혹은 무지막지한 저가 공세 말고는 달리 경쟁력이 없는 고통스러운 현재 상황에서 벗어날 수 있도록 기존에 하던 일을 새로운 관점에서 손보는 작업이 실질적인 프리리치의 첫 번째 단계인 인생템의 완성에서 하게 되는 일이다.

프리리치라는 목표에 도달할 수 있도록 만드는 원동력이 되어줄 인생템을 타깃, 로볼, 포인트, 개입상품, 멘토 포지셔닝, 레터, 셀프 어프로치로 설명한 프리리치 준비 단계라는 방법론을 통해서, 나의 인생 경험에 특화해 만드는 것으로부터 시작하길 추천한다. 나의 경험이나 지식과 연륜 그리고 상징성, 사업의 명분과 기존에 해오고 있는 사업에 대한 개인적인 적성 등을 바탕으로 내가 현재 취급하고 있는 아이템을 새롭게 재해석하는 것이 가장 현실적이고 좋은 방법이기 때문이다.

CHAPTER 3

2단계: 내 일을 분담해 줄 수 있는 조직의 시작

1

인생템 프로세스는 이렇게 관리할 것

이렇게 부자가 되기 위한 탄탄한 기반이 되어줄 인생템을 만들어 작고, 가벼운 몸집으로 시작하는 것으로부터 프리리치의 실질적인 7단계는 본격적으로 시작됐다. 그 첫 번째 단계인 인생템을 기반으로 하는 나만의 맞춤형 프로세스를 통해서 매출이 발생하게 되면 이제는 프리리치의 두 번째 단계로 넘어가게 된다. 이는 내가 하는 일의 효율을 높여줄 수 있는 조직에 대해 준비하는 단계다.

인생템을 위한 맞춤형 조직의 필요성이 이제부터 제기된다. 1단계에서 우리가 만들어 놓은 맞춤형 프로세스에 의해서 잠재고객들이 나를 찾아오게 되는데, 그러한 그들의 행동은 나름의 분명한 이유가 있게 마련이다. 우리가 인생템을 위해 짜놓은 맞춤형 프로세스 자체가 그렇게 사람들을 내게로 찾아오게 하는 일련의 장치들이지만, 실제로 잠재고객들이 나를 찾아와 매출을 일으키는 과정을 통해서 그 맞춤형 프로세스를 보다 정교하게 갈고 닦는 추가적인 보충작업이 필요하다.

그렇게 사람들이 굳이 나를 찾아오는 근거를 더욱 갈고 닦아놓으면 더 많은 사람들이 찾아오게 되고, 나를 자신들에게 필요한 전문가로서 인정한 상태에서 나의 인생템을 찾아오는 것이기 때문에 대부분 판매와 계약이 일어나게 된다. 그렇게 DB와 매출이 늘어나면서 바빠지는 시기가 도래하고 그게 바로 프리리치 2단계에서 해결해야 하는 과제이기도 하다.

즉, 나를 대신해줄 수 있는 사람의 필요성을 느끼게 되는 시점이다. 내가 하는 일을 구분해서 실제 매출이 발생하는 부분과 매출 발생 이전과 이후의 단계를 나누어서 내가 하는 일을 도와줄 사람이 필요하게 된다. 효율을 높이는 조치이기도 한 셈이다. 이때부터 개인에서 조직으로 업그레이드될 필요성이 나타나게 되는데, '사장인 내가 일의 처음부터 끝까지 전 과정을 혼자서 모든 것을 하는 것이 과연 효율적일까?' 하는 생각을 스스로 하게 되기 때문이다. 지금 내가 하는 일을 돕기 위한 최소한의 정예 조직을 갖추는 것이 프리리치 2단계의 과제다.

이 단계에서는 '인생템'이라는 나만의 프리리치 7단계를 통해서 매출이 본격적으로 발생하기 시작하는데, 이것을 보다 원활하게 할 수 있도록 해야만 한다. 매출을 일으키기 위해 사장인 나는 인생템을 더욱 고도화시키는 작업, 즉 콘텐츠 개발과 혼자서 마케팅도 하고 사후 고객관리도 하는 식으로 혼자서 모든 것을 하는 구멍가게 수준의 상태를 본격적인 사업으로의 성장시키는 데 필요한 인력의 섭외라는 중차대한 작업에 집중하는 시간을 할애하게 된다. 그러므로 현재 시점에서 가장 많은 시간이 들어가는 부분인 마케팅 업무와 세일즈 업무를 대신해 줄 수 있는 최정예 핵심 멤버를 각 한 명씩 선정하여 창업 공신으로 함께 출발하는 단계가 바로 이 시기에 해야 할 과제다.

유비, 관우, 장비의 첫 만남을 다들 알고 있을 것이다. 어지러운 천하를 통일하기 위한 첫걸음이 복숭아나무 아래서 맺은 세 남자의 '도원결의桃園結義'였다. 당신을 프리리치로 만들어줄 프리리치의 2번째 단계에 대한 오마주가 아닐까 하는 생각이 들기도 한다.

나만의 프리리치 7단계인 인생템이 실제로 진행되기 시작하는 프리리치 2단계에서는 나를 만나기를 원하는 고객 DB와 매출이 늘어나면서 처리해야 하는 일도 늘어나기 때문에 자연스럽게 나를 도와줄 사람을 채용하게 된다. 그러나 당신을 '사장님'이라고 부르는 직원이 생긴다는 것에 자칫 감격해서 하다가는 나중에 두고두고 고생하게 하는 우를 범하기 쉬운 함정이 도사리고 있다는 사실도 분명히 인식하고 있어야 한다. 아직은 비록 숫자가 작지만 조직으로써 성장하게 되는 이 단계에 관한 명확하고 구체적인 계획이 머릿속에는 있어야 한다. '내가 너무 바빠서 사람 하나만 뽑아야겠어'라고 가볍게 생각하면 과연 내가 필요로 하는 그런 사람을 뽑을 수 있을까? 어떤 사람을 뽑고, 어떻게 사람을 관리하는지에 대한 계획이 없이 '잘 대우해주면 열심히 하겠지' 혹은 '급여를 많이 주면 좋은 사람이 오겠지'라고 생각하고 채용하는 그런 사람들이 절대다수라는 것을 경험적으로 잘 알고 있다.

하지만 현실은 그렇게 단순하지도 낭만적이지도 않다. 월급을 많이 준다고 좋은 사람이 오지도 않을뿐더러, 어떤 사람을 뽑더라도 내 사업을 나만큼 열심히 대신해 줄 사람은 없고 당연히 나의 인생템에 대해서 나만큼 일에 대해서 잘 아는 사람이 있을 리도 없다. 현실이 이런데 사람을 뽑아놨다고 해서 일이 과연 잘 돌아갈까? 사람을 뽑았더니 내가 일이 한결 편해져서 사업하는 데에 큰 도움이 됐다고 한다면 오히려 그게 더 이상한 일이 아닐까?

게다가 요즘처럼 급여 이외에도 직원들에 대해서 당연히 해주어야 하는 법적인 의무사항이 늘어나고, 생활인이 아니라 존중받아 마땅한 하나의 인격체로서 대우하는 것이 상식이 되고 있으므로 단 한 명의 직원을 뽑더라도 많은 생각과 고민을 한 이후에 해야만 한다. 그래야 진정 나와 회사를 위해서 보탬이 될 수 있다.

이렇게 모든 요건에 부합하는 사람을 어렵사리 찾아서 채용했다고 하더라도 문제는 끝나지 않는다. 그 직원에게 맡길 업무의 범위와 허용해 줄 권한의 정도에 대해서도 고민해야 하기 때문이다. 이를테면 마케팅과 세일즈에 투입한다면 업무에 대해서 어느 정도의 권한을 주어야 하는지 정확하게 판단하고 지시해야만 직원도 혼란을 느끼지 않고 맡은 일을 수행할 수 있게 된다. 월급을 주고 일을 시키는 사람이 '내 일처럼 알아서 잘 해달라'라고 막연하게 말하는데, 직원이 알아서 본인의 재량권을 판단해 올바른 응대를 할 수 있을까?

바쁜 나를 도와서 함께 일할 사람을 뽑아 사업이 개인에서 조직으로 성장한다는 것은 단순히 월급을 주고 사람 한 명을 채용하는 것과는 본질에서 다른 어렵고 예민한 문제일 수밖에 없다. 그런데도 대부분의 사람들은 단순하게 '내가 모든 걸 다하려다 보니 너무 힘들다. 사람 좀 뽑자'라고만 생각하고 행동에 옮긴다. 그러니 일이 잘돼서 매출이 늘어나고 회사가 커지며 인원이 늘어날수록 사장은 더욱더 힘들어지게 되는 생각지도 못했던 곤란에 빠지게 된다. 이렇게 내가 프리리치의 꿈을 실현하기 위한 인생템을 도와줄 프로세스를 위한 맞춤형 조직에 대한 필요성을 인식하고 이에 대한 유효적절한 판단으로 문제를 해결해 나가는 과정이 바로 프리리치의 2번째 단계다.

그리고 프리리치 2단계에 이르면 브랜드에 대한 중요성도 생각해야 할 때이기도 하다. 하지만 '소규모 회사에서 혹은 개인 회사에서 브랜드는 무엇을 말하는 겁니까? 그렇게까지 중요할까요?'라고 질문하는 사람들이 있을 것이다. 실제의 사례를 통해서 살펴보자.

오랫동안 보험 세일즈를 하던 어떤 분이 다른 일을 해보고 싶다면서 나를 찾아왔었다. '어떤 일을, 어떻게 하면 좋을까?'에 대해 머리를 맞대고 고민하던 우리는 이분이 짧은 기간이지만 골프 캐디를 했었다는 사실에서 문제의 실마리를 찾게 됐다. 캐디가 되고 싶은 사람들을 대상으로 하는 교육상품을 만드는 쪽으로 사업을 진행하기로 했다.

'한국 캐디 사관학교'라는 명칭으로 새로운 사업을 시작한 이분은 사업의 시작 후 얼마 지나지 않아서 순풍에 돛단 듯이 순조롭게 매출이 늘어나기 시작했다. 하지만 심각한 문제도 생겨났는데, 프리리치 2단계의 과제였던 핵심 소수정예 인력에서였다.

한국 캐디 사관학교에 입학하려는 사람들의 발길은 계속됐지만 문제는 회사의 CEO인 본인이 마케팅하고, 얼굴 마담 격인 동료가 영업과 강의를 하는 식으로 역할 분담을 했었던 것이 발단이 되었다. 사업이 잘되어서 수익이 본격적으로 발생하자 CEO는 때 이른 사장님 생활을 즐기기 시작하면서 실제로 사업의 상당 부분을 담당하던 동료와의 수익 배분에서 갈등이 발생한 것이다. 동료의 입장도 이해할 만했던 것이 정작 일은 자기가 다 하는데, 사장이라고 일도 제대로 하지 않고, 놀러나 다니는 것처럼 보이는 것에 불만이 쌓였기 때문이었다. 결국 이 사업은 제대로 규모를 갖추고 기업화가 되지도 못한 초기 단계에서 창업 구성원들 간의 인사 문제가 심각해지면서 폐업하는 안타까운 상황이 되어 버렸다.

이 사례의 시사점은 내 인생템의 핵심적인 부분, 즉 내가 핵심 콘텐츠라고 부르는 내용은 절대적으로 직접 제어해야 한다는 것이다. 경영학적인 용어로 설명을 해보자면 핵심역량Core Competence은 절대로 남에게 맡겨서는 안된다. 다시 말해 아웃소싱Outsourcing해서는 안 된다. 다시 한 번 강조하지만 내 사업의 가장 중요한 부분, 내 인생템의 에센스인 핵심 콘텐츠는 누구에게도 맡겨서는 안 되는 절대적인 나의 지배하에 컨트롤 되어야만 한다. 작은 기업일수록 내 인생 아이템은 곧 나이고, 브랜드이기 때문이다. 이 단계에서 또 한 가지 분명히 인식하고 있어야 할 포인트는 여기서 말하는 맞춤형 조직이 앞서 설명했던 보이지 않는 쳇바퀴가 아니라는 사실이다. '단순히 부자가 되겠다'는 당신의 꿈을 실현하게 해 주기 위해서 월급을 주고 뽑은 사람들이 아니라 정서적인 공감대와 비전을 갖고 함께 할 수 있는 시스템으로 나아가야 한다는 점이다. 이 부분은 앞으로도 다시 설명하겠다.

내 인생템의 핵심적인 부분 즉, 내가 핵심 콘텐츠라고 부르는 내용은 절대적으로 직접 제어해야 한다. 경영학적인 용어로 설명을 해보자면 핵심역량Core Competence은 절대로 남에게 맡겨서는, 즉 아웃소싱Outsourcing해서는 안 된다. 내 사업의 가장 중요한 부분, 내 인생템의 에센스인 핵심 콘텐츠는 누구에게도 맡겨서는 안 되는 절대적인 나의 지배하에 컨트롤 되어야만 한다. 작은 기업일수록 내 인생 아이템은 곧 나이고, 브랜드이기 때문이다.

2

피할 수 없으면 즐겨야할 경쟁 대비법

프리리치 2단계에서 인생템의 실현을 위한 맞춤형 조직을 갖추기 시작하는 것 외에도 '어떻게 경쟁을 할 것인가?'에 대한 전략적인 판단과 준비 또한 이 단계에서 반드시 대책을 마련해놓아야만 하는 중대 사안이다. 내가 고민과 노력 끝에 맞춤형 프로세스를 만들어 인생템을 성공적으로 가꿔나가기 시작하게 되면 반드시 맞닥뜨리게 되는 것이 바로 경쟁이기 때문이다. 특히나 우리나라처럼 기본적으로 개인적인 역량이 뛰어난 사회에서는 누가 괜찮은 사업, 아이템을 시작해서 재미를 보고 있다는 사실이 알려지게 되면 반드시 나를 따라 하는 누군가가 생긴다. 심지어 단순히 따라 하는 정도가 아니라 나보다 더 잘 준비된 후발 경쟁자도 나타나게 되어 있다. 그런 면에서 지금까지의 수많은 사례를 직·간접적으로 경험하면서 블루 오션Blue Ocean이라는 개념에 대해서 필자는 상당히 회의적이다.

수익성이 높고, 전망도 밝은데 경쟁도 치열하지 않은 시장이 과연 있을까? 만약 그렇게 좋은 시장과 아이템이 있다고 하더라도 그걸 나만이 오롯이 유지할 수 있을까? 차라리 나는 남들이 따라오지 못하거나 따라 할 생각을 갖지 않게 만드는 것이 훨씬 더 현실적이고 나은 행동이라고 생각한다. 앞장에서 잠깐 언급했던 개통령 강형욱 소장의 사례를 조금 더 자세하게 살펴봄으로서 프리리치 2단계에서 반드시 대비해야만 하는 경쟁에 대해서 알아보겠다.

처음 강형욱 소장을 알게 된 것은 지난 2011년 봄의 일로, 필자가 애지중지 키우던 강아지를 쇼에 출전시켜보고 싶다는 생각에 전문적으로 훈련을 의뢰할만한 훈련사를 알아보고 있었다. 그러다 만나게 됐는데, 애견 훈련에 대한 열정이 당시에도 남달랐고, '이 사람이라면 믿고 맡겨도 되겠다'라는 생각에 꽤 긴 시간을 이야기 나누었고, 그에게 강아지 훈련을 맡겼다. 이후로 이런저런 자잘한 도움을 서로 주고받으며 신뢰가 더 쌓이고 있었고 그분도 필자가 하고 있던 교육에 대해서 관심이 많았지만 정규 과정을 배우는 것에는 주저하고 있었다.

그러다 2012년 여름, 강형욱 소장이 한영인의 교육을 정식으로 받으면서 필자 역시 그의 사업에 대한 조언을 컨설팅 수준으로 구체화했다. 우선 그가 시작한 지 얼마 안 된 훈련소는 시장의 상황과 개인의 여건 등을 종합적으로 고려했을 때 차차 접는 쪽으로 방향을 잡았고, 대신 애견 주인에 대한 교육을 제공하는 방향으로 사업 모델을 변경하기로 했다. 이 교육 사업에 대한 계획을 함께 짜고 진행하기로 하면서 그분의 사업을 어떻게 본 궤도에 올리고, 크게 키워나갈 것인지에 대한 기본 토대를 다졌다. 한편 강형욱 소장도 본인의 훈련 역량을 극대화하기 위해 그 해 말, 호주와 북유럽으로 훈련 유학을 1년 정도 다녀오기도 했다.

그렇게 충분한 시간을 들이며 준비한 그의 사업이 본격적으로 시작된 것은 2013년의 일로, 강의실을 빌려 애견 견주들이 참가하는 워크숍을 시작했다. 개통령 강형욱 소장의 인생템은 그렇게 정기적으로 실시하는 견주들 대상의 워크숍에서부터 출발하게 됐다. 워크숍이 거듭되면서 내용의 충실도가 더욱 높아져 참석자들의 만족도도 함께 높아져 사업이 본격적으로 확장될 수 있겠다는 확신을 하게 됐다. 워크숍이 순조롭게 자리를 잡으면서 그 영상을 촬영해 인터넷 강의 사업도 시작됐다.

하지만 유료 인터넷 강의 사업은 당시만 해도 수험생이 아닌 일반 성인들이 돈을 내고 인터넷에서 무언가를 배운다는 것이 보편화하여 있지 않았던 상황이라 생각만큼의 성과가 나오지 않았다. 그래서 필자는 협회의 인재풀에 있던 마케터 한 명을 소개해 줬고 그에게 강 소장의 사업에 대한 광고를 맡도록 했다. 그리고 보다 확실한 지원을 위해서 한국비즈니스협회 김주하 대표가 한 달 반 정도 그의 훈련소로 가서 그의 교육 사업을 도왔다. 당시 김주하 대표가 협회를 나와서 짧은 휴식을 취하던 중이었는데 흔쾌히 그의 사업을 돕겠다고 했었다. 그의 경우처럼 유능한 사람이 적절한 시기에 도움을 주는 것은 매우 중요하다. 김 대표가 협회로 복귀했을 때는 매출이 30배나 올라갈 정도로 사업이 궤도에 올라갈 수 있었다.

다시 프리리치 2단계에서의 경쟁에 대한 주제로 돌아가 본다면 나를 프리리치로 만들어 줄 나만의 인생템이 순조롭게 자리를 잡고 본격적인 성장을 하기 위해서는 최소한의 규모로 짜인 조직을 구축하는 과제와 함께 다른 경쟁자들이 따돌릴 수 있는 전략이 필요하다. '진입장벽을 어떻게 세울 것인가'에 대한 문제인 셈이다. 강형욱 소장의 비즈니스는 탁월한 훈련 실력과 함께 그의 경쟁자들이 '그게 말이나 되는 일이냐? 절대 안 된다'라고 고개를 젓는 이전에 없던 일로 사업 모델을 바꾼 것도 주효했다.

당시만 해도 대부분 훈련사들이 사람들을 훈련소로 오게끔 만들어서 자신의 애견을 맡기고 가도록 하는 식으로 사업을 진행했었는데, 훈련사가 애견 주인의 집을 방문해서 훈련 서비스를 제공하는 것에 돈을 받는다고 생각 자체를 하지 않았던 시기였기 때문이다.

우리나라 사람들이 눈에 보이지 않는 무형의 서비스에 대한 대가를 내는 것에 인색한 것은 그때 더 심하면 심했지 덜하지는 않았으므로 애견이 아니라 견주에게 돈을 받고 훈련 교육을 한다는 발상 자체를 다른 사람들은 '아줌마들이 훈련 배운다고 강아지를 가르칠 수 있을 것 같냐?'라며 콧방귀를 뀌거나 '훈련소에 취직할 것도 아닌데 과하다'라고 고개를 저을 뿐, 따라 할 생각을 하지 않았다. 그래서 무주공산에서 강형욱 소장의 인생템 사업이 자리를 잡을 때까지 별다른 경쟁 없이 성장할 수 있었다. 거친 바다를 항해하게 되더라도 거대한 컨테이너선이나 유조선에 있는 것과 돛단배를 몰고 있는 게 전혀 다른 것처럼, 이렇게 프리리치 2단계에서 맞춤형 조직을 구축하기 위한 노력만큼이나 중요한 것이 앞으로 펼쳐질 경쟁 환경에서 어떻게 우위를 점할 수 있는가에 대한 고민이기도 하다.

원 포인트 어드바이스

진입장벽의 5가지 요소들

나만의 인생템을 위한 틈새시장을 개척할 때, 후발 경쟁자가 쉽게 침범하지 못하는 강력한 진입장벽을 구축할 필요가 있는데 그것을 가능케 해주는 몇 가지 요소가 있다. 우선 5가지 요소를 설명해보자.

첫 번째, 상징성이다.

나 자신이 나의 인생템이 되어줄 사업에 있어서 남다른 케미가 있어야 한다. 이를테면 다른 사람이 아닌 내가 이 사업을 해야만 남들이 생각할 때에도 더 적절하다면 경쟁자들이 쉽사리 진입하기 어려운 장벽이 될 수 있다. 한영인의 동문인 한 사장님은 희귀 난치병을 앓고 있는 남편의 뒷바라지 때문에 경제적인 곤란을 겪고 있던 차에 필자를 찾아오셨던 사례였다. 아픈 사람을 뒷바라지하면서도 자식들을 키우고 집안일을 건사한다는 것이 얼마나 힘들고 고달픈지는 이분을 통해서도 간접적이나마 절감할 수 있었다.

어떻게든 이분에게 도움이 될 수 있었으면 했고 우리는 '남편의 병간호에 필요한 일들을 사업으로 만들어 보자'는 계획을 세우게 됐다. '대한 환우 가족연대'라는 단체를 만들어 같은 처지에 있는 환우 가족들에게 도움이 될 수 있는 지식과 경험 등을 나눌 수 있는 공간을 만들면서 이렇게 모인 규모의 환우 가족들을 기반으로 환자들에게 필요한 각종 의료물품 등을 공동구매하는 식으로 약간의 수익사업을 전개했다. 나를 찾아왔던 아내가 환우 남편을 둔 아내의 리더로서 멘토 포지셔닝하고 그분들을 성심성의껏 도우며 관련 용품들의 유통과 광고 등의 수익 활동도 병행할 수 있는 사업구조를 만들어서 성과를 거둘 수 있었다.

그런데 만약 환우 가족 연대를 의료물품 유통업자가 만들었다고 생각해보면 과연 그 모임에 환자 가족들이 선뜻 참여할까? 분명히 '아픈 사람들을 대상으로 장사를 한다'라는 손가락질을 받았을 것이다. 사업을 하는 사장이지만 동시에 그 역시 환우 가족이기 때문에 사람들이 동병상련의 처지를 충분히 이해할 수 있는 상황이었다.

정리해보면 내 인생템 사업에 다른 경쟁자들이 쉽사리 진입하지 않도록 하는 진입장벽의 역할을 할 수 있는 것은 '내가 가진 그 사업에 대한 상징성과 명분이 될 수 있다'라는 것이다. 다른 사람이 아닌 내가 했을 때 더 적절한 것, 어울리는 일, 그 일이 잘됐을 때도 다른 사람이 보기에 '저 사람이 했으니까 잘된 것이지'라고 생각할만한 요소를 찾아낼 수 있다면 훌륭한 진입장벽의 역할을 할 수 있다.

두 번째, 콘텐츠의 차별성과 깊이다.

다른 것으로는 대체가 어려운 나만의 독특함을 기반으로 하는 차별성은 뒤따라오는 경쟁자로부터 나의 위치를 지켜줄 수 있는 훌륭한 장벽이 되어준다. 누구에게서나, 어디서나 구할 수 있는 것들은 결코 높게 평가될 수 없고, 너무나 쉽게 대체되어 버리게 마련이다. 아무 때나, 어디서나 구할 수 있고 살 수 있는 것을 비싸게 사고, 귀하게 대하는 사람은 없다.

반면 매우 희귀하고 구하기 힘든 것들 이를테면 한정판 아이템만을 구하기 위해서라면 먼 길을 마다치 않는 수고를 감수하고서라도 구매하는 사람들이 의외로 적지 않다는 것에 주목하자. 게다가 이런 사람들은 입소문을 퍼뜨리는 데에도 아주 열성적이다. 나의 인생템이 다른 사람들이 따라하기 힘든 차별성과 깊이를 갖는다면 그 자체로 강력한 진입장벽이 된다.

세 번째, 이미 확보한 나의 고객 풀이다.

필자의 이전 저서와 이 책을 통해서도 마케팅과 세일즈라는 단어가 독립적으로 쓰이는 것을 알 수 있다. 사전적인 의미로는 큰 차이가 없는 대동소이한 단어이지만 세일즈는 내 아이템을 통한 실제 매출이 발생하는 단계의 활동을 의미하는 것이고, 마케팅은 이러한 세일즈 즉, 매출 발생 활동이 일어날 수 있도록 하는 제반 준비상황을 의미한다고 이해하면 좋다.

내 인생템 사업에 진입장벽을 세울 수 있는 세 번째 방법은 방금 말한 마케팅 활동에 대한 요소다. 내가 각종 활동을 하면서 나를 전문가, 멘토로 인식하고 있는 사람들을 체계적으로 모아서 관리해야만 한다. 흔히 영업 현장에서 말하는 데이터베이스DB 가 바로 고객 풀이다. 강연이나 방송 출연 등을 통해서 나를 멘토로 인식하고 있는 사람들의 숫자를 각종 온라인 채널과 DB의 형태로 확보함으로써 언젠가 나의 시장으로 진입할 경쟁자에 비해서 나의 상품과 서비스를 더욱 효과적으로 알릴 수 있는 인프라를 갖추고 있다면 효과적인 진입장벽의 역할을 해낼 수 있다.

더 나아가서 이렇게 내가 확보한 고객 풀Pool이 단순한 수치상의 모임이 아니라 '대한 환우 가족연대'와 같이 끈끈한 연대감과 소속감 그리고 그 모임에 속해있다는 자부심까지 줄 수 있다면 이런 고객 풀은 완벽한 진입장벽이 될 수 있다. 이 개념이 조금 더 진보한 것이 바로 워런 버핏이 말하는 경제적 해자Economic Moat 모델이다. 외적의 침입을 방지하기 위한 물리적 수단으로 성을 둘러싼 깊은 연못을 파서 물을 채워놓은 시설물인 해자Moat를 워런 버핏은 기업의 안정적인 현금흐름을 가능하게 해주는 훌륭한 안전장치로 보고 있다. 애플 제품의 열렬한 옹호자이자 자발적 홍보 인력이기도 한 사람들을 일컫는 에반젤리스트Evangelist라는 용어도 같은 맥락이라고 볼 수 있다.

네 번째, 그동안 쌓인 후기, 역사, 경력이다.

다시 말해 내가 해 왔던, 경쟁자들보다 내가 왜 더 나을 수밖에 없는지에 대한 검증 요소들이다. 제아무리 많은 돈을 쏟아붓고, 엄청난 인력을 투입해도 바뀔 수 없는 절대적인 요소들이 있다면 그것 자체로 강력한 진입장벽의 역할을 할 수 있다. 이를테면 최초 최고最古와 같은 요소들이다. 내 인생템 사업이 어떠한 틈새시장을 개척한 최초의 것인데 그 시장이 성장해서 많은 경쟁자가 각축을 벌이는 상황이라면 그 어떠한 경쟁자라도 내가 보유하고 있는 최초라는 타이틀은 빼앗을 수가 없다. 이를테면 100년 이상의 업력을 자랑하는 오래된 가게, 회사들이 많은 것으로 유명한 일본에서도 창업한 지 1,400년이 넘은 곤고구미金剛組 는 세계 최초의 회사라는 타이틀을 갖고 있다. 서기 578년에 일본의 쇼토쿠聖德 태자의 초청으로 일본으로 건너간 백제인 세 명이 시작한 이 회사는 일본에서 가장 오래된 불교 사찰인 오사카의 사천왕사를 지었고 현재까지도 매우 활발하게 각종 건축 및 건설 프로젝트를 수행하고 있는 건설회사이다. 특히 목재를 정교하게 가공해서 만드는 곤고구미의 목골조는 그 자체로 하나의 예술작품으로 평가받을 정도로 독보적인 위치를 점하고 있다고 한다. 내 인생템의 사업이 쌓을 수 있는 진입장벽에는 내가 그동안 경험하고 축적해온 고객들의 생생한 후기와 체험담도 포함된다. 곤고구미와 같은 역사와 오랜 경력 또한 그러하다.

다섯 번째, 내가 구축한 마케팅, 영업 조직이다. 나를 프리리치로 만들어줄 나만의 인생템 사업이 다른 사람, 회사, 점포 등의 견제와 경쟁 속에서도 훌륭하게 자리 잡고 성장할 수 있도록 방어해주는 진입장벽의 대표적인 요소는 바로 '전문성을 갖춘 인력의 보유'라고 할 수 있다. 이를테면 내가 구축해 놓고 있는 마케팅 조직, 탁월한 영업 조직이 있다면 경쟁자들과 같은 상황에 부닥치더라도 탁월한 성과를 거둘 수 있다. 같은 상품이라고 하더라도 훨씬 높은 매출을 올릴 수 있는 역량을 갖추고 있는 것이므로 내 인생템 사업의 발전 속도를 한층 끌어올릴 수 있을 뿐만 아니라 '저 시장에는 너무 강력한 조직이 있어서 힘들겠다'라는 진입장벽의 구실을 할 수 있기 때문이다.

3

프리리치의 필수 요소 시스템 만드는 법

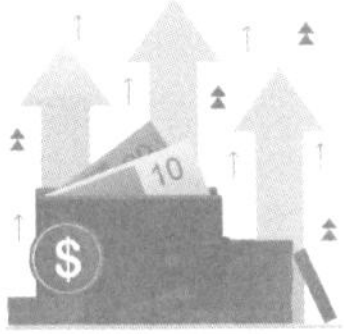

이렇게 당신을 프리리치로 만들어 줄 인생템, 즉 맞춤형 프로세스에 특화된 조직을 만드는 것은 결국 어떤 사람을 뽑느냐의 문제이고 뽑은 사람을 어떻게 조직과 융화시킬 수 있느냐의 문제라고 할 수 있다. 보통 어느 정도 규모와 체계를 갖춘 회사들에 반드시 존재하는 HR인적 자원, Human Resource부서에서 담당하는 업무가 바로 이런 것들이다.

잘 조직되어 효과적으로 작동되는 조직에 적합한 인재를 뽑아 교육과 경험을 통해서 그 잠재적 역량을 발휘하게 되면 회사는 비약적으로 성장할 수 있다. 사업이든 장사든 결국 사람이 하는 일이기 때문이다. 그러므로 나만의 프로세스를 통해서 어떻게 사람을 뽑고 회사의 경쟁력을 높이는 데에 투입될 소중한 인적 자원으로써 기능할 수 있는지에 대한 고민은 반드시 해야만 하는 숙제다.

그렇지만 많은 경우 '장사해서 돈을 많이 벌면 되지 뭘 그런 것까지 신경을 써야 하나?' 라고 생각하게 마련이지만 누구도 프리리치로 향하는 일련의 단계에서 빠뜨려서도, 빠뜨릴 수도 없는 중요한 부분이다. 프리리치라는 목표를 달성하기 위해서는 나만의 맞춤형 프로세스에 특화된 조직이 잘 작동한다면 그 달성 시기는 놀랍도록 앞당길 수 있기 때문이다. 집단 내의 어떤 한 명이 일궈낸 성과가 다른 구성원들에게 좋은 레퍼런스와 '나도 할 수 있다'라는 강력한 동기부여의 계기가 되는 일은 우리 조직에도 가능한 일이다. 내가 컨설팅을 하거나 한영인 교육생들에게도 말하는 '형태공명장'이라는 이름으로 설명하고 있는 효과가 바로 이렇게 '뜻이 맞는 열성적인 사람들의 조직'이 불러올 수 있는 거대한 성과에 대한 것들이다.

집단 내의 어떤 사람에게서 동기 부여된 나머지 사람들이 또 다른 성과를 내고, 그것이 다시금 서로에게 재차 삼차 동기부여가 되고 성과가 나타나면 그 조직과 집단은 놀랄 정도로 빠르고 강력한 결속력이 생김과 동시에 성과가 폭발적으로 나타나게 된다. 이렇게 뜻이 일치하고 잘 단합된 사람들이 함께 일으키는 시너지는 더하기(+)가 아니라 곱하기(×) 효과를 넘어 기하급수적인 효과를 불러일으킨다. 내가 혼자 열심히 일해서 10년 걸려 이룰 수 있는 목표를 좋은 인재를 뽑아서 2~3년 만에 달성할 수 있다면 어느 쪽을 선택할까? 상식의 문제가 아닐까?

결국 조직을 어떻게 구성하느냐, 즉 어떤 사람을 뽑느냐의 문제는 프리리치의 달성에 있어서 건너뛸 수 없는 중요한 단계인 셈이다. 이렇게 사람을 구하고 조직에 융화를 시키는 문제는 너무나 중요한 문제이기 때문에 전문가들도 많고, 깊이 있고 통찰력 있는 시각과 의견들도 많다. 성공한 사업가 혹은 리더들에게는 이 문제에 대한 저마다의 관점이 있다. 그리고 큰 성공을 거둔 사람들의 성공에는 '어떻게 사람을 뽑고 키울 것인가'에 대한 치열한 노력이 숨겨져 있다.

좋은 사람을 쓰기 위해서 그들은 우선 자신이 하는 일에 대해서는 누구와 비교해도 뒤지지 않을 정도로 완벽히 파악하려고 끊임없이 노력한다. 아주 작은 사안에까지 전문가 수준Know How으로 꿰뚫고 있어야 한다. 적어도 누구에게 조언을 구하면 제대로 된 정보와 시각을 얻을 수 있는지Know Where는 항상 파악하고 있어야 한다. 아무리 평생 해왔던 일이라고 하더라도 워낙 사회 변화와 기술적 진보가 빠른 세상이기 때문에 늘 배워도 새롭게 배워야 할 것이 나타날 수밖에 없다. 내가 언제고 의지하고 참조할 수 있는 레퍼런스들을 찾을 수 있는 Know Where데 대한 능력도 필수적이다.

필자가 아는 사장, 대표, 리더들은 그 조직, 회사의 누구보다도 더 열심히 공부하고 고민하고 있었다. 이렇게 사장이든 조직의 리더이든 그 어느 때보다 높은 수준의 지식과 통찰력이 요구되는 세상을 살고 있지만 역설적으로 그렇게 복잡다단한 세상이기에 사람을 뽑는 것은 더욱 필수적이다. 예전에는 사장 혼자서 마케팅도 하고, 세일즈와 고객관리도 직접 챙기고 세무 회계업무나 기타 자잘한 모든 업무를 혼자서도 밤새 처리하는 것이 가능했지만 지금은 절대 그럴 수 없다. '내가 혼자서 해내고야 말겠어'라고 하는 생각은 굳은 결심이 아니라 무의미한 고집에 지나지 않는다.

리더의 머릿속에는 언제나 '고효율'이 들어 있어야 한다. 내가 혼자서 모든 업무를 수행하는 것이 효율적일지 아니면 적합한 사람을 뽑아 합당한 대우를 주고 일을 맡기는 것이 나을까를 고민해야 한다. 프리리치의 2단계는 그래서 이제 본격적으로 매출이 일어나기 시작한 내 사업을 조직으로 성장하기 위해서는 어떤 창업 구성원을 뽑아야 하는가에 대한 문제라고 볼 수 있다.

'너무 바빠서 사람을 뽑아놨더니 월급이 적지도 않은데 빈둥거리기나 하고 아무 짝에도 쓸모없다'라고 하소연한다면 그건 필히 뽑은 사람의 잘못일 확률이 크다. 그냥 월급 주고 사람을 뽑아서 명함을 만들어주고 책상을 놓아주면 일이 될 것이라고 안일하게 생각하면 안 되는 일이기 때문이다.'생각처럼 효과가 나오지 않으면 또 다른 사람을 뽑고, 이미 뽑아놓은 사람을 팀장 등으로 직급을 올려주어야 하는 게 아닌가'와 같은 세부적인 결정 사안도 생긴다. 나 편해지자고 사람을 뽑았더니 오히려 더 피곤해지는 상황이 일어나기도 한다. 이런 얘기를 주위의 비슷한 처지인 사람들에게서 듣다 보니 차라리 내 식구를 데려다 쓰자고 안일하게 생각하는 예도 비일비재하다. 그런데 내 가족이라고 해서 내 일을 나만큼 열심히 해주리라고 확신할 수 있을까? 가족이니까 회사의 중요 직책에 앉혀 놓으면 문제가 해결될까? 대부분 현실은 이런 얄팍한 기대와는 거리가 멀다. 그만큼 사람을 뽑아 조직의 형태를 갖추고 규모를 늘려나간다는 것은 어려운 문제다.

만약 전문성과 경험, 열정과 실행력을 고루 갖춘 직원을 천만다행으로 뽑았다고 치자. 그렇다고 안심할 수 있는가 하면 그렇지도 않은 게 현실이다. 능력 있는 직원을 뽑았기 때문에 전적으로 회사의 일을 그의 개인적인 역량에 의존하는 구도로 일이 진행되게 되면 처음에는 '회사가 나를 믿고 인정해 주니까 너무 좋다'라고 생각할 수도 있지만, 회사라는 조직이 정해진 원칙과 규칙 그리고 합리적인 체계가 없이 '당신은 훌륭한 인재이니 마음껏 역량을 발휘해보도록'이라고 방치해버린다면, 당신이 아무리 열정이 있다 한들 얼마나 능력을 발휘해 내겠는가?

지금은 은퇴했지만 피겨 여제였던 김연아 선수도 훌륭한 코치와 안무가 곁에서 코칭과 적기에서의 조언을 제공했기 때문에 올림픽 제패와 피겨 역사상 최고의 평가를 받는 프로그램을 선보일 수 있었다. 만약 최고의 인재를 뽑았다고 좋아했지만 그에게서 기대했던 성과가 나타나지 않는다면 '알고 보니 별 볼 일 없는 사람이었군'이라고 생각하기 이전에 '내가 제대로 역량을 발휘할 수 있는 체계가 없었고 관리도 잘하지 못했나보다'라고 생각해야만 한다. 이렇게 내 인생템을 위한 초기의 조직을 세팅하기 위한 인력 확보의 문제는 단순하게 사람 하나를 뽑고 아니고의 단순한 문제는 결코 아니다.

이런 상황이 몇 번 반복되다 보면 사람을 뽑고 조직에 적응을 시키는 일 자체가 버겁고 힘든 숙제가 되어 버린다. 그러다가 새로 뽑은 직원에 기대를 했다가 실망하는 일에 지치다 보면 '나는 혼자 일할 팔자인가보다'라고 체념하는 단계에까지 이르게 된다.

자기 자신을 '나는 혼자 일할 팔자인가보다'라고 생각할 수도 있다. 하지만 필자는 분명하게 말할 수 있다. 세상에 혼자 일할 팔자 따위는 없다. 다만 혼자 일할 수밖에 없는 구조에서 벗어나지 못하는 사람이 있을 뿐이다. 혼자 일할 수밖에 없는 구조란 능력과 보상의 균형점에 대한 문제라고 풀이할 수 있다. 내가 기대하는 수준에 미치지 못하는 사람을 뽑았는데 '기대가 크네'라면서 두둑한 대우를 해준다면 이내 그 직원에 대한 실망이 커질 수밖에 없고, 능력보다 대우가 부족하면 그 직원은 조직에 충성심을 갖고 적응하지 못하고 결국 회사를 떠날 수밖에 없다. 앞서 말했던 '내가 일한 만큼 대우받는다'라는 착각을 하게 만드는 보이지 않는 쳇바퀴가 어느새 나의 회사에 만들어지고 있는 게 아닌가 깊게 고민해보아야 한다.

거리의 노점에서 장사하면서 사회생활을 시작하던 초창기의 필자도 이런 문제를 여러 번 경험했는데, 그중 한 가지 떠오르는 이야기를 해볼까 한다. 남대문 시장에서 장사를 하면서 알게 됐던 사장님 한 분이 어느 날, 길동에서 지하철 지하 매장에서 깔세 장사(보증금 없이 하루 사용료를 기준으로 매장을 사용하거나 매출액의 일정액을 지급하는 방식으로 하는 영업)를 하고 있던 필자에게 파격적인 제안을 하였다. 의정부역 광장에 장사하기 좋은 자리가 있는데 한번 와서 해보지 않겠느냐는 것이었다. 지금은 공원화가 완료되어 예전의 모습을 전혀 찾을 수 없지만 예전에는 상당히 규모가 큰 역사가 있었던 의정부역 동부광장에서 장사할 수 있는 기회가 필자에게 온 것이었다. 당시 그 장소는 나 같은 장사 초짜들은 언감생심 쳐다보지도 못할 그런 곳이었다. 그래서 있는 돈을 모두 털고 남의 돈까지 보태어 의정부역 광장에서 노점장사를 시작했다. 그런데 문제는 당시에 운영하고 있던 길동 매장이 장사를 시작하고 나서 얻는 첫 매장이었는데, 이 매장을 그냥 놔두고 의정부역으로 옮기기에는 고충이 있던 상황이었다.

길동 매장이 나름 어린 나이의 생활을 유지할 수 있게 해줄 수 있는 정도의 매출이 올라오고 있었고, 매장을 얻을 때도 '장사가 잘되면 나중에 갚겠다'라는 방식의 깔세 매장으로 시작했기 때문이었다. 이 길동 매장 덕분에 풍찬노숙 신세를 면하고 본격적인 장사 수완을 발휘할 수 있었던 첫 무대였으므로 그냥 정리하고 의정부로 가기에는 심적으로도 부담이 작지 않았던 것이 사실이었다.

이런 매장을 남에게 넘기고 의정부로 가기에는 위험부담이 커서 당시로써는 꾀를 낸다고 낸 것이 데리고 있던 아르바이트생에게 '네가 파는 대로 총 매출의 20%를 가져가라. 많이 팔면 많이 가져갈 수 있을 테니까 열심히 해봐라'라는 제안이었다. 필자는 꿈에 부풀어 당장이라도 부자로 만들어 줄 것만 같은 의정부역으로 향했다.

그렇게 생빚을 내서 시작한 의정부역 동부 광장의 노점은 그러나 시작부터 부푼 내 가슴과는 너무나 거리가 멀었다. 익히 잘 알고 있던 그토록 번화하던 의정부역 광장의 사람들은 어디로 갔는지 찾을 길이 없고, 허구한 날 비만 주룩주룩 내리면서 장사를 허탕 치기 일쑤였다. 그렇게 필자는 채 한 달이 못돼서 꿈에 그리던 대박 노점을 가뿐하게 말아먹고 철수할 수밖에 없었다.

나중에 알고 보니 애초에 장사 초짜인 필자에게 그런 제안이 왔던 이유가 장마철이라서 베테랑 장사꾼들은 모두 철수해서 자리가 비기 때문이었던 것이었다. 그런데 '와~, 이런 기회가 나에게 오다니'라는 생각만으로 덥석 제안을 받아들여서 그 사달이 일어났던 것이었다.

문제는 그것뿐이 아니었다. 비록 깔세 매장이기는 했지만 제법 괜찮게 유지되었던 장사를 하던 길동 매장의 사정도 전혀 좋지 않았다. 매출의 20%를 가져가라며 파격적인 제안을 하며 믿고 맡겼던 아르바이트생이 나의 기대와는 달리 일을 거의 하지 않고 있었다. 아침부터 쏟아지는 비 때문에 장사를 공치고 의정부에서 길동 매장으로 왔던 필자의 눈에 들어온 것은 손님이 와서 물건을 구경하건 말건 신경도 쓰지 않고 만화책을 보고 있던 아르바이트생이었다. 화가 머리끝까지 치밀어 '너 지금 뭐 하고 있냐?'라고 물었더니 태연스럽게 한다는 소리가 '비 많이 와서 사람도 없는데요 뭐. 덜 팔고 덜 가져가면 되죠'라고 하는 것이었다. 어찌나 부아가 치밀던지 지금도 그때를 떠올리면 기분이 좋지 않을 정도이다.

그런데 그 실패담에서 배울 수 있었던 교훈은 '내가 뽑은 사람들이 알아서 일할 수 있도록 만들어야 한다'는 것이었다. 단순한 생각으로 일당 3만 원짜리 아르바이트생에게 10만 원 줄 테니 열심히 해달라고 제안한다고 해서 내가 생각했던 효과는 절대 나오지 않는다는 것 그리고 기본급이 없이 일하는 것만큼의 대우를 하는 방식의 치명적인 단점은 일을 아예 하지 않을 수도 있다는 사실이었다.

좋은 기회를 누릴만한 자격이 없는 사람에게 좋은 대우를 한다는 것은 효과를 기대할 수 있는 운용의 묘도 아니고, 종업원에 대한 좋은 처우도 아니었는데 당시의 필자는 그것을 몰랐다. 게다가 그 아르바이트생은 애초에 장사에 관심이 있었던 것도 아니고, 단지 일당 몇만 원에 가게를 봐달라는 부탁으로 나와 있을 뿐이었던 그냥 아르바이트생이었을 뿐이라는 것을 간과했다.

그 짧막하지만 깊은 실패에서 많은 것을 배웠다. 단언하지만 혼자 일할 팔자는 없다. 관건은 피고용인이 알아서 일할 수 있도록 만들 수 있느냐다. 그리고 그것은 전적으로 사장인 내가 하기 나름이다. 차라리 당시에 '장사하고 싶어 하는 사람을 구해서 보증금 혹은 매출 선납금 명목으로 돈을 받고 매출 일부를 가져갈 수 있는 사업의 권리를 주었었더라면 어땠을까?' 하는 생각을 해보기도 한다.

로볼과 개입상품 등을 통해서 잠재고객들이 나에게 개입되어 결국에는 나에게 계약을 하고, 내가 판매하는 제품 서비스를 구매하도록 만드는 프리리치 7단계의 그 원리 그대로 직원을 뽑는 것에도 적용될 수 있었다. 그렇게 알아서 일할 수 있도록 직원을 개입시키지 못한다면 어떤 제안을 파격적으로 한다고 해도 내가 기대하는 효과는 거두기 힘들다. '요즘 애들은 다 이렇더군'이 아니라 우리의 일하는 시스템을 개선하면 해결되는 문제다.

4

당신이 경계해야할 '빨래터 아낙네의 딜레마'

이런 장면을 한번 머릿속에서 그려보자. 장면은 조선 시대로 거슬러 올라간다. 한강에서 빨래하는 여러 명의 동네 아낙네들이 있는데 그중에서 손 매무새가 맵기로 유명한 아낙네가 한 명 있었다. 워낙 빨래를 깨끗하게 잘 해와서 그에게 빨랫감을 맡기는 양반집이 하나둘 씩 늘어났다. 그렇게 아침부터 저녁까지 열심히 빨래해서 돈을 벌어 식구들을 먹여 살리고 있었는데 장안에 소문이 퍼져 빨래를 맡기는 집이 아주 많아져서 혼자서 감당하기 힘들 정도가 됐다.

어느 날 밀려드는 빨래를 정신없이 하던 아낙네가 문득 이런 생각을 하게 된다. '내가 혼자서 이걸 다하지 말고 사람들에게 삯을 주고 빨래를 시키고 나는 일감을 더 따오면 지금보다 훨씬 많은 돈을 벌 수 있지 않을까?'라고 말이다. 그래서 그 아낙네는 함께 빨래하던 동네 아낙네 몇 명에게 삯을 주고 빨래를 맡겼고 자기는 양반댁들을 돌아다니면서 빨랫감을 주시면 깨끗하게 빨아다 드리겠다는 얘기를 하고 다녔다. 그렇게 얼마의 시간이 흘러 이 아낙네에게 어떤 일이 벌어지게 됐을까? 밀려드는 일감에 즐거운 비명을 지르면서 날이 갈수록 두둑해지는 주머니 속의 엽전을 세느라 바쁜 나날을 보내고 있었을까?

아마 그렇지 않을 것이다. 전혀 생각지 못했던 지경에서 허우적거리기에 십상이다. 삯을 주고 빨래를 맡겼던 동네 아낙네들은 돈도 받아놓고서는 빨래를 제대로 하지 않아서 양반댁들에서 이걸 빨래라고 해왔느냐며 물벼락과 함께 호통을 받았다. 그런데 이런 일은 계속 반복됐다. 결국 이러다 일감 다 떨어지겠다 싶어서 밤을 새워서 내가 다시 빨래해서 가져다주는 날이 이어졌다. 삯은 삯대로 쓰고, 일은 일대로 더 고되지는 그런 상황이 된 것이다.

게다가 문제는 그뿐이 아니었다. 내가 장안의 빨래는 죄다 맡아 하면서 돈을 많이 번다는 소문이라도 돌았는지 '내일부터는 빨랫감 받으러 오지 말게'라는 청천벽력 같은 소리를 들었는데, 알고 보니 같은 동네 욕심 많은 아낙네가 나와 꼭 같은 빨래 일을 더 싼 돈에 한다면서 일감을 받아오던 양반댁들을 구워삶고 있었던 모양이었다. 일을 더 편하게 하고, 더 많이 벌어보자고 했던 일이 오히려 역효과를 낳았지만 그 문제를 어떻게 해결해야 하는지 알 수 없는 딜레마에 빠지게 된 것이다.

뜬금없는 옛날얘기인가 싶겠지만 이야기의 구조를 찬찬히 들여다볼 수 있으면 어디선가 많이 본 것 같은 상황이라는 것을 알게 된다. 내가 하는 일이 잘 돼서 나 좀 편해지자고 사람을 뽑아놨더니 인건비는 돈대로 쓰면서도 돌아가는 일에는 전혀 도움이 되지 않는 그런 상황과 정확하게 일치하지 않는가.

필자가 가끔 사람을 어떻게 뽑아야 하는가에 대한 주제를 이야기할 때 사용하곤 하는 빨래터 아낙네의 비유를 이야기해 보았다. 이런 문제는 사람을 뽑아서 교육을 통해 회사의 시스템과 문화에 잘 적응시켜 회사와 매출의 증가에 도움을 받기 위해서는 잘 정비되고 짜인 체계가 필요하다는 것을 알려준다. 다시 말해, 프리리치 2단계는 조직의 규칙을 만드는 과제를 해결해야 한다는 것이다.

그렇다면 딜레마에 빠져버린 빨래터의 아낙네가 그런 지경에서 벗어나기 위해서는 무엇이 필요할까? 아무것도 모르는 사람에게 일을 시키려면 빨래를 어떻게 해야 하는지에 대해서 가르쳐야 한다. 급여인 삯은 지급하면서도 내 시간을 들여 귀중한 노하우를 가르쳐야만 하는 상황을 만나게 된다는 것이다. 그리고 기껏 이렇게 시간과 돈을 들여 빨래를 가르쳐 놓았더니 일을 그만둬 버리거나 심지어는 다른 곳에 가서 내 일감을 가로채는 경쟁자가 되기도 한다. 결국 나는 할 일만 더 많아지고 돈과 시간은 있는 대로 써버리는 최악의 상황에 빠지게 된다.

하지만 원인을 정확하게 파악해야 해결방법이 나오는 법인 것처럼 생각지 못했던 이 곤란한 지경은 모두 내가 하는 일에 체계가 없어서 생기는 불상사이다. 명확하고 조직원들 모두가 이해할 수 있는 합리적인 체계만 있으면 봄날 눈 녹듯이 이 문제는 사라진다. 프리리치 2단계에서 우리가 반드시 해결하고 넘어가야 하는 '어떤 직원을 뽑아야 하는가?'의 문제는 이렇게 쉽게 표현할 수 있다.

'유능한 사람은 오지를 않고, 무능한 사람은 죽어라 가르쳐도 유능해지지를 않고, 어쩌다 유능해졌다치면 자기 일 하러 나가버리는' 그런 상황이 펼쳐진다. 인재이지 싶어서 키웠더니 나가버리고, 대우를 파격적으로 해주면 남는 게 없고, 애당초 괜찮은 인재는 오지도 않으니 어지간한 사람을 뽑아서 '나 믿지?'라고 돈독한 관계를 구실로 계속 회사에 잡아두고 싶지만 눈치가 빤한 젊은 직원들은 몇 달이 지나지 않아서 그만 둬 버린다. '이건 배신이야'라고 괴로워할지도 모르겠지만 그건 회사를 떠나버리는 직원들의 문제라기보다는 내가 사람을 대하는 방식에 문제가 있기 때문이다. 그러므로 프리리치 1단계에서 노력 끝에 나만의 맞춤형 프로세스를 만드는 데에 쏟았던 이상의 노력을 사람을 뽑고 일을 시키는 체계를 만드는 데에도 할애해야 한다. 그렇게 해야만 부자가 되기 위한 우리의 여정은 앞으로 나아갈 수 있다.

원 포인트 어드바이스

빨래터에서 이런 방법이 나를 편하게 한다

이해가 쉬운 예를 찾다 보니 조선시대에 있었을 법한 '빨래터 아낙네'라는 가상의 사례를 만들었는데, 실제로 이런 맥락의 딜레마적 상황은 현실에서 자주 발생한다. 이에 대한 조언을 드려보자면 우선 빨래터의 아낙네가 저지른 실수는 자신의 핵심적인 노하우인 빨래 기술을 혼자만의 것으로 과보호하고 있었다는 점이다. 많은 사람들이 "내 노하우는 따라할 수 있는데 그걸 왜 알려줍니까?"라고 말한다. 그것도 틀린 말은 아니다. 하지만 앞에서도 언급했던 건강식품 판매로 굉장한 성공을 거뒀던 중년 남성에 대한 사례에서도 알 수 있는 것처럼 내가 걱정하는 것처럼 나의 노하우를 오픈해도, 큰 문제가 되는 경우는 생각보다 많지 않다. 최소한 그것을 오픈해서 내가 얻을 수 있는 기대효과가 나타나기 이전에 문제가 발생할 확률은 사실상 거의 없다고 할 수 있다.

결론적으로 이 아낙네는 '자신의 탁월한 빨래 기술을 바탕으로 빨래로 천 냥 벌 수 있다!'라는 콘셉트의 교육기관을 만들어서 특별한 빨래 기술을 가르쳤어야 한다. "그래? 빨래로 천냥을 벌수 있는 기술이 있어?"라는 개입상품으로 사람들을 모아서 교육을 제공하고 그 교육비로 우선 수익을 얻을 수 있다.

그리고 교육을 통해 배출되는 빨래 군단을 전략적 제휴처로 생각하는 것이다. 즉, 프리리치 6단계에서 다루게 된 외부 유통망이 되는 것이다. 이들과 함께 대량으로 발생하는 빨랫감을 효과적으로 처리할 수 있도록 업무를 분업화하여 업무 난이도를 줄이고, 늘어난 빨랫감으로 인해 발생되는 큰 수익은 혼자서 가져가는 것이 아니라 적절한 분배의 규칙을 만들어 교육을 받고 전략적 제휴 관계를 맺은 교육생 아낙네들에게도 수익이 발생할 수 있도록 체계를 짰어야 했다.

여기에 보상 규칙을 추가로 만들어서 나와 오래 일하고, 많은 이바지를 한 사람에 대해서는 추가적인 보상이 주어지도록 해서, 충성도를 더욱 높일 수 있도록 한다. 사업이 앞으로 커질수록 외부 제휴처들이 그 과실을 함께 누릴 수 있는 규정도 마련, 계속 '이 아낙네와 함께 빨래 일을 해야겠다'라는 생각을 하게 함으로써 함께 일하는 아낙네들이 밖으로 뛰쳐나가서 경쟁자가 되는 불상사를 막을 수 있는 이탈 방지 장벽으로 만들 필요가 있다.

이렇게 시스템이 안정화가 되고 체계적으로 작동을 시작하면 아낙네는 R&D를 통해서 자신의 빨래 기술을 바탕으로 한 세탁기를 개발하고, 사람들에게 돈을 받고 세탁기를 분양하여 영업망이 미치지 못하는 전국 각지에서도 내가 만든 빨랫감 비즈니스를 할 수 있도록 한다. 프리리치 6단계의 외부 유통망 확장의 맥락이다. 중앙에 있는 나는 빨래 일감을 수주하고, 배송하는 컨트롤 타워의 역할을 하는 것으로 체계를 완성하면 빨래 잘하는 아낙네는 어느새 전국 팔도를 커버하는 빨래의 여왕 사업가가 되는 것이다.

비유가 다소 시의적절하지는 않지만 이야기의 맥락을 곰곰이 반추해 본다면 필자가 무슨 말을 하는지 그리고 프리리치 7단계가 어떻게 나의 인생템으로 하여금 나를 완벽한 경제적 자유로 이끌 수 있는지에 대해서 짐작하실 수 있으리라고 확신한다.

CHAPTER 4

3단계: 마케팅을 발전시킬 7단계 영역 정복

1

내가 수익을 내는 마케팅은 따로 있다

돌이켜 보면 인생은 정말로 수많은 선택의 연속이었다. 시인 프로스트가 말하는 양 갈래 길은 하루에도 몇 번씩 만나게 된다. '점심은 뭘 먹을까?'와 같은 가볍고 소소한 선택이나, 늦잠을 자서 지각할 것 같은 곤란한 상황에서 번개처럼 일어나 회사로 뛰어가거나 어차피 늦은 거 반차 쓰는지와 같이 하루를 결정하는 선택까지 말이다.

그런데 그렇게 내렸던 수많은 선택에서 괜찮았던 것들을 복기해보면 이런 선택을 하라고 조언하고 싶다. 바로 잘하는 것을 선택하라고 말이다. 프리리치의 2단계의 과제를 앞으로 커져야만 할 조직의 규칙을 정하는 문제라고 요약해본다면, 그다음 단계인 3단계에서 해결해야 하는 과제는 2단계에서 정한 조직의 규칙을 근거로 어떻게 조직을 본격적으로 키우는가에 대한 문제다. 그것에 대한 여러 가지 선택이 있겠지만 필자는 약점을 보강하기보다는 '강점을 강화하는 것, 즉 잘하는 것에 집중하는 편을 선택하는 것이 낫다'고 말하고 싶다.

벌써 십여 년이나 전의 일이 됐지만 밴쿠버 동계 올림픽의 영웅인 피겨 스케이터 김연아 선수가 올림픽 출전을 앞두고 있을 무렵 한 인터뷰에서 기자가 '왜 트리플악셀을 뛰지 않는가?'라는 질문을 던진 적이 있다.

김연아 선수의 전매특허였던 트리플 더블 점프는 문자 그대로, 3+3 즉, 세 바퀴짜리 점프를 연속해서 뛰는 고난도의 기술이었다. 그에 비해 경쟁자였던 아사다 마오 선수는 세 바퀴 반을 회전하는 트리플 악셀을 시도하는 것으로 유명했다. 그래서 드물게 김연아 선수를 두고 안전한 선택만 한다고 어떻게든 흠을 잡으려고 하는 사람들도 있었다. 어찌 보면 예민하게 받아들일 수 있는 이 질문에 대해 '대인배 김슨상'이라는 별명답게 김 선수는 '내가 잘하는 것을 더 잘하고 싶다'라고 태연하게 대답하는 것을 보면서 감탄을 한 적이 있다.

비록 이십 대 초반의 젊은이이지만 인생의 지혜를 벌써 꿰고 있는 사람이로구나 싶었기 때문이다. 생각해보면 학교에서 배우는 것들과 실제로 맞닥뜨리게 되는 인생은 전혀 다르기 십상이다. 약점과 강점에 대한 가르침도 그중 하나인데, 학교에서는 열심히 노력해서 약점을 보강해서 완벽함을 도모하라는 식으로 말하지만 현실은 전혀 그렇지 않다. 학교에서는 내가 약점을 보완할 수 있는 시간과 기회를 주지만 실제의 세상은 그렇지 않기 때문이다.

나의 경쟁자는 내가 가진 약점을 집요하게 파고들어 오게 마련이다. 그게 세상이고 그게 인생이다. 김연아 선수는 피겨 스포츠에서 가장 높은 점수를 받는 최고난이도 기술인 트리플 악셀을 뛰는 것보다 그것보다는 약간 낮은 점수를 받는 트리플 점프를 연속해서 두 번 뛰는 그녀만의 기술을 선택했다. 정확한 엣지 기술과 빠른 속도를 바탕으로 구사하는 그녀만의 높은 점프라는 강점을 더욱 살려서 첫 번째 트리플 점프를 뛰고 곧장 두 번째 트리플 점프를 하는 전략을 구사, 세기적 경쟁자인 아사다 마오에게 승리를 거둬냈다.

약점으로 지적받던 트리플 악셀을 뛰기 위해서 노력하는 것이 아니라 교과서적이라고 극찬을 받던 트리플 점프를 연속해서 뛰는 기술에 더욱 집중했었다. 더욱더 흥미로웠던 것은 '연아는 성공률이 90% 이상 되지 않으면 사람들한테 보여주질 않아요'라던 코치의 말이었다. 그러니까 뛰지 못해서 하지 않는 게 아니었다는 후일담인 셈이다.

결국 세기적인 대결이라고 호사가들이 입방아를 떨었던 밴쿠버 올림픽의 하이라이트인 여자 피겨 종목에서 마침내 실전 성공을 거둔 아사다 마오가 트리플 악셀에 성공하면서 생애 최초의 완벽한 경기를 펼쳤음에도 김연아 선수 역시 완벽한 클린 경기를 펼치면서 금메달을 가져가게 됐다. 약점을 보강하는 것보다 강점을 더욱 갈고 닦는 것이 효율적이라는 필자의 주장을 뒷받침하는 좋은 사례인데, 이에 대해 어떻게 생각하는가.

어떻게 조직을 본격적으로 키울 것인가 대한 문제를 말하기에 앞서 김연아 선수의 이야기를 꺼낸 것은 우리 앞에 놓인 과제를 해결하기 위한 여러 가지 방법 중에서 어떤 선택을 하는 것이 좋은지에 대한 훌륭한 레퍼런스가 될 수 있다고 봤기 때문이다.

우리의 당면과제로 이 레퍼런스를 활용한다면 '강점을 더욱 강화하라'라는 내용은 핵심적인 기능을 더욱 키우라는 것으로 바꿀 수 있다. 프리리치가 되기 위해서 과거의 경험을 기반으로 하는 나만의 프리리치 7단계를 완성함으로써 인생템을 본격적으로 활용할 수 있게 된다고 설명했다. 그리고 그러한 프리리치 1단계를 지나면서 매출이 발생하기 시작하고 그 성장추세가 계속되며, 더욱 확대될 수 있게 하려고 나를 도와줄 핵심적인 정예조직을 만드는 것으로 2번째 단계를 거쳐 왔는가? 그렇다면 다음 단계인 프리리치 3단계에서는 나를 부자로 만들어줄 가장 중요한 부분인 '매출을 어떻게 늘릴 것인가'에 대한 부분을 집중적으로 보강하는 과제를 해결해야 한다.

프리리치 2단계를 설명하면서 MVP라는 벤처업계에서 사용하는 개념을 말했던 것을 잠시 떠올려보라. 3단계의 과제가 최소한의 정예조직을 어떻게 하면 더욱 강력한 정규 조직으로 확대, 운용할 수 있는가에 대한 문제일 것이라고 짐작할 수 있다.

프리리치 2단계에서 구축했던 나의 정예조직의 효율성을 더욱 강력하게 증폭시킬 방법을 찾기 위한 노력이 3단계에서 요구된다. 잠시 우리의 시각을 뒤로 물려서 나의 인생템이 작동하고 있는 전체적인 과정을 다시 살펴보자. 우리의 눈에 들어오는 것은 매출이라는 결과물을 만들어 내기 위한 일련의 잘 짜인 업무 흐름이다. 이를테면 나의 고객이 될 사람들이 많은 곳에 나를 알리기 위한 미끼를 던지고 그렇게 나에게로 오는 사람들이 나를 신뢰할 수 있는 사전 정지작업을 선행했다. 그리고 찾아온 사람들에게 나의 인생템을 판매하기 시작했다. 그러면 이 일련의 흐름이 하나의 사이클을 이룰 수 있다는 사실을 목격하게 될 것이다. 이렇게 실제로 매출이 일어나는 일련의 사이클을 더욱 효과적으로 일어나게 하려고 최소한의 정예조직을 만들었다는 사실도 눈에 들어온다.

이런 전체적인 시각을 유지한 채로 다시 3단계의 과제로 돌아와 본다면 이 단계에서 어떻게 하면 최소한의 인원으로 꾸려졌던 작은 정예조직이 강력한 조직으로 확대될 수 있는지에 대한 현실적인 방법론을 짐작할 수 있다. 바로 마케팅 기반의 조직 구축이다.

나를 부자로 만들어 줄 인생템도 결국은 마케팅 활동을 통해서 수익을 창출한다. 그러므로 더욱 확대되어야 할 조직의 큰 방향성도 어떻게 하면 마케팅 활동을 보다 효과적으로 수행할 수 있는가에 맞춰져야 한다. 마케팅 활동이라고 통칭하는 부분을 실제 매출이 발생하는 시점을 기준으로 마케팅 세일즈 CRM으로 구분 짓고 그것을 기준으로 조직을 확대하는 방법을 말한다.

매출이 발생하게 되는 일련의 과정을 이렇게 구분하는 이유는 마케팅, 세일즈, CRM이라는 각각의 단계마다 중요한 세부 포인트에 차이점이 있기 때문이다. 이를테면 마케팅 단계에서는 '어떻게 하면 효과적으로 잠재고객을 발굴할 수 있는가? 그리고 멘토 포지셔닝은 어떻게 더욱 강화할 수 있는가?'가 중요한 전략 포인트이지만 실제 매출이 발생하는 시점인 세일즈 단계에서는 나를 찾아온 사람과의 만남을 어떻게 세일즈 실적으로 끌어낼 수 있는지에 대한 대화 방법, 제스처 등과 같은 구체적인 방법이 더욱 중요한 포인트가 된다. 나를 찾아왔던 사람들에 대한 사후 마케팅도 빼놓을 수 없는 중요 사안이다. 계약을 체결하고 매출을 발생시킨 고객이라고 해서 '이젠 끝. 당신과는 다시 볼 일이 없어'라고 나 몰라라 하는 어리석은 사람은 없을 것이다. 내가 제공한 인생템을 경험해보고 만족한 고객이 다른 고객을 소개해줄 수 있다면 나의 매출은 얼마나 순조롭게 증가할 수 있을지 생각해보면 고개를 끄덕이게 될 것이다.

수많은 TV 광고에서 너무나 자주 접할 수 있는 유형이 바로 증언식 광고Testimonial Advetising인데, 유명한 연예인이나 스포츠 스타들이 나와서 '이 제품이 참 좋습니다' 와 같이 마치 자신이 그것을 경험해서 잘 알고 있는 것처럼 말하는 유형의 광고를 말한다. 이런 광고가 계속 제작되는 이유는 그 효과가 분명하기 때문인데, 우리의 사례에서도 그대로 적용되는 원리이기도 하다. 나에게서 만족한 고객이 다른 사람들에게 '내가 이걸 경험해봤는데 참 좋더라고, 한번 해봐'라고 증언을 해준다면 나의 마케팅 활동도 순풍에 돛단 듯이 잘 진행될 것이다.

현실에서는 세일즈 상담이 아무리 성공적으로 이뤄졌다고 하더라도 100% 실제 계약으로 이뤄지지는 않는다. 개개인의 사정에 따라서 지금 당장 계약을 하지 않아도 되는 상황이거나 아니면 계약하고자 하는 의지는 있지만 경제적인 여건이 당장은 갖추지 못해서 매출이 일어나지 않는 예도 있다. 이를테면 나를 찾아와 매출 부진을 해결하기 위한 상담을 잘 받았지만 지금 당장은 실천하지 못하는 개인적인 사정이 있을 수도 있다.

그렇다고 지금 당장 매출을 일으키지 못한 잠재고객이라고 해서 더는 신경쓰지 않는다면 그것만큼 어리석은 일이 없지 않겠는가. 일단 나를 찾아와 상담받은 사람이라고 한다면 나에 대한 의심과 경계의 문을 활짝 열었던 사람이므로 그 마음의 문이 닫히지 않도록 세심하게 유지하고 조만간 다시 찾아와 매출을 발생시킬 수 있도록 관리하는 사후조치가 필요하다. 이제는 어지간한 회사에서는 중요하게 인식하고 있는 CRM Customer Relationship Management, 대 고객관리 활동이 바로 그것이다.

이렇게 실제 매출이 일어나는 과정은 크게 3단계로 구분할 수 있는데, 각각의 단계에서 중요한 사항이 각기 다르므로 그것에 맞춰 확대될 조직 역시 이러한 마케팅 활동의 특징에 맞춰 구축하는 것이 중요하다. 이렇게 마케팅 활동을 단계별로 구분해서 조직을 확대 구축하는 이유는 '강점을 극대화한다'라는 전략을 선택했으며 아직은 조직이 자생적인 지속가능성을 확보할 정도의 규모와 체계가 자리잡힌 것이 아니기 때문이다. 제아무리 강력한 문화로 똘똘 뭉쳐 단합된 조직이 있다고 하더라도 매출이 일어나 수익을 발생시키지 못한다면 유지될 수 없는 노릇이다. 인생템을 완성한 개인이든, 정예 창업 멤버가 갖춰진 MVP 조직이든 우선은 마케팅 활동을 강화하는 작업이 반드시 선행되어야 한다.

원 포인트 어드바이스

프리리치가 되기 위한 포인트

수많은 사람들에게 막연한 희망보다는 '이렇게 해보시라'고 구체적인 해법을 제시해주면서 가장 많이 듣는 하소연 중 하나는 '그럼 마케팅을 어떻게 해야 할까요?'라는 것이다. 마케팅이라는 외래어만큼은 익숙하다 못해 진부할 정도로 자주 듣는 단어이고 너무나 잘 알고 있는 단어라고 생각하지만 막상, '마케팅을 어떻게 해야 하지?'라고 생각하게 되면 막막해하는 사람들이 많다. 막연하게 '전단을 돌려볼까? 나레이터 모델을 써서 홍보한다던데, 그걸 해볼까?'라고 생각하는 이들이 태반인 게 현실이다. 하지만 '마케팅을 어떻게 해야 하나?'라는 문제에 대해서도 나의 인생템과 나만의 프리리치 7단계를 염두에 두고 있다면 방법이 훨씬 구체적으로 떠오를 것이다.

나만의 인생템을 완성하기 위해서는 사람들을 나를 인식하고, 전문성을 신뢰할 수 있게끔 그리고 스스로 나를 찾아오도록 만드는 정교하게 짜인 것이 필요하고 그러한 것이 바로 마케팅 활동이기 때문이다. 실제로 고객들을 만나서 상담하고 계약해서 매출이 발생하는 그러한 활동에 대해서 구체적으로 알아두고 적용해보는 것은 프리리치가 되기 위해 무엇보다 중요하다.

2

마케팅 활동의 기반은 이렇게 구축할 것

프리리치 3단계의 과제는 작은 숫자의 정예인원으로 시작됐던 작은 조직이 매출의 증가와 더불어 내 인생템을 통한 매출이 더 원활하고 효율적으로 일어날 수 있도록 하는 정예전담 조직으로 확대되는 것이라고 할 수 있다. 3단계에서의 활동은 전적으로 나의 인생템에 대한 인지도를 높이고, 나의 전문성을 더욱 높여서 보다 강력한 멘토 포지셔닝을 확보하는 것이고, 그러한 브랜드 인지도와 홍보, 마케팅 활동 등을 통해서 자발적으로 접근하는 사람들이 더욱더 많아질 수 있도록 하는 일련의 활동 즉, 마케팅 활동을 적극적으로 펼치는 것이기도 하다.

필자는 이것을 '마케팅 활동의 기반 구축 작업'이라고 부른다. 이 작업의 종류에는 온라인 활동, 오프라인 활동과 대對 미디어 활동과 캠페인 활동 등을 생각할 수 있다. 이런 마케팅 기반 활동의 특징과 각각의 세부 활동에 대해서 간략하게 알아보겠다.

누구도 예상하지 못했던 코로나 19와 같은 사태는 기업과 세일즈 맨들의 마케팅 활동의 중심축을 온라인으로 급격하게 바꾸어 놓았다. 따라서 마케팅 기반 구축 활동에서도 온라인 분야는 가장 우선으로 다뤄야 한다. 우선 회사의 공식적인 온라인 채널을 만들 필요가 있다. 예전 같으면 형식적으로 만들어 놓았던 홈페이지를 떠올릴 수 있겠지만 이미 우리의 생활 속 깊숙한 곳까지 들어와 있는 인터넷 환경은 단순한 회사 홈페이지 구축만으로는 기대할 수 있는 마케팅 효과는 거의 없다고 해야 한다. 사람들의 온라인 활동들이 대부분 PC 기반에서는 네이버라는 거대 포털 사이트에서, 모바일 환경에서는 카카오톡과 같은 플랫폼에 일어나기 때문에 자사의 공식 채널을 다변화해야 한다.

우선 네이버 검색 시장을 급격하게 잠식해 가고 있는 동영상 플랫폼의 절대강자인 유튜브에도 공식 채널을 열어야 한다. 그뿐만 아니라 여전히 국내 인터넷 시장의 강자인 네이버 블로그와 카페, 밴드에도 채널을 열어야 한다. 성별, 연령, 지역 등의 인구통계학적 분류가 매우 정교하게 구분될 수 있는 온라인 채널인 페이스북도 간과할 수 없고, 페이스북을 급격하게 대체하고 있는 인스타그램도 빼놓을 수 없는 마케팅 활동의 중요 포인트이다. 비록 서비스를 이용하는 유저들의 숫자는 많지 않지만 서비스에 대한 신뢰도와 이용자들의 수준이 높은 것으로 정평이 나 있는 브런치도 중요한 온라인 거점으로 다뤄져야만 한다. 이들 다양한 온라인 채널을 전담하는 담당자나 독립 조직을 구축하는 것이 좋다. 이렇게 다양한 온라인 플랫폼들이 나의 인생템을 위한 마케팅 활동 기반의 중요한 채널인 것처럼 오프라인 역시 그 중요성이 절대 덜하지는 않다는 점도 간과할 수 없다.

다만, 온라인 마케팅 활동보다 비용 대비 효율이 높지 못하다는 결정적인 한계가 있으므로 구체적으로 어떠한 마케팅 활동을 하려고 하는지에 따라서 그 전략에 맞는 장소에서 마케팅 활동이 이루어져야 한다. 프리리치 7단계에서 말하는 포인트를 떠올리면 좋다. 내가 공략하고자 하는 잠재고객들의 왕래가 빈번한 장소에서 오프라인의 마케팅 활동이 이루어져야만 하기 때문이다. 이렇게 해서 조만간 나의 인생템을 계약하게 될 잠재고객의 데이터베이스를 확보하고 늘리기 위한 다양한 광고와 홍보 이벤트 활동 등을 담당하는 전담조직도 따로 두는 것이 좋다.

중요성이 많이 퇴색된듯하게 보이지만 여전히 중요한 마케팅 채널인 미디어 활동을 위한 전담인력을 갖추는 것도 요구된다. 네이버 검색 광고나 블로그, 유튜브 활동 등을 통해서도 나의 전문성과 멘토포지셔닝의 구축이 가능하지만 거기에 신문이나 방송, 잡지 등의 언론 매체, 즉 미디어에 내가 노출된다면 그러한 마케팅 활동은 더욱 강력한 효과를 보게 되기 때문이다.

앞서 한 차례 등장했던 개통령 강형욱 소장도 처음부터 지금과 같은 인지도를 갖고 있었던 것은 전혀 아니었다. 대중적으로 알려질 수 있었던 계기는 지난 2014년 초, 나의 사업과 인생 스승이신 총각네 야채가게 이영석 대표님이 하시던 〈꿀통쇼show〉라는 토크쇼에 그와 함께 나갔던 것이 시작이었다. 이후 전략적으로 다양한 미디어 노출을 계속했고 그 과정에서 애견 훈련에 대한 탁월한 실력이 숱하게 검증되면서 이제는 누구도 그의 전문성에 대해서 토를 달거나 직접적으로 경쟁하려고 하지 않을 정도의 강력한 브랜드 파워를 갖추게 됐다.

그런데 '아유~ 신문이나 방송에 나가면 좋지요. 그런데 그게 아무나 되는 게 아니잖아요'라고 손사래를 치는 사람들이 아주 많다. 하지만 의외로 이런 미디어에 노출이 되는 것이 어려운 것은 결코 아니라는 사실을 모르는 사람들이 많다. 이런 미디어들을 기본적으로 뭔가 새로운 소식, 새로운 인물, 새로운 사건에 대해서 아주 관심이 많게 마련이다. 뉴스라는 단어가 새로운New에 글자 하나를 더한 뉴스News이겠는가.

그러므로 내가 신문이나 방송, 잡지 등을 통해서 사람들에게 널리 알려질 만한 가치가 있다는 것을 적극 어필해야 한다. 그런 어필 수단이 보도 자료를 만들어 이들 미디어에 배포하는 것이다. 물론 보도자료를 돌렸다고 해서 그 미디어에서 내 소식을 실어주는 것은 결코 아니지만 '미디어들이 관심을 가질만한 것이 무엇이 있을까?'를 고려해서 보도자료를 작성하는 것을 반복하다 보면 '이런 것에 관심이 있구나'와 같은 감이 오게 된다.

그도 아니면 크몽이나 알바몬과 같은 단기 구인·구직 사이트를 통해서 보도자료 작성과 같은 키워드 검색으로 나오는 다양한 사람들에게 보도자료 배포 작업을 맡기는 것도 좋은 방법의 하나가 될 수 있다. 그리고 나의 인생템과 관련된 책을 써서, 출간하는 것도 아주 좋은 마케팅 활동의 방안이 된다.

어떤 제품, 서비스를 판매하는 사람이라고 나를 소개하는 것보다 내가 보도된 신문이나 방송의 한 장면을 보여주는 것이 나에 대한 공신력을 한결 높이는 좋은 방법인 것처럼 '베스트셀러 무슨 책의 저자 아무개'와 같은 타이틀은 미디어 노출보다 더 높은 효과를 가져온다. 필자도 여러 권의 책을 쓰면서 베스트셀러 저자라는 타이틀이 갖는 권위와 마케팅 효과의 대단함을 여러 번 경험했기에 강력히 추천한다.

중요한 마케팅 활동의 기반이 되는 것이 바로 캠페인이다. 나를 프리리치라는 큰 성공의 단계로 이끌어줄 인생템 사업이기는 하지만 이 단계에서는 아직 장사나 소규모 사업에 머물러 있으므로 '캠페인을 한다고? 그건 너무 거창하지 않나? 오버 같은데?'라고 생각할 수 있지만, 이런 생각 역시 하루빨리 버려야 할 고정관념에 지나지 않는다.

한영인 동문인 한 여성 웹디자이너의 사례가 그 좋은 사례이다. 고양이를 너무나 좋아하던 이분은 고양이를 키우는 정도가 아니라 길고양이들을 정성스레 챙기고, 버려진 유기묘들의 구조 활동에도 열성적이던 전형적인 냥집사이자 캣맘이기도 했다. 그러던 와중, 평소에 고양이 사료를 구매하던 인터넷 쇼핑몰이 사장의 개인 사정으로 쇼핑몰을 문 닫아야 하는 상황이 됐었다. 그때 마침, 프리랜서로 활동하면서 마땅한 일이 없던 이 웹디자이너 냥집사가 200만 원에 그 쇼핑몰을 인수하면서 고양이 쇼핑몰 사업을 하게 됐었다. 그런데 문제는 손님으로서는 단순히 가격 비교와 서비스 정도를 고민하면 충분했었던 고양이 용품 쇼핑몰이 운영자로서는 절대 쉽지 않은 일이라는 것을 절감하게 됐다. 왜냐하면 인수한 쇼핑몰이 다른 경쟁자들에 비해서 아무런 차별점이 없는 똑같은 형태의 쇼핑몰, 같은 사료, 다를 바 없는 관련 용품 등을 판매하고 있었기 때문이다. 그도 그럴 것이 제조업체가 아닌 소규모 유통업체에 지나지 않았던 인터넷 쇼핑몰이 확보할 수 있는 경쟁력을 쉽사리 생각하기 어려울 수밖에 없었다. 당연히 매출이 안 나올 수밖에 없었고, 덜컥 쇼핑몰을 인수해놓고 땅을 치며 후회를 하던 그 시기에 필자와의 인연을 맺게 됐다.

그때 우리는 전략적인 선택에 집중하기로 했었다. 앞에서도 언급했던 것처럼 '전략이란 내가 하고자 하는 목표와 내가 할 수 있는 역량 사이의 간격Gap을 어떻게 메꿀 것인가?'이고 그 당시 여건으로는 어차피 내 쇼핑몰에서만 파는 상품을 만들 수도 없거니와, 만든다 한들 그것을 알리는 데에 자원 소모가 클 것이고, 잘 팔려도 곧 유사상품이 나오니, 큰 의미가 없다는 현실에서부터 전략적인 고민을 하기 시작했다.

결국 우리는, 쇼핑몰이나 제품 혹은 가격 경쟁력이 아닌 운영자를 유명인으로 만드는 것에 집중하는 선택을 하기로 했다. "사장님이 이제는 캣맘, 냥집사들에게서 유명인이 되시는 방법인 거예요"라고 컨설팅을 했더니 "아! 제가요?"라고 어안이 벙벙해야 하던 모습이 아직도 선하다.

그렇게 시작된 캠페인이 바로 '길냥이 수호천사단 모임'이었다. 물론 이제는 쇼핑몰 사장이 된 전직 웹디자이너는 길냥이 수호천사단 단장으로 활동하면서 정기적으로 전국적 모임을 트위터에 공지하고 모임을 키워나가는 데에 집중했다. 그렇게 같은 취지로 모인 분들과 함께 피켓 들고 거리를 다니며 전단을 나눠주는 행사도 했고, '길냥이를 보살핍시다'라는 구호도 외치면서 활동을 알리기 시작했다. 그리고 이런 캠페인 행사를 사진으로 기록했고, 해당 내용을 여러 언론사에 보도자료 형식으로 만들어 제보하는 활동도 병행했다.

캠페인에 모인 단원들에게 사료를 후원하며, 행사의 취지와 모임에 대한 결속력을 더욱 다져가는 작업을 병행, 평소에 갖고 있던 고양이에 대한 진정성 있는 호소와 함께 구성원들의 충성과 소속감을 만들어 낼 수 있었다. 덕분에 캠페인이 진행될수록 자연스럽게 단원들과 단원들의 주위 지인들은 쇼핑몰의 고객이 되었고, 시간이 흐르자 경쟁업체에서는 따라 하기 힘든 팬덤과 조직으로 성장하게 되었다.

처음에는 '뭐 그렇게까지 해야 하나?' 하는 반신반의하는 표정이었지만 그 캠페인을 통해서 이분의 고양이관련 용품 쇼핑몰 사업은 승승장구했다. 이렇게 내가 직접 주최해서 벌이는 각종 행사를 통해서 나에 대한 인지도를 높이는 것도 아주 좋은 마케팅 활동 기반을 구축할 방법이다. 이를테면 서울시청 광장에서 〈댕댕이 페스티벌〉이 개최된다고 생각해보자. 그 넓은 잔디광장에 수많은 사람들이 자신들의 반려견을 데리고 나와서 재주를 뽐낼 기회가 있다고 한다면 그 소식을 들은 개 주인들은 '우리 강아지도 한번 데리고 나가봐?'라는 생각을 자연스럽게 갖게 될 것이다. 게다가 그 행사에 참여하면 평소에서 비싸서 사주지 못했던 고가의 사료도 대폭 할인받거나 쿠폰을 받는 행사도 있다고 하면 그것에 흔들리지 않을 애견인이 얼마나 될까? 신문 방송에서도 나와서 취재한다고 하면 아마 시청 광장이 꽉 찰 정도로 성황리에 행사가 개최될 것이다.

그런데 이런 거창한 행사를 직접 기획, 주관한다면 단기간에 애견 관련 분야에서 그 인지도가 얼마나 급상승할까를 생각해보라. '그런 캠페인, 행사 한번 기획해볼까?' 하는 생각을 할 수밖에 없을 것이다. 행사 기간 중 자연스럽게 수많은 잠재고객이 캠페인과 행사를 주최한 측에 대해서 반복적으로 정보를 접하게 된다. 그리고 뜻밖에 이러한 행사들은 잘 기획만 한다면 의외로 큰돈을 들이지 않고도 거창하게 치를 방법들이 있다. 그것을 지면으로 설명할 수는 없는 노릇이니 관심이 있으신 분들은 언제든 방문을 해보시기를 추천한다.

최근 들어 급부상 중인 마케팅 채널들도 적극적으로 고려해 봐야 한다. 이제는 확연히 평생 학습의 시대가 됐음을 절감하게 된다. 학교를 졸업했다고 무언가를 배우는 것이 끝이 나는 게 아니라 배움이 계속 이어지는 환경이 되어가고 있다. 그래서 이러한 트렌드를 반영한 서비스들을 속속 등장하고 있는데 '강연 정류장'이나 '클래스 101','온오프믹스'와 같은 학습 관련 플랫폼에 나만의 인생템에 대한 개입상품을 출강, 판매하는 것도 아주 좋은 마케팅 활동이 될 수 있다.

다양한 온라인 채널을 전담하는 담당자나 독립 조직을 구축하는 것이 좋다. 이렇게 다양한 온라인 플랫폼들이 나의 인생템을 위한 마케팅 활동 기반의 중요한 채널인 것처럼 오프라인 역시 그 중요성이 절대 덜하지는 않다는 점도 간과할 수 없다. 다만, 온라인 마케팅 활동보다 비용 대비 효율이 높지 못하다는 결정적인 한계가 있으므로 구체적으로 어떠한 활동을 하려고 하는지에 따라서 그 전략에 맞는 장소에서 마케팅 활동이 이루어져야 한다.

CHAPTER 5

4단계:
자영업에서
기업 시스템으로
진화

1

프리리치를 향한 시스템을 만드는 법

이렇게 실제로 매출이 발생하는 마케팅 활동을 위주로 하는 조직의 구축 작업이 프리리치 3단계에서 이루어졌다면 이제는 본격적으로 기업이라고 부를 수 있는 잘 짜인 체계인, 시스템을 확립하는 중차대한 단계로 여정이 올라가게 된다.

나라는 개인의 일이 제대로 원활하게 돌아가며 성장할 수 있는 최소한의 두세 명의 인원으로 몸집이 불어나는 단계에서, 인생템의 효율을 극대화할 수 있도록 마케팅 활동을 위주로 하는 조직으로 성장하는 단계를 거치게 되면 이제는 특정 개인의 역량이 아닌 잘 짜인 조직, 즉 시스템에 의해서 매출이 일어나고, 사후 고객관리와 사원교육과 같은 작업이 물 흐르듯 진행되는 그런 단계로 진화하게 된다. 이렇게 한 차원 업그레이드된 시스템만큼이나 중요한 것이 우리만의 문화가 대두되는 시기, 바로 프리리치 4단계다.

이 시기에는 나의 진보도 중요하다. 조직을 시스템으로 진화시키고, 다른 회사에 비해 뚜렷하게 구분되는 우리만의 독특한 회사 문화를 자리 잡게끔 하는 중요한 역할은 직원들이나 임원들이 아닌 바로 나 자신의 몫이고 역량에 달려있기 때문이다. 그래서 이 단계에 이르게 되면 리더십은 어느새 주인의식으로 한 차원 성숙해지게 된다. 장차 회사를 이끌어갈 인재를 리더로서 길러내는 보다 높은 단계로 나아가는 것이다. 이렇게 회사의 성장만큼이나 회사를 이끄는 개인인 나 자신 또한 진화하게 되는 새로운 단계가 바로 프리리치 4단계에서 시작되는데 그것에 관해 설명하겠다.

프리리치가 되어서 경제적인 문제에서 완벽히 자유로운 삶을 누리고 싶다고 한 개인의 소망을 이루기 위한 역정이 시작되고 도저히 도달할 수 없을 것만 같았던 까마득히 멀리 있던 그 목표지점은 3단계를 지나며 '가능은 할까?' 싶던 회의감이 어느 정도 확신의 영역으로 성큼 다가와 있음을 알게 된다. 회사의 성공의 나의 성공이라고 생각하는 직원들이 저마다의 역량을 발휘해 회사가 원활하게 운영되고 그로 인해 매출이 눈에 띄게 성장을 했고 오너인 나는 당연히 어느새 남들이 부러워하는 경제적인 부를 이뤄냈고 시간적인 여유 또한 예전과는 비교할 수 없을 정도로 누릴 수 있게 되었을 것이다.

이렇게 프리리치의 7단계를 착실히 밟아가고 있는 우리의 여정이 드디어 4단계에 이르게 되면 중대한 본질적 변화의 시기와 만나게 된다. 1~3단계를 거치면서 경제적 고통에서 벗어나기 위해 애쓰는 개인은 인생템을 만들어 성장하기 시작했고, 늘어나는 수익과 함께 바빠진 일에 도움을 받기 위해 사람을 뽑았다. 그리고 나와 생각이 같지 않은 직원들을 잘 다독이고 때로는 질책과 지원을 통해서 효과적으로 작동하는 조직으로써 성장하게 되었다. 커진 몸집을 잘 추스르고 더 큰 성장을 할 수 있도록 능력 있는 인재들을 뽑아 조직을 더욱 체계적이고 탄탄하게 만들며 그에 따른 회사의 성장도 가속화되었다. 프리리치라는 목표는 이미 충분히 달성 가능한 가시거리 안에 들어와 있게 되었다.

프리리치의 7단계 중 4단계에서 본질적인 변화를 말하는 것은 지금까지 구축한 인생템을 위한 맞춤형 조직이 이 단계에 이르게 되면 내가 없어도 업무가 진행되는 데에 전혀 지장이 없고 그 내부의 구성원과 부문별 리더들이 발생하는 여러 문제를 내부에 해결하는 것이 가능한 상태인 시스템, 즉 명실상부한 기업으로 도약하게 된다. 이런 시스템은 그 시작과 과정이 나만의 인생템을 기반으로 한 것이기 때문에 다른 사람이나 조직에서 무작정 따라 하기 힘든 독자성을 갖게 될 뿐만 아니라, 한편 원활하게 가동되는 조직이 시스템으로 발전하게 되면 이 시스템 자체가 하나의 완결성을 지니게 된다.

여기서 중요한 포인트 중 하나는 '이 시스템은 복제할 수 있다는 것'이다. 시스템 내부의 구성과 작동 방식 등이 체계화되어 있으므로 다른 업무, 다른 사업에도 고스란히 이식되어 적용 가능하다. 4단계에서의 시스템이 중요한 또 하나의 이유는 프리리치의 나머지 단계에서 진행될 계열사의 설립과 같은 확장 국면에서 2~3단계에서 시행착오를 거치며 겪었던 조직구성의 다양한 문제들이 더는 발생하지 않는다는 점이다. 이미 그러한 문제에 대해서는 조직 내부의 경험과 그에 대한 적절한 대응이 축적, 체화되어 있기 때문이다.

이렇게 A라는 인생템을 기반으로 만들어진 시스템은 A^1나 A^2 등에서도 훌륭히 기능할 수 있다. 그뿐만 아니라 3단계를 통해서 급증하게 되는 수익 역시 아예 다른 수준으로 한 단계 도약한다.

훌륭히 기능하는 조직이 도약, 발전하면 시스템이 된다고 하지만 여전히 시스템이 정확하게 어떤 것인지에 대한 막연함이 남아 있게 마련이다. 내가 덧붙이거나 지켜보며 관리하지 않아도 훌륭히 스스로 움직이며 기능하는 작은 완성체를 시스템System이라고 부를 수 있는데, 그 사전적 의미는 차치하고 이해하기 쉽게 설명해 보자면 '필요한 기능을 실현하기 위해 관련 요소를 어떠한 법칙과 원칙에 따라 조합한 집합체'라고 할 수 있다. 하지만 여전히 알 듯 모를 듯한 시스템을 보다 명쾌하게 말하자면 이렇다.

'정해진 시간에, 정해진 사람이, 정해진 장소에서, 정해진 업무를, 왜 해야 하는지 어떻게 해야 하는지를 스스로 알고, 주위와 어떤 연계점이 있는지를 알고 스스로 개선해 나가는 것이 모두에게 인지되어 있고, 그것을 잘했을 때와 못 했을 때의 보상과 처벌이 모두에게 공유된 상태'이다.

예를 들어 보험 영업을 하는 B라는 회사에 C라는 팀이 있다고 가정해 보자. 이 팀은 사내의 다른 팀에 비해서 실적이 우수하고, 팀원들 간의 단결력이 높은 것으로 유명해 한번 팀원이 되면 다른 팀으로 이동하는 일이 거의 없다. 그런데 이 팀은 매일 일정한 루틴Routine을 반복적으로 수행하고 있었다. 보통은 판에 박힌 듯 반복되는 일상이나 지루하게 반복되는 일을 루틴하다고 하지만 C팀의 루틴은 그와는 달라서 컴퓨터 프로그램 분야에서 사용하는 특정한 작업을 실행하기 위한 일련의 명령, 프로그램 일부나 혹은 전부라는 설명에 더 가까웠다.

보험영업이라는 특정한 작업을 성공적으로 실행하는 데 필요한 일련의 프로그램을 분명한 목적하게 반복함으로써 팀원들로 하여금 고도로 훈련된 인재로 성장할 수 있도록 하는 일상적인 의식Ritual이 되어 있었던 것이었다. 사내에서도 모두 궁금해 하는 C팀의 팀별 시스템은 이런 내용으로 이루어져 반복되고 있었다.

우리의 팀별 행동

1 매일 오전 11시~11시 30분까지 팀 전체 회의

2 회의 내용은 3가지로 분류함

- 전날 브리핑 및 팀원 간의 상호 피드백
- 오늘 브리핑 및 목표 리마인드(오늘, 주간, 월간, 연간), 페널티 선언
- 함께 공부할 것, 스터디 5분 강좌, 3일에 한 번 씩 돌아가며 팀원이 나머지 팀원에게 특정 주제를 가르치는 형태로 운영됨

팀원으로서의 할 일

1 오전 30분 회의에 대한 동의

2 명확한 발표 양식(템플릿) 제공 - 팀원과 공유, 해결하고자 하는 안건은 5W1H 원칙에 따라 작성된 양식에 맞게 팀장과 팀원 전체에 공유
3 다이어리 등으로 동질감 및 서식을 제공 - 명확한 목표의 공유를 위한 장치
4 꾸준하게 습관화될 때까지 진행
5 마감기한 제시 및 연장

위촉 및 내부 등급에 대한 절차

1 나와 1:1 상담만 하고 돌아가는 비기너Beginner
2 신입교육과 병행하며 11시에 회의하는 주니어Junior
3 신입교육 끝나고 10시에 회의하는 시니어Senior
4 어느 수준 이상의 업적 및 기간이 지나서 자리가 잡힌 엑스퍼트Expert
5 팀장 준비를 하는 마스터Master

C 팀은 조직의 목표를 위한 명문화된 템플릿을 만들고 팀원들의 동의하에 만들어진 일정을 반복적으로 수행함으로써 C 팀만의 조직문화를 만들어 그것을 시스템화하고 있었다. 새로운 팀원이 들어왔을 때 팀장이 장기간 자리를 비웠더라도 바로 윗 직급의 선임이 하는 역할과 상위 단계의 팀원들이 각기 맡은 임무를 수행함으로써 평상시와 다름없이 새로운 인력이 C팀의 일원으로 자리 잡을 수 있도록 지원했다.

그렇다면 시스템을 위한 과제는 무엇일까? 조직이 이렇게 시스템으로 발전하게 되면 그 자체로 특정한 업무가 시작부터 결과의 측정과 평

가 그리고 새로운 반영이라는 마지막 단계까지 물 흐르듯이 정확하게 반복될 수 있게 된다. 사장이나 오너가 전혀 관여하지 않아도 아무 지장 없이 성공적으로 일은 수행되는 단계가 된다.

이렇게 프리리치의 궁극적 달성은 물론 회사 내부의 구성원들에게도 잘 정비되어 기능하는 시스템을 경험하는 것은 다른 것으로는 대체하기 힘든 것이기도 하다. 흔히 첫 직장과 첫 사수가 직장생활을 결정한다는 말을 하곤 하는데, 학교를 졸업하고 사회에 나와서 처음 경험하는 조직의 수준이 직장인으로서의 나의 출발점이자 기준점이기 되기 때문이다.

프리리치 4단계에서 가장 중요한 과제는 조직을 시스템으로 진화시키는 데 필요한 인재를 수혈하고 향후 사업의 지속적 성장을 위한 새로운 아이템의 발굴을 준비하는 것이다. 오너가 직접 잘 기능하고 있는 조직을 한 단계 진화시키기 위한 업그레이드 작업의 총감독이 되어야 한다는 뜻이다. 이 단계에서 필요한 인재를 조직 내부에서 적합한 사람을 찾아 성장시키는 방법만을 고수할 필요 없이 과감하게 시선을 외부로 돌려 이에 대한 충분한 경험이 있고 능력을 갖춘 인재를 수혈받는 것도 적극적으로 고려해야 한다.

관리의 삼성이라는 이미 훌륭한 회사가 글로벌 초일류 기업이 되기 위해서 S급 인재를 파격적인 조건으로 영입해 그들의 역량을 조직 내부에 이식하고 철저하게 배워 그룹 전체가 한 단계 도약할 수 있었던 사례는 프리리치 4단계에서 오너가 해야 하는 역할의 아주 적확한 레퍼런스가 될 수 있다. 이렇게 해서 나를 위해 일해 주던 맞춤형 조직이 성공적으로 시스템으로 진화하게 되면 이제는 본격적으로 사업을 확장할 수 있는 준비 작업이 일단락된다.

기업에 필요한 필수 기능들은 다음과 같다. '성공적으로 운영 및 유지되고 있는 나를 위한 맞춤형 조직을 한 단계 진화시킨 것이 시스템'이라는 것을 지금까지 설명했다. 이미 충분히 잘 기능하고 있는 조직을 시스템으로 진화시켜야 하는 이유는 결국 더 큰 규모로의 확장을 계획하고 있기 때문인데, 그렇다면 이런 질문을 자신에게 해볼 필요가 있다. 사업을 더 키우려고 한다면 어떤 것들이 필요할까?

현재 상태보다 회사가 확장된다는 것은 단순히 매출 규모가 커지는 것만을 의미하는 것은 결코 아니다. 회사의 숫자도 늘어나겠지만 그것이 얼마나 늘어나던 언제든 변하지 않을 필요 기능이 있게 마련이다. 이를테면 고객을 발굴하고 세일즈를 해서 매출을 일으키는 기능은 절대 빠질 수 없는 것이고, 잠재고객들이 다른 많은 선택 안에도 나와 우리 회사를 선택해야 하는 근거가 되는 콘텐츠 역시 필수적인 기능이다. 회사의 모든 업무가 원활하게 진행될 수 있는 하부 인프라스트럭쳐인 각종 프로그램과 전산 시스템, 온라인 프로그램과 애플리케이션리케이션 등도 필요하다.

또 한 가지 필요한 기능은 투자 관련된 것이다. 회사가 운영되고 새로운 사업을 시작하는 일에는 상당한 규모의 자금이 소요되기 마련인데, 이런 재원을 회사가 벌어서 쌓아놓은 돈으로만 충당하기란 현실적으로는 어려움이 클 뿐만 아니라 사업을 시작해야 하는 적합한 타이밍을 자금의 조달 문제로 놓칠 가능성도 크다. 따라서 금융권을 통해 자금을 빌리거나 자본시장을 통해서 투자금을 조달받는 방식 등을 통해 필요한 필요자금을 구하는 일도 필수적인 기능이라고 할 수 있다. 조兆 단위의 돈을 몇 년째 적자인 쿠팡에다 쏟아부을 수 있는 이유는 그 돈이 손정의가 소프트뱅크의 금고에서 가져오는 것도, 자신의 통장에서 빼가져오는 것이 아니라 자신이 운영하는 비전펀드라고 하는 자금 조달 창구가 있기 때문이다.

같은 이치다. 내가 성공적으로 키워온 인생템이라는 사업 아이템을 늘려 계열사를 만들고 한 차원 더 높은 수익을 내기 위해서는 자금이 필요하고 그것을 조달할 방법과 그 업무를 수행할 전문적인 조직이 필요하다. 미리 새로 전개할 아이템과 사업에 소요될 자금을 마련한 방안을 갖고 있지 않아서 전도유망한 사업에 뛰어들 적합한 타이밍을 놓친다면 그건 전적으로 사장, 오너의 실책이다. 벤처업계나 IT 업계에서 자주 사용하는 TTMTime To Market이라는 개념은 필요한 서비스 혹은 기술, 사업이 있을 때, 그것을 직접 시행착오를 겪으며 개발하다가 적합한 진출 시점을 놓치는 것보다는 차라리 필요한 회사를 사들여 서비스를 론칭하는 것이 훨씬 효과적이라고 생각하기에 등장했다. 업계와 고객의 변화가 매우 빠른 시장이라면 이런 TTM 같은 개념은 적극적인 사업 론칭의 방안이 될 수 있다. 이렇게 회사가 확장을 염두에 두고 시스템으로 업그레이드될 때에 필요한 기능들은 독자적인 사업부를 염두에 두고 구분하는 작업이 필요하다. 필자는 총 6개의 전담 사업부로 분리, 운영하거나 그걸 염두에 두고 있어야 한다고 생각하는 데 마케팅, 세일즈, CRM 그리고 콘텐츠 사업부와 프로그램, 전산/온라인 시스템, 마지막으로 투자 사업부가 그것이다.

앞에서도 언급했지만 간혹 "마케팅과 세일즈는 뭐가 다른 거지요?"라는 질문을 받는 일이 있는데, 사전적 의미로는 서로 중복되는 부분들이 많으므로 보통의 경우에는 마케팅이나 세일즈를 정확하게 구분해서 말하지는 않지만 필자는 행위가 일어나는 시점을 기준으로 구분할 필요가 있다고 보기 때문에 각기 다른 것으로 나누어서 말하곤 한다.

구체적으로 우리가 고객을 만나 계약을 성사시키는 그 시점을 전후로 그 이전 단계, 즉 잠재고객을 발굴하고, DB를 구하거나 축적하며 그 중에서 타깃팅과 로볼 등을 준비하기까지를 마케팅, 그리고 이렇게 추려진 고객을 만나서 진행되는 영업 활동을 세일즈라고 구분해 부르고 있다. 세일즈라는 영업활동이 성공, 실제 계약을 체결하고 매출이 발생한 다음에도 구매 고객에 대한 A/S와 같은 관리 작업이 필요한데, 이 세일즈 이후 시기의 활동을 CRMCustomer Relationship Management, 대 고객관리으로 구분지어야 한다. 제품과 서비스의 판매와 관련된 활동이기는 하지만 업무의 성격이 다르기 때문이다.

고객 관리를 잘하자는 생각에 따라 이미 계약해서 매출이 일어난 고객에게 계속해서 연락하고 '어디 불편하신 곳은 없으신가요?'라는 식의 접촉을 계속한다면 그것을 '아, 정말로 고객관리에 정성을 다하는 사람이로구나'라고 생각하지는 않는다. 오히려 '이 사람 부담스럽게 왜 이러지? 뭘 또 팔려고 이러나?' 하고 생각하게 만들기 십상이다.

이렇게 굳이 영업활동을 시점 기준으로 구분지어 독자적인 사업부를 운영하라고 하는 이유는 영업이라는 하나의 단어로 뭉뚱그려 사용하기에는 시점별로 수행하는 세부업무가 다르므로 필요한 준비가 다를 수밖에 없기 때문이다. 타킷팅과 멘토포지셔닝, 로볼과 개입상품 등은 마케팅 단계에서 이미 준비되어 있어야 하고, 개입 상품 같은 것은 세일즈 시점에 그리고 구매 고객들을 통한 새로운 고객의 추천 및 발굴 작업 등은 더욱 긴 호흡의 정서적, 관계 위주의 접근이 중요하므로 CRM 사업부에서 전담하는 것이 효율적이다.

우리의 사업이 계열사 설립 등, 본격적인 확장국면으로 접어들었을 때 필요한 자금의 조달 업무를 전담 수행하는 조직을 독립적인 위치로 운영하는 것이 효과적이다. 앞에서 말한 5가지 사업부가 분리, 효과적으로 기능하게 되면 자금 조달만 원활하다면 어떤 일이든 할 수 있게 된다.

다시 말해 프리리치 4단계의 과제는 기업 시스템의 구축이라고 할 수 있다. 이 3단계를 거치면서 규모가 커진 조직을 명실상부한 기업으로 한 차원 발전시키기 위해서는 위의 기능들을 담당하는 부서를 만들어야 한다.

첫째, 마케팅 부서: 프리리치 3단계에서 언급됐던 온라인과 오프라인 등의 다양한 채널들을 관리하기 위한 관리 매뉴얼을 만드는 작업을 전담

한다. 그리고 우리의 제품, 서비스를 취급할 외주 마케터 조직을 구축하는 것도 이 마케팅 부서에서 수행하는 중요 기능 중 하나다. 한국비즈니스 협회의 경우를 예로 들자면 '한영인스 오블리제'와 같은 문화적인 측면에서 접근하는 연합회와 같은 조직을 구축하는 것도 마케팅 부서의 역할이다.

둘째, 영업 부서: 우리의 제품과 서비스를 판매하는 기능을 최우선으로 하고, 직영 조직의 지속가능성과 효과적인 기능의 수행을 위한 리쿠르팅 체계를 수립하는 임무를 담당하는 것도 영업 부서의 일이다. 그리고 회사의 외부에 존재하는 딜러 조직을 모을 수 있도록 그와 관련된 제반 계약 내용을 세부적으로 기획하는 실무 역할도 영업부서에서 수행해야 한다. 영업 최전선에서 직접 뛰는 필드의 목소리와 요구를 가장 잘 아는 곳이 바로 이 영업부서이기에 그렇다.

셋째, 콘텐츠 부서: 목차 내용을 의미하는 단어인 콘텐츠Contents를 필자는 우리가 판매하는 제품과 서비스라는 의미로 사용하고 있는데, 우리의 조직이 기업화를 달성하기 위해서는 이 콘텐츠에도 핵심과 파생의 개념을 적용할 필요가 있다. 외부 조직이 더 많은 판매를 일으킬 수 있도록 설계된 양산형 상품을 기획하는 내부 연구소와 같은 역할을 수행하는 부서가 바로 콘텐츠 부서이다.

넷째, CRM 부서: 앞에서 말했던 것처럼 대 고객관리를 의미하는 CRM의 개념을 조금 더 넓은 시각으로 바라보는 것이 좋은데, 제품과 서비스를 구매하는 고객들을 어떻게 관리하고 대할 것인가의 문제만큼이나 중요한 것이 바로 자사 직원들이다. 이들 역시 우리의 제품을 구매하고 사용하는 고객이기도 하고, 자사의 기업 문화에 동감하고 사명에 동참해야 하는 중요한 내부의 고객이기도 하다.

단순히 직원을 월급 주고 부리는 부속품으로 생각하는 기존의 안일한 시각에서 벗어나야 한다. 내가 전에 다녔던 회사가 지루한 곳이었고, 아무런 비전도 발견하기 힘들었던 다람쥐 쳇바퀴였던 이유도 따지고 보면 직원이었던 나를 중요한 내부 고객으로 대한다는 마인드 자체가 없었기 때문이었다고 할 수 있다.

이렇게 CRM 부서는 기업의 문화를 다루고, 직원들의 교육을 담당하는 내부 CRM과 멤버십 프로그램이나 우리의 제품이나 서비스에 대해서 구매를 하지는 않았지만 관심을 두고 있었던 사람들을 별도로 관리하는 프로그램 등을 기획, 운영하는 기능을 수행하게 된다.

다섯째, 경영본부HQ, Head Quarter: 이렇게 우리의 조직이 기업이라는 잘 짜인 체계의 시스템으로 진화하는 데 필요한 여러 가지 기능들이 서로 중복되거나 충돌하지 않도록 관리하고, 리드하는 역할을 하는 헤드의 역할을 하는 부서가 필요하다. 인사관리나 회사에서 필요한 다양한 매뉴얼을 만들고, 통일된 공통의 양식을 만드는 것도 이 경영본부에서 수행해야 하는 역할이고, 회사에서 일어나는 모든 일을 문서로 만들어 기록으로 남기는 업무도 수행한다.

마지막으로, 자금 관리 본부: 앞서 말한 5가지의 기능이 원활하게 작동해야 하는 이유는 결국 사업을 확장하는 데에 필요한 것이다. 따라서 이렇게 사업을 확장하고 조직을 늘리거나, 새로운 아이템을 추가하고 대규모의 연구 개발 프로젝트를 진행하거나 하는 기업의 거의 모든 활동에는 자금이 필요하므로 전문적으로 이런 모든 활동에 드는 자금을 만드는 역할을 하는 기능이 필요하게 된다.

사장이 직접 챙겨야 하는 중요 기능이지만 회사 내에 전문적으로 자금 조달과 은행, 투자자, 벤처캐피털 등 자금을 집행하고 운영하는 기업과 사람들이 우리의 사업에 지속해서 관심을 두고, 우호적으로 바라볼 수 있도록 하는 사전 관리 작업도 중요하기에 전문적인 IR 부서를 만들어 역할을 부여하는 것이 필요하다. 좋은 사업 아이템이 있어서 그것을 진행하면 큰 이익을 얻을 수 있다는 확실한 미래가 보이는 데도 안타깝게 그 아이템을 진행하기 위해 필요한 자금을 마련하지 못해서 시작도 해보지 못하고 기회를 놓치는 일은 아주 빈번하게 일어난다. 이러한 사실을 미리 인식하고 준비해야 한다. 정부와 지자체 등에서 운용하고 있는 각종 정책자금 등을 끌어오는 역할도 자금 관리 본부에서 수행하는 중요 업무 중 하나이다. 또한 투명한 자금의 조달과 집행 등을 보장하기 위한 회계 관리의 역할도 맡아야 한다.

원 포인트 어드바이스

고객은 어디에 있을까? 안? 밖?

앞서 우리의 인생템이 기업으로써 확대되기 위해 필수적인 기능을 각각의 독립적인 부서로 해야 한다는 설명을 하면서 CRMCustomer Relationship Management이라는 부서를 다뤘다. CRM이라는 단어에서 짐작할 수 있는 것처럼 고객과의 관계를 어떻게 맺어갈 것인가의 문제를 말한다.

여기서 리더인 내가 시간을 들여 진지하게 고민해 봐야 할 주제 하나가 도출된다. 바로 고객Customer에 대한 개념이다. '고객이 누구입니까?'라고 질문하면 '우리 물건을 사주는 사람'이라고 대답한다. 당연하고 쉬운 질문이다. 그런데 이 대답을 '우리에게 매출을 일으켜주는 사람'이라고 약간 바꿔본다면 어떨까? '매출을 일으켜주는 사람이면 고객이지. 손님 말이야'라고 답할 수도 있겠고 또는 '직원들도 매출을 일으켜주는 사람이 아닐까?'라는 색다른 접근도 나온다. 실제로 CRM이라는 개념은 직원을 내부에 있는 고객이라고 보는 관점에서 출발했다. 그러니까 기업에는 회사 바깥의 고객과 회사 내부의 고객이 존재한다는 것이다.

회사가 만족시키고 관리해야 하는 고객은 기업의 바깥에 있는 전통적인 관점에서의 고객이 있고, 만족감과 지속적인 교육과 관리가 필요한 내부의 고객, 즉 직원도 있다고 보는 것이다. 직원의 업무역량을 강화하기 위해서 다양한 사내 교육을 하고, 우리만의 기업문화를 만들기 위해 자원을 투입하는 이유도 내부의 고객, 즉 직원이 지속해서 관리와 관심이 필요한 존재이기 때문이다. 그런 맥락에서 한영인에서는 CRM을 두 개의 파트로 나누어 운영하고 있다. 내부의 고객인 직원을 대상으로 하는 내부 CRM은 인사 관리와 프로젝트팀을 결성하는 등의 방법으로 직원들을 대상으로 하는 사내 교육기관을 만들고 운영하는 업무를 담당하고 있다. 한영인 직원들은 각자의 인생템의 발굴 등의 과정에서 필요로 인해 협회 내부에 머무는 전략적 제휴처이자 끈끈한 파트너라고 여긴다. 한영인에서 적극적인 사내 창업을 권장하고 있는 이유이기도 하다.

그러다 보니 이 내부 CRM이 다섯 번째 기능인 경영본부HQ와 업무적으로 가깝게 되는데 그렇다고 그 분야의 주요 업무는 아니므로 일곱 번째 독립부서로 운영 중이다. 기업을 경영하는 경영자의 관점에서 이 CRM을 내부와 외부로 반드시 구분해서 독립 부서로 운영하는 것이 옳은지 아닌지를 단언하기는 힘들다. 회사마다 각자의 인생템의 특성이 다르고 성장 과정과 문화가 다르기 때문이다. 프리리치의 여정이 6단계와 7단계에 이르게 되면 필요 때문에 다른 회사나 사업부서를 인수, 합병하여 규모를 키우게 될 수 있다. 이런 경우, PMIPost Merger Integration, 인수 후 통합 작업이 뒤따라야 하므로 경영본부HQ와 내부 CRM을 분리 운영할 것인지 통합해서 운영할 것인지는 전략적인 판단하에 탄력적으로 운영하는 것이 좋다.

한영인에서는 일반적인 의미의 CRM인 외부 CRM 부서가 영업부서에 쏠리는 업무 부담을 덜어주는 임무를 수행하게 하는 한편, 저비용의 가성비가 좋은 고객관리 프로그램을 운영하는 역할을 담당하게 하고 있다. 이를테면 게이미케이션과 멤버십을 적절하게 조합, 고객들에게 스스로 모임을 결성하고, 추가적인 미션을 수행하는 형태로 자연스러운 고객관리와 재구매를 유도하는 업무를 한다. 특정한 이벤트나 상담과 같은 단발성 행동보다 장기적인 관점에서의 마케팅을 해야 할 때에 마케팅 부서보다는 외부 CRM 부서로 하여금 해당 업무를 담당하게 하는 것이 좋다. 이를테면 키즈Kids 마케팅은 당장의 매출을 기대하고 시행하는 것이 아니라 최소한 10년 단위의 장기적인 관점에서의 우호적인 관계를 조성하기 위한 것이기 때문에 마케팅이라기보다는 관계라고 보는 것이 맞기 때문이다. 한영인은 우리만의 독특한 시스템과 문화가 있으므로 CRM 부서를 나누어 운영하고 있지만 대표가 자사의 상황과 미래 전략에 맞게끔 판단해 운영하는 것이 효과적일 것이다.

프리리치 1단계에서 3단계까지는 개인이 프리리치라는 최종 목표를 위해서 취해야 하는 행동들을 나라는 개인의 차원을 위주로 접근하는 단계였다고 한다면, 4단계부터는 나라는 개인이 아니라 기업이라고 불리는 정형화된 시스템으로 목표를 향해 나아갈 수 있는가에 관한 내용을 다루게 된다. 점진적으로 발전하는 곡선 그래프가 아니라 아예 한 단계 수직 점프를 해서 이전과는 다른 상황에서 목표를 향해 나아가는 새로운 단계가 되는 셈이다.

프리리치가 되기 위한 첫 단계에서 나의 인생 경험을 바탕으로 하는 인생템을 완성하고 그것을 기반으로 하는 나만의 프리리치 7단계를 시작했고, 2단계에 와서는 그렇게 만들어진 프리리치 7단계를 효과적으로 달성하기 위해 아주 중요한 창업공신이라 불리는 첫 번째 직원들을 뽑아서 나의 인생템을 위한 일당백의 조직을 만드는 문제를 다뤄봤다.

부자가 되기 위한 프리리치라는 방법론은 이렇게 그 단계가 진행될수록 자연스럽게 개인에서 사람들로 그리고 개인들의 단순한 합을 넘어서는 조직을 지나 하나의 유기적이고 체계성을 지닌 시스템으로 진화하게 되는데, 이 과정에서 부자가 되기 위한 나의 노력은 더욱 효과적이면서도 속도감이 더해져 도저히 이룰 수 없을 것만 같았던 그 꿈은 현실로 다가오게 된다.

4단계는 최소한의 인원으로 시작된 맞춤형 조직이 본격적인 매출 증대를 대비할 수 있는 체계 혹은 시스템으로 업그레이드하는 데 필요한 것들에 대한 과제를 해결해야 한다. 앞으로 등장하고 직면하게 될 조직 차원의 문제를 어떻게 하면 한 단계 더 진보한 시스템으로 업그레이드시킬 수 있는가에 대한 또 다른 준비 단계인 셈이다.

2단계에서 이런저런 시행착오를 하면서 만들어진 최소한의 맞춤형 조직이 제대로 자리가 잡혀, 3단계에서 본격적인 매출 상승 국면을 대비하기 위한 마케팅 조직과 기반을 성공적으로 구축해 놓게 되면 회사의 매출은 이제 기업이라 부를 수 있을 정도로 상승하게 된다. 이렇게 회사가 본격적으로 움직이면서 매출과 업무 성과가 나기 시작하고 자연스럽게 한 명 두 명씩 인원이 늘어나게 된다. 소수 정예의 인원들이 각자의 업무를 보다 효율적으로 진행하기 위한 추가 인원에 대한 필요성 때문이다. 이 단계는 정확한 필요와 목적을 갖고 사람들을 채용하는 시기이기 때문에 인원이 늘어나더라도 특별한 문제는 일어나지 않는다.

하지만 새로운 채용한 직원들의 업무 적응이 순조롭게 이뤄지면서 본격적으로 조직으로서 기능하기 시작하게 된다. 이렇게 조직이 점차 안정화되기 시작하면 덩달아 매출이 뒤따라오게 되어 있다. 아직은 작은 조직이지만 알차게 돌아가기 시작하면서 매출 신장세가 본격적인 상승곡선을 그리기 시작하는 시점이 4단계다. 들쑥날쑥하던 매출도 예측 가능한 상태로 올라가고, 채용한 직원의 업무 숙련도 또한 그에 맞춰 안정 단계로 접어들게 된다. 사업도 직원들이나 사장인 내가 만날 사람들에 대해서도 어느 정도의 범위 내에서 예측하는 것이 가능해진다. 덕분에 고객의 숫자와 매출액도 주간 단위, 월간 단위로 목표치를 잡고 실제와 비교하는 것도 가능해진다. 계획하고Plan 실천하며Do 점검하는See 것이 가능하게 된다.

다시 말해 업무가 정형화되기 시작하는 게 바로 이 4단계에서 일어나는 현상이다. 업무가 정형화됨에 따라 직원들은 알아서 자신이 해야 할 일을 해나가고, 컴퓨터 프로그램이나 인터넷이나 태블릿 등을 사용한 업무 시스템을 활용하는 것도 도입, 실제로 업무에 사용하는 것이 가능해지므로 업무 효율성이 대폭 증가하게 된다. 비로소 회사가 회사답게 움직이기 시작한다.

2

성장을 위한 또 다른 준비, 기업 문화와 오너십 이해하기

이렇게 업무가 정형화되고 사업이 안정적으로 운영되기 시작하면서 기존에 내가 혼자서 뛰어다니면서 열심히 했던 그 일을 효과적으로 수행하는 사람들의 체계도 갖춰진다. 나라는 개인이나 복수의 직원들이 아닌 하나의 목표를 위해서 일사불란하게 활동하는 체계인 조직이 되었으므로 사장인 나 혹은 특정한 개인의 탁월한 역량으로도 해내지 못 하는 일을 할 수 있게 된다.'전체全體는 모든 부분의 합合보다 강하다'라는 말이나 '하나 된 힘은 강하다'라는 말이 단순한 응원 구호나 공염불이 아니라는 것도 이 단계에서부터 체감할 수 있다.

삼성이라는 좋은 회사를 세계 최고 수준의 초일류 기업으로 한 단계 도약시킨 이건희 회장은 평소, S급 인재를 찾기 위해서 무척이나 공을 들였는데, 이런 S급 인재가 있다는 소식을 들으면 그룹 전용기에 담당자를 태워 보내서 만나보게 할 정도였다. 혼자서 100만 명을 먹여 살릴 능력을 갖추고 있다는 S급 인재를 통해서 삼성이라는 조직이 한 단계 성장할 수 있다는 것을 잘 알고 있기 때문이다. 정말로 삼성이 무서운 기업이라고 하는 이유는 이렇게 엄청난 연봉과 파격적인 혜택을 주고 영입한 S급 인재의 모든 것을 삼성이라는 조직이 흡수, 발전시킬 수 있는 시스댐을 갖고 있다는 사실이다.

호사가들은 과거 백색가전 시장에서 쌍벽을 이루던 A와 B라는 대기업이 지금은 글로벌 시장에서 현격한 차이가 벌어진 이유를 두고 A기업은 유능한 직원을 뽑아먹을 줄 알고, B기업은 모셔올 줄만 안는다고 말하기도 한다. 그게 사실인지는 모르겠다. 그렇지만 B기업이 아주 훌륭하고 좋은 회사인 것은 부인할 수 없는 사실이지만 A기업이 가진 인재와 그 인재의 능력을 최대치로 발휘할 수 있게 하고 그것을 조직이 흡수하는 아주 탁월한 시스템을 갖고 있다는 차이 때문에 결국 두 기업의 따라잡기 힘들 정도의 격차를 낳게 한 이유라고 할 수 있다.

한편, 프리리치가 되기 위한 프리리치의 여정이 4단계에 이르게 되면 제대로 작동을 시작한 시스템 덕분에 사장은 예전처럼 밤을 새가며 열심히 일해야만 하는 극단적인 상황에서는 한시름 돌릴 수 있는 여지가 생기게 된다. 그러나 적지 않은 수의 사람들이 여기까지 올라오게 되면 이제 나도 좀 편하게 살자면서 회사 일에 소홀해지고, 골프를 치고 여행하거나 친목 단체나 각종 사회활동 등에 기웃거리게 된다. 갖은 고생 끝에 찾아온 경제적 여유와 시간이니 즐기고 싶은 마음이 드는 것은 인지상정이겠지만 오히려 이 단계에 이르게 된 분들에게 오히려 '고삐를 단단히 줘어야 한다'고 늘 조언한다.

조직과 매출의 규모가 커지는 만큼 나라는 개인 역시 능력 있는 리더로 성장했지만 조직이 회사로 한 단계 진화하는 것처럼 회사의 대표인 나 역시 한 단계 진화를 이뤄내야만 하는 중요한 단계가 바로 프리리치 4단계이다. 그리고 그 과제를 '주인의식'이라고 부른다.

아직은 프리리치라는 목표에 이른 것이 아닌 데다, 강력한 경쟁자의 등장이나 예상치 못한 상황의 전개 등을 통해서 어렵사리 가꾼 나의 사업이 타격을 받아 휘청거리게 되고 심지어는 문을 닫아야만 하는 지경까지 추락하는 예도 적지 않기 때문이다. 이 단계에 이르면 분명 성공한 사람이 된 것은 맞지만 그 성공이 계속되리라는 보장을 누구도 할 수 없는, 아직은 안심하기에는 너무나 이른 상태라는 사실이다. 이를 명심하고 제대로 기능하기 시작한 회사와 함께 기업의 대표, 오너로서의 나 자신도 곧 다가올 미래를 위한 준비에 몰두해야만 한다.

이를테면 나의 인생템을 어떻게 더 확장하고 가다듬을 것인지, 그리고 사업이 확장되는 데 필요한 자본을 어떻게 구할 것인지 등에 대해서도 다른 사람 아닌 사장인 자신이 직접 챙겨야 한다. 예전에 내가 했던 일은 내가 만든 조직이 잘 해내고 있으니 당사자인 나는 그다음 단계를 준비하는 일을 직접 고민하고 챙겨야 한다. 앞서 예를 든 A라는 기업을 세계 초일류 기업으로 도약시킨 것은 S급 인재들과 그들의 역량을 조직이 흡수, 응용할 수 있게 하여 주는 시스템의 덕분이었고 그 모든 것을 좌우하는 것이 바로 리더 혹은 오너의 역량인 것처럼 말이다. 이 단계에 이르러서도 사장의 24시간의 모든 순간은 일이고 업무의 연장이라는 자세로 임해야 한다.

'창밖을 바라보며 커피를 마시는 것이 휴식이면 직원, 업무이면 리더'라는 말이 있다. 나의 회사도 지금보다 한 단계 도약을 더 이뤄내는 데 필요한 인재들을 어떻게 구하고, 길러내느냐에 대해서 고민해야 하는 단계다. A기업의 S급 인재처럼 일반 직원이 아니라 그보다 높은 수준의 권한을 위임받는 높은 직급의 사람을 구하거나 혹은 내부에서 승진시켜 앉히는 등의 일도 이 단계에서 본격적으로 고민하며 해결해내야 하는 과제다.

원 포인트 어드바이스

그대는 왕을 만드는 사람인가?

프리리치의 과정이 4단계에 이르면서 인생템을 다루고 있는 최소한의 조직은 회사라고 부르기에 손색이 없는 체계를 갖게 된다. 한편 이 과정에서 절대로 간과되어서는 안 되는 아주 중요한 포인트는 바로 나의 성장이다. 회사의 규모와 매출이 커진다는 것은 그만큼 회사의 대표로서 결정할 사안들과 무게가 많아지고 무거워진다는 것을 의미한다. 사장인 나 혼자서 걸머지기에는 감당하기 힘든 정도로 확대될 수 있고, 그러한 확대의 속도는 미처 대비하지 못한 채 진행되기도 하므로 대표인 나는 회사가 성장하는 만큼 그에 걸맞은 결정할 수 있는 사람을 길러야 한다. 이렇게 중요한 인재를 기르는 일은 전적으로 사장의 역량과 의지에 달려 있다. 유능한 리더에서 나와 같은 리더를 길러낼 수 있는 한 단계 더 성장한 오너가 되어야만 한다.

리더는 곧 결정할 수 있는 권한과 그에 따르는 책임을 갖고 있다. 각 부서의 장, 각 기능의 팀장은 사장으로부터 그리고 회사라는 시스템으로부터 일정 수준의 범위 내에서 독자적으로 결정할 수 있는 권한을 갖는다. 보통 회사에서 팀장이나 부서장들에게 일정한 권한이 주어지는 것을 떠올리면 된다. 우스갯소리로 '부장이 됐더니 법인 카드 한도가 500만 원이 됐어'라고 말하는 것도 그런 권한의 수준을 말하는 것이다.

그런데 이렇게 사장으로부터, 회사로부터 행사할 수 있는 권한의 위임을 표현하는 영어단어가 바로 임파워먼트Empowerment, 즉 힘을 실어준다'라는 뜻이다. 회사이든 군대이든 규모가 있는 어떠한 조직, 단체이든 모든 것을 최고 수준에 있는 리더 혼자서 모든 것을 결정할 수는 없으므로 일정한 규칙과 규모를 기준으로 하는 결정할 수 있는 사람들을 두게 되어 있다.

이를테면 군인 중에서 양쪽 어깨에 녹색 견장을 달고 있는 사람들이 있는데, 그들이 바로 결정할 수 있는 지휘관이다. 전쟁이나 전투와 같은 유사시에 상급자로부터의 명령을 받을 수 없는 상황이 되면 독자적인 판단 하에 행동할 수 있는 권한을 위임받은 사람들이 바로 이들 지휘관이다. 일반 사병들에게는 분대장, 장교들에게는 중대장, 대대장, 연대장, 사단장 등도 모두 지휘관이다.

프리리치 7단계의 전체 과정은 나의 인생템이 최소한의 조직에서 회사로 성장하고 그 과정에서 잘 조직된, 자체적으로 지속 가능한 시스템으로 진화한다. 그렇게 검증되고 안정화된 시스템을 외부로 확장되는 과정을 다루는 것이지만, 한편으로는 나라는 개인이 소수 정예의 팀을 이끄는 리더로 발전하고 더 나아가서 늘어난 계열사와 외부 유통망과 협력사들까지 아우를 수 있는 오너로서 성장하는 과정과 함께 진행되는 듀얼 시스템이기도 하다.

나의 인생템을 다루는 회사가 프리리치 4단계를 거치며 완전한 시스템으로 성장하는 동안 사장은 이런 권한을 위임할 수 있는 인재를 기르는 데에 힘을 쏟아야만 한다. 이것을 필자는 킹 메이커King Maker라고 표현하는데, 장차 왕이 될 만한 재목, 즉 사장이 될만한 인재를 만드는 것이 사장인 나의 역할이고 과제라고 보기 때문이다. 그리고 이 말은 한편으로 나는 '왕을 다스리는 존재'가 된다는 의미다. 이 단계에 이르게 되면 단순히 리더라고 부르기에는 더 높은 차원과 수준의 인재와 회사를 컨트롤 하는 사람이 되어야 하는데 필자는 이것을 오너십이라고 일컫는다.

그에 관한 하나의 사례를 들어보도록 하자. 우리가 너무나 잘 아는 《삼국지三國志》는 중국 명나라 때의 작가 나관중이 지은 장편 대하소설인데 위, 촉, 오 삼국의 대쟁투 시대에서 촉나라의 유비를 중심으로 이 혼란한 시기를 바라본 작품이다.

유비의 숙적이었던 조조는 당연히 악한으로 묘사되고 있는데, 실제의 조조는 지략과 용맹을 겸비한 인재 중의 인재라는 평이 많아서 〈창천 항로〉라는 장편 만화에서는 이 삼국시대의 주인공이 유비나 제갈량이 아닌 조조이다. 조조의 관점에서 이 격동의 시대를 풀어나가고 있는데 그 수많은 인물과 영웅 중에서 특히 하후연夏候淵이라는 인물의 죽음에 대한 장면이 인상 깊게 다가왔었다.

조조가 천하통일의 꿈을 품고 세상에 나섰을 때부터 그의 가신 격이었던 장군 하후돈의 친척 동생인 하후연은 조조가 아직 고향에서 대망의 꿈을 품고 있을 무렵 당시 현령의 명을 어겨 감옥에 투옥될 위기에 빠졌을때 그를 대신해서 옥살이하게 된다. 이때부터 하후연은 조조에 대한 강한 충성심이 돋보였다. 그는 한편 무예가 아주 충출한 무장이기도 해서 여러 번 큰 공을 세웠는데 적이 예상하지 못하는 기습공격으로 유명해서 하후연은 사흘에 오백 리, 엿새에 천 리를 간다는 소문이 생길 정도로 놀라운 기동력을 자랑하는 부대를 이끌고 있었다.

이런 기동력과 무공은 조조에게 큰 힘이 되었는데, 서기 214년, 강력한 적이었던 마초를 꺾기 위해서 출병한 아군 조구와 윤봉 강서가 마초를 한중으로 몰아내는 데에는 성공했지만 이내 군세를 회복한 마초에게 기산에서 포위당하는 위기에 빠지게 됐다.

이에 강서는 근처에 있던 하후연 등 조조의 수하 장군들에게 도움을 요청했는데, 다른 장수들이 주군의 명을 기다려야 한다고 망설이고 있을 때 하후연은 재가를 기다리면 늦는다며 군대를 이끌고 가, 마초를 격파하게 된다. 조조의 충성스러운 부하이지만 자신의 독자적인 판단하에 군대를 이끌고 승리를 거둘 수 있는 결단력을 지닌 하후연은 훗날 한중의 왕이라는 별명을 얻기도 했는데, 그렇게 용맹스러웠던 장군이었던 하후연도 결국 중원의 요지인 한중을 둘러싼 전투에서 유비 군의 장수인 황충의 공격으로 죽게 된다.

하지만 하후연의 용맹함에 감동한 유비 군은 한중의 왕의 유해를 돌려준다면서 하후연의 시체를 조조에게로 보내는데, 하후연의 시체를 실은 마차가 진중을 떠나는 모습을 보면서 유비는 '조조는 자기 장수들을 왕으로 만드는 사람인 것인가?'라고 탄식했다고 한다. 조조는 이렇게 삼국통일의 대업을 이루지는 못했지만 왕이라 불려도 손색이 없는 용맹하고 능력 있는 부하들을 기르고 거느리는 과업에 있어서만큼은 타의 추종을 불허하는 오너십의 소유자였던 셈이다. 자신이 해야 하는 일의 규모와 성격이 크고 깊어질수록 리더가 해결해야 하는 과제 역시 크고 깊어지는 것은 당연하므로, 그만큼 복잡다단해지는 과제를 해결하기 위한 리더십의 위계를 만드는 것 역시 아주 중요한 과제다.

3

프리리치가 되기 위해 알아야할 징기즈칸의 교훈

만주에서 몽골을 지나 중국의 신장 위구르 지역을 거쳐 카자흐스탄, 우즈베키스탄과 같은 중앙아시아 제국들에서 헝가리와 남러시아에 이르는 광대한 지역을 유라시아 초원지대라고 한다. 지난 인류의 역사를 통틀어 이 지역에는 수많은 민족과 국가들이 흥망성쇠를 거듭했었다. 그중에서 세계사적으로 강력한 영향을 미쳤던 나라를 꼽으라고 한다면 칭기즈칸이 세운 몽골제국이 있다. 후에 원元 나라로 이름을 바꾼 몽골제국은 인류 역사에서 가장 넓은 영토를 지닌 국가라는 것 이외에도 그 광대한 지역을 아주 효과적으로 통치해냈던 것으로 유명하다. 다른 유목민들의 국가는 따라 하지 못했던 이 통치 시스템은 너무나 효율적으로 작동했었는데 《동방견문록》의 저자 마르코 폴로나, 여행기의 저자인 이븐 바투Ibn Battutah는 그중에서도 몽골의 완벽한 역참제도에 대해서 극찬했다.

넓디넓은 국토를 효과적으로 다스리기 위한 교통 통신망이었던 이 역참제도가 얼마나 잘 작동했었는지 유럽 지역에서 발생한 소식은 역참에서 기다리고 있던 기수와 빠른 말을 통해 다음 역참으로 전하는 방식을 통해 불과 2~3일 만에 원나라의 수도에까지 도착할 정도였다고 한다.

그런데 이렇게 비행기와 철도, 자동차와 같은 현대적 교통수단이 고도로 발달한 현재와 견줄 수 있을 만큼 효율적인 교통, 통신망을 운영하던 국가 시스템은 몽골인들을 통일, 몽골제국을 세웠던 칭기즈칸의 담대하고 원대한 비전에서 비롯됐다. 역사가들은 칭기즈칸의 위대함은 그 드넓은 영토에 있는 것이 아니라 그것을 효과적으로 다스릴 수 있었던 통치시스템에 있다고도 말한다. 그러나 위대한 정복자이자 놀라운 통치시스템의 창조자이기도 한 칭기즈칸은 프리리치 0단계에서 보이지 않는 쳇바퀴에서 힘들어하던 우리와 다를 바 없는 암울한 현실에서 시작했다. 하지만 그에게는 원대한 비전이 있었고, 그것을 현실로 옮겨내는 계획이 있었으며 그 계획을 함께 실천할 핵심 용사와 용맹한 군대가 있었던 것이다.

그 모든 것들의 가장 근본에 칭기즈칸의 원대한 비전이 있다. 과거 몽골 초원에서 아귀다툼을 벌이던 과거의 좁은 시각이 아니라 유라시아 초원 지대 전체를 내다보는 큰 관점을 갖고 있었다. 오랜 기간 서로 싸우며 넓지 않은 몽골 초원에서 반목하고 분열되어 있던 몽골 부족 전체에게 초원 밖으로라는 비전을 펼치면서 민족을 하나로 단단히 결집했고 그들이 갖고 있던 놀라운 기동력과 강력한 무력을 인근 지역에 투사, 영향력을 확대해 나갔다. 칭기즈칸은 단순히 영토를 넓히는 정복 전쟁에만 몰두한 것이 아니라 전쟁에서 노획한 전리품을 군대 전체가 한꺼번에 모아서 정확한 규칙에 따라 엄격하게 골고루 배분했고 이것을 분명한 원칙으로 만들었다. 그렇게 해서 전쟁에서 승리한 칭기즈칸의 병사들은 누구 하나 빠지지 않고 전리품을 정해진 원칙에 의해 합리적으로 배분받았다. 훗날 마르코 폴로와 이븐 바투타를 놀랍게 했던 역참제도의 원형이었던 빠른 전령들을 통해 자신의 몫으로 받은 전리품을 고향에 있는 가족들에게 보낼 수 있었다.

이렇게 해서 칭기즈칸의 군대는 승리를 거둘 때마다 자신은 물론, 가족들이 부를 누릴 수 있다는 사실을 확신할 수 있게 됐다. 왕이 시켜서 혹은 종교지도자가 시켜서 마지못해 전쟁터에 떠밀리듯 나와야 하는 보통의 군대가 상상하기 힘든 높은 수준의 사기와 강력한 동기부여가 가능했다.

노획한 전리품을 배분하는 방식은 칭기즈칸의 군대에는 충성을 지불하고 승리의 대가를 가져갈 수 있게 하는 일종의 개입 상품이었다고 볼 수도 있을 것이다. 우리 군의 승리가 곧 나의 승리이자 부의 축적이기 때문이다. 《갈리아 원정기》의 저자이자 고대 로마의 명장인 카이사르는 중요한 전쟁에 나갈 때마다 능력 있는 부하 장수들에게 큰돈을 빌렸다고 하는데, 어찌 보면 이것도 회사의 임직원이라고 할 수 있는 부하 장수들로부터 내부 투자를 유치하는 것으로 해석할 수도 있다. 더불어 부하들을 전쟁에 강력하게 개입시키기 위한 하나의 장치라고 볼 수 있다. 간혹 무리해 보이는 전투를 벌이거나, 작전을 카이사르가 펼칠 때도 만약 그가 전투 중에서 죽는다면 자기가 빌려준 돈을 받지 못하게 되므로 죽기 살기로 카이사르를 위해서 싸워야 했을 테니까 말이다. 이렇게 몽골의 군대는 칭기즈칸의 인생템이라는 회사가 갖는 독특한 기업 시스템이라고 볼 수도 있겠다. 이러한 잘 짜인 시스템에 몽골 기마부대의 놀라운 기동성이 더해져 칭기즈칸의 군대는 인류 역사상 가장 넓은 영토를 지닌 강대국으로 성장할 수 있었다.

그뿐 아니라 칭기즈칸의 위대함은 이런 넓은 영토보다 놀랍도록 효율적인 국가 경영 시스템에도 있다. 전쟁에서 패한 적군의 장수라도 용맹함과 유능함을 갖고 있으면 죽이지 않고 같은 편으로 포용할 수 있고 그렇게 같은 편이 된 다음에는 차별하지 않고 형제로서 대했다. 훌륭한 인재관리 시스템이 운영되고 있었던 셈이다.

몽골군이라는 강력한 무력 아래 관리되고 있던 역참 제도를 통해 신속한 왕래가 가능했을 뿐만 아니라 안전해서 유럽과 아시아 지역의 교역이 이를 통해 번성할 수 있었다. 이 역참 제도에 대해서 아라비아와 유럽 아시아 지역을 30여 년간 여행했던 대여행가인 이븐 바투타는 황금을 지닌 채 온종일 길을 걸어도 아무런 위험에 떨 필요가 없었다고 말할 정도로 잘 관리되고 있던 교통, 물류 시스템이기도 했다. 강력한 힘과 빠른 기동력, 효율적인 역참제도 그리고 국가의 중대사를 중요인사들이 모여 회의로 결정하는 합리적인 의사결정 기관인 쿠릴타이가 더해져 칭기즈칸은 그 거대한 제국을 세울 수 있었다.

원 포인트 어드바이스

자유로움이 보장되는 진정한 기업문화란 이런 것

나라는 개인의 인생템이 프리리치 7단계의 과정을 거치면서 개인은 조직으로 조직은 다시 회사라는 시스템으로 성장하게 된다. 이 단계에 이르게 되면 나라는 개인은 다수의 조직원을 상대해야 하는 리더로서 성장한다. 인사관리의 중요성에 눈뜨게 되는 단계가 되는 것이다. '한국영업인협회한영인'라는 기업을 예로 든다면 우리의 인사관리 방침은 우리는 하나라는 자부심 안에서 조직 전체의 큰 목표를 공유하고 이것에 대한 각자의 책임과 권한, 리스크를 함께 부여하는 방식으로 독자성을 보장하고 있다.

외부 CRM의 설명에서도 말했던 것처럼 한영인이라는 조직 자체가 직원들 각자가 개별적인 인생템을 확립하고 프리리치 과정을 밟아가는 사장이라고 보기 때문이다. 직원들 각자의 업무 자율성은 극대화하고, 그것에 대한 보상을 사업 거래처럼 매각하고 매수할 수 있는 식으로 운영하고 있다. 마치 프리리치 7단계에서 사업을 매각하는 것처럼 말이다.

덕분에 처음 이런 운영방식을 보는 사람은 '이게 도대체 무슨 회사인건지'라고 혼란스러워하지만 조금만 이해를 하게 되면 감탄하거나, '우리도 한번 고려해봐야겠다'라고 흥미로워하는 사람도 많다. 비근한 사례를 찾아본다면 넷플릭스Netflix의 규칙 없음 원칙처럼 커다란 맥락Context 하에서 조직이 직원들을 컨트롤 하는 것과 비슷한 느낌이라고 볼 수 있겠다.

이러한 자율성을 바탕으로 한 컨트롤 방식으로 조직을 운영하는 선험자의 입장에서 조언을 드린다면 이러한 방식의 근간은 조직에 대한 구성원들의 자부심과 소속감이 반드시 선행되어야만 한다는 점이다. 구성원들 스스로가 '나는 조만간 사장이다'라는 생각을 하고 있으면서도 다른 직원들을 대할 때에도 '이 사람도 사장이 될 것'이라는 동등한 기회를 누리고 있다는 것을 알고 있으면 서로가 업무상의 커뮤니케이션을 할 때 지시를 하고 받는다는 개념이 아니라 서로

가 서로에게 투자하고 도움이 되고자 하는 긴밀한 소통이 가능하게 된다는 장점이 생긴다.

업무에 필요한 통일된 템플릿이나 자료와 업무의 공유 그리고 조직원 전체가 업무의 흐름을 한눈에 볼 수 있는 전체 현황을 언제든 파악할 수 있도록 IT 시스템을 적극적으로 도입하고 있다. 그래서 우리는 '사내 정보화 고속도로 사업'이라는 이름으로 부른다. 다른 회사들이 각종 S/W나 프로그램 등을 도입, 시행하는 데에 큰 비용과 자원을 투하하고 있는 것에 비해서 "이 애플리케이션이 좋은 것 같은데요"라는 의견이 제시되면 조직원 중 일부가 사용해보고 "그럼 이 애플리케이션을 모두 씁시다"라고 즉석에서 사용이 결정되기도 할 정도로 신축적이고 즉각적인 업무 진행이 가능하다는 점도 한영인 직원들의 자부심을 높이고 있는데 일익을 담당하고 있다.

또 한 가지, 한영인의 독특한 시스템을 부연 설명해보자면 조금 전, 직원의 업무성과에 대한 보상을 사업 거래처럼 매각, 매수할 수 있다고 말했다. 이것 역시 한영인의 독특한 사내 시스템의 하나인데, 한영인은 직원들 각자가 다른 조직원들 혹은 자기 자신의 사업을 운영하는 사장이라고 볼 수 있다. 따라서 다른 사람의 사업에 관심이 있거나 성공 가능성이 크다고 판단했을 때에는 '투자하고 싶다'라고 할 수 있다. 실제로 정기적으로 조직원들 각자의 사업에 대한 기업가치를 평가하는 세션을 두고 있어서 해당 시점의 가격으로 사업의 지분을 매매할 수 있도록 한다. 혹은 사업의 지분 매각을 통해서 현금화를 원하는 사람은 회사채를 발행할 수도 있다.

4

프리리치를 향한 조직 만들기에서의 인사제도란?

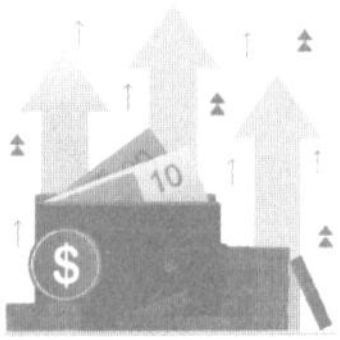

'프리리치'의 여정이 이렇게 4단계에 이르면 사장이라는 호칭이 자연스러워지는데, 이 단계에서 사장이 본격적으로 고민하고 준비해야 하는 필수적인 과제가 바로 리더십의 성장이다. 나를 위해 잘 일하고 있는 조직 덕분에 얻을 수 있는 시간적 여유를 보다 생산적이고 미래를 위한 주제에 사용해야 한다. 특히 어떤 사람을 골라야 회사가 더욱 성장하고, 한 단계 업그레이드될 수 있는지에 대해서 그리고 뽑은 사람이 어떻게 최대한의 성과를 나타낼 수 있는지, 그 인력이 회사의 성장과 함께 더 큰 인물로 동반 성장할 수 있는지에 대한 원칙과 문화에 대해서 고민해야 한다.

단순히 내가 하던 일을 대신 수행해줄 수 있는 단계의 인력이 아니라 그러한 인력들을 관리하고 동기부여 시켜줄 수 있으며, 내가 없을 때 혹은 내가 없어도 자기의 맡은 업무 부문에서는 훌륭히 오너인 나를 대신할 수 있는 한 단계 높은 수준의 인재의 필요성이 대두되는 단계가 여기서부터 시작된다. 이러한 역할을 할 인재들과 일반 직원과 회사가 함께 성장할 수 있는 문화가 갖춰져 있어야만 내가 운영하는 회사가 보이지 않는 쳇바퀴가 되지 않을 수 있다.

결국 '어떻게 사람을 뽑고, 일하게 하고, 함께 나누며 성장할 수 있는가?'가 회사의 모든 문제라고 봐도 과언은 아니다. 회사라 부르든 기업이라고 말하든 결국은 사람이 하는 일이다. 가장 중요한 일이 사람과 관련된 것이기 때문에 사장이 직접 가장 큰 관심을 두고 챙겨야만 한다.

사장이 조직을 위해서 어떻게 사람을 써야 하는지에 대한 아주 좋은 역사적 사례를 우리는 어렵지 않게 찾을 수 있는데 그가 바로 서애 류성룡이다. 임진왜란의 영웅 이순신 장군을 찾아 발탁한 서애 류성룡의 지혜와 통찰을 배울 필요가 있다. 임진왜란 당시 바다의 이순신과 함께 조선을 지키는 데 가장 결정적인 역할을 했던 도원수 권율을 발탁한 사람이 바로 서애 류성룡이다. 그는 별 볼 일 없는 한직에서 맴돌고 있던 이순신을 알아보고 발탁하기도 했다. 결국 서애가 전격적으로 발탁, 큰 임무를 맡도록 도와준 인물이 조선을 멸망의 지경에서 구하게 한 것이었다.

그런 류성룡은 자신도 나라를 위한 제 역할을 훌륭히 해냈다. 나라의 오너인 선조에게 따끔한 간언과 용감한 행동으로 선조가 도성인 한양을 버리고 도망을 했었음에도 또다시 북진하는 일본군에 겁을 먹고 평양성을 버리려고 할 때 그 앞을 가로막고 나선 유일한 인물이기도 했다. 그는 다음과 같이 말하기도 하였다. "오늘날 사세는 먼젓번 한양에 있을 때와는 다릅니다. 한양은 군사와 백성이 모두 무너져서 지키려고 해도 지킬 수가 없었지만 이 성평양은 앞이 강물에 막혀 있고 민심도 자못 안정되어 있으며 또 중원中原과 가까우니 며칠만 더 굳게 지킨다면 명나라 군사가 반드시 와서 구원할 것입니다. 만약 그렇게 하지 못하면 이곳에서부터 의주에 이르기까지는 다시 지킬 만한 땅이 없으니 형세가 반드시 나라가 망하는 지경에 이르게 될 것입니다."

이렇게 잘 뽑은 훌륭한 인재는 업무에서 탁월한 성과를 나타내기도 하지만 사장을 훌륭하게 보좌, 잘못된 선택을 하지 않도록 하는 역할도 해낼 수 있다. 특히나 규모가 아직은 작은 벤처기업, 중소기업들이 잘 뽑은 인재 하나로 급성장하는 사례는 너무나 많다. 프리리치 4단계의 중요한 과제는 이렇게 어떻게 사람을 뽑고, 일하게 하고, 함께 성장할 수 있는가다.

원 포인트 어드바이스

당신이 조직을 키울 때 반드시 고려해야 할 인재의 조건

그렇다면 이토록 중요한 인재란 과연 누구인가. 어떠한 사람들을 인재라고 부를 수 있을까? 어떠한 방법을 쓰든 그저 돈만 많이 벌어오거나, 사람과의 관계야 어찌 되었든 일만 완벽하게 처리하면 인재일까? 사장인 나 스스로 생각하는 인재는 어떠한 사람인지 한번 생각해보자. 참고로 내가 생각하는 인재는 기본기가 충실한 사람이다. 사회생활을 잘하려면 반드시 갖춰야 할 덕목이 바로 기본기이다. 모든 운동의 기본이 하체의 단련에 있는데 하체가 튼튼해야만 어떤 운동이든 잘할 수 있기 때문이다. 올림픽이 열릴 때마다 언론 방송에서는 태능 선수촌에서 훈련을 받는 국가대표 선수들의 훈련 모습을 보여주곤 하는데, 사격이나 양궁 같은 종목의 선수들도 유도나 레슬링, 복싱과 같은 격투기 종목의 선수들과 마찬가지로 훈련을 받는 것을 볼 수 있었다. '제자리에 서서 하는 양궁, 사격에 왜 하체 훈련이 필요할까?'라는 의문은 모든 운동의 기본이고 시작점이 튼튼한 하체라는 것을 도외시한 것일 뿐이다.

집을 지을 때도 사정은 다르지 않다. 건물의 기본이 되는 기초공사가 제대로 시공되어 있지 않으면 제아무리 화려한 외관과 빼어난 인테리어를 해놓은 건물이라고 하더라도 무너질 수 있는 위험을 내포할 수밖에 없게 된다. 회사를 키우고, 조직을 한 단계 업그레이드시키는 데 필요한 인재상도 또한 사회생활의 기본기에 충실한 사람이어야 한다. 그런 인재는 전에 맡아보지 않았던 업무를 수행하는 데에도 기본기가 충실하지 못한 사람들보다 훨씬 빠르게 적응할 수 있기 때문이다. 그리고 프리리치 4단계에서 기본기가 탄탄한 인재를 뽑아서 가르치고 제 몫을 다할 수 있는 업무와 역할을 부여하기 위해서는 사장 스스로 인재를 보는 눈을 갖고 있어야 한다. 인재는 인재를 알아보는 법이다. 본인이 안목이 없고, 능력이 부족한 데에 인재를 제대로 알아볼 리가 없기 때문이다. 남들이 알아보지 못하고 있는 그런 숨어 있는 인재를 발탁해 키우는 것이 조직의 수

장, 리더로서의 보람이기도 하겠지만 회사를 위해서도 사장에게 가장 요구되는 덕목이기도 하다. 당신이 볼 수 있는 만큼 인재는 보이는 법이다.

그런데 여기서 짚고 넘어가야 할 포인트는 '과연 기본기라는 것이 과연 무엇인가?' 하는 점이다. 어렴풋하게나마 알겠다 싶기는 하지만 정확하게 콕 집어내기에는 막연한 느낌이 강하다. 자신이 발탁해 키우고 일을 맡길 인재를 판별하기 위한 기본기에 대해서 사장 스스로가 정확한 판단 기준이 없다면 "이 친구 어떤 것 같아?"라고 내 의견이 아니라 남의 생각에 의지해서 사람을 뽑는 어처구니없는 일이 발생하게 된다. 그런데 이런 어처구니없는 일이 너무나 자주 빚어지는 게 현실이라는 사실이 가장 어처구니없기는 하겠지만 말이다.

노점상에서 수많은 성공 영업인, 사업가들을 길러내고, 서포터가 되는 한영인이라는 단체의 리더로서 필자는 아래의 4가지를 기본기 혹은 기본 덕목이라고 여긴다.

1. 항상 감사

2. 절대 긍정

3. 오직 초심

4. 뚝심 일관

'항상 감사'는 말 그대로 매사에, 그리고 상대하는 모든 이들에게 감사하는 마음을 가지는 것을 말한다. 감사한 마음을 가진다는 것은 타인을 존중하고 배려함을 뜻한다. 이는 겸손이 없으면 가질 수 없는 태도다. 인재들을 끌어모으고 그들이 당신을 믿게 만들며 전적으로 신뢰감을 심어주고 싶다면 당신 스스로부터 그들보다 낮은 위치에서 상대를 우러러보는 자세가 필요하다. 비록 내가 이 회사의 대표이지만 당신들이 있어서 든든하고 감사하다고, 마음속 깊은 곳으로부터 진심으로 대해야 한다. 조직의 구성원들, 협력업체들, 모든 고객들, 모든 업무와 그에 따르는 결과에 감사한 마음을 가진다면 당신을 우러러보지 않을 사람은 없을 것이다.

'절대 긍정'은 아무리 강조해도 모자람이 없는 긍정에 관한 태도다. 그런데 그냥 긍정도 아니고 절대 긍정이다. 이토록 긍정을 강조하는 까닭은 먼지 한 톨만큼 작더라도 부정적인 생각을 하고 있다면 구성원들과의 관계에 악영향을 미치기 때문이다. 리더라는 사람이 부정적 사고 때문에 늘 표정이 좋지 않고 부정적인 말만 늘어놓는다면 이를 상대하는 누구든 기분이 가라앉고 업무에 영향이 끼쳐지기 마련이다. 피그말리온 효과에서도 알 수 있듯 평범한 재능을 비범한 능력으로 끌어올리는 것 또한 바로 긍정이다. 긍정에 대한 중요성은 아무리 강조해도 모자람이 없다.

'오직 초심'은 한결같음을 의미한다. 당신이 사회생활을 해 오며 타인들에게 수많은 실망을 느껴 보았을 것이다. 그리고 가장 많이 느끼는 감정은 '이 사람 예전에는 안 그랬는데 변했어'이다. 업무능력이든 대인관계든 리더는 초심을 잃지 말고 늘 똑같은 모습을 보여줄 수 있어야 한다. 어렵사리 시작한 사업이 어느 정도 성장했지만 많은 이들이 더욱 성장하지 못하는 까닭이 바로 초심을 잃었기 때문이다. 금전과 시간의 여유가 생긴 나머지 목표를 상실하고 열정은 빛이 바랜다. 이를 경계하기 위해서라도 리더는 늘 초심을 유지해야 한다.

'뚝심 일관'은 리더가 반드시 갖추어야 할 자질이다. 아무리 조직의 구성원들과 평등하고 우호적인 관계를 유지하더라도 결국 리더는 당신이다. 수많은 아이디어가 자유롭게 오가는 회의가 끝난 후 이에 대한 결론을 내리고 조직의 미래를 위한 중대 결정을 하는 사람은 결국 리더다. 사소한 다툼조차 없이 누구나 만족할 만큼 수익을 분배하는 사람도 리더다. 한번 결정한 사항을 끝까지 밀고 나가는 사람도, 사업이 무언가 잘못된 방향으로 나아갈 때 거침없이 조타를 돌리는 회사라는 배의 선장 또한 리더다. 따라서 이리 흔들리고 저리 흔들리는 사람은 절대로 좋은 리더가 될 수 없다.

이렇게 기본적인 덕목을 갖추고 생활화할 수 있다면, 수많은 사람 중에서 옥석을 가리기란 그리 어려운 일이 아니다. 업무능력은 그다음이다. 기본을 갖춘 사람은 능력이 조금 부족하더라도 얼마든지 노력을 통해 자신을 성장시키고 항상 기대한 것 이상을 해내기 마련이다. 인재를 주변에 두고 싶다면 당신 먼저 인재가 되어야 하는 법이다. 조직이 회사라는 시스템으로 성장하는데 리더인 내가 예전의 그 단계에서 성장하지 못한다면 회사의 지속적인 성장은 얼마 지나지 않아 정체되고 곧 퇴보하게 되어 있다. 리더 그리고 오너십은 말에 올라타서 채찍을 휘두르는 것이 아니라 앞장서서 리드하고 이끄는 비전 그 자체이기 때문이다.

5

조직을 성장시키는 기업문화란?

어렵사리 갖춰서 기능을 발휘하기 시작한 조직에 만족하지 않고 한 차원 업그레이드할 계획을 이 단계에서 사장은 하고 있어야 한다. 좋은 조직을 구축하는 요소들이 무엇인지에 대해서 스스로 고민하고, 우리 회사만의 독특한 색깔, 흔히 조직 문화라고 말하는 것에 대해서도 사장이 고민해야 한다.

내가 전에 경험했던 보이지 않는 쳇바퀴가 사람들을 발전이 아닌 현상 유지 정도에 만족시키는 무의미하고 지루한 하루하루의 반복이었던 이유 중 하나가 바로 내가 속했던 회사의 문화가 없었기 때문이었을 확률이 매우 높다. 사람은 스스로가 생각하는 것보다 매우 영적Spiritual인 존재이기 때문에, 급여에 만족하지 못하더라도 계속 그 회사에 다니고 싶어지게 만드는 문화가 있었다면 하루하루의 회사 생활이 지루하고 피곤하게만 느껴지지는 않았을 것이다. '우리가 벤처였을 때는 정말 활기에 넘쳤어. 몇 날 며칠을 밤을 새우고 책상 옆에서 쪽잠을 자도 피곤한 걸 몰랐다니까'라고 초창기의 회사 분위기를 회상하는 시니어급 직원들의 이야기를 들을 수 있는데, 그건 단순히 '라떼는 말이야'라는 우스갯 표현처럼 현실을 모르는 구닥다리들의 옛날 회상만은 아니라는 얘기다. 회사에서의 문화라는 것은 생각하는 것보다 훨씬 중요하다. (+)를 (×)로 만들 힘이 문화에 있다 해도 과언은 아니다.

어느 정도 깨어있고, 기업 문화에 대한 중요성을 인식한 회사들은 자신들만의 기업 문화를 만들기 위해서 워크숍이나 세미나 같은 행사를 열기도 하고, 체육대회나 각종 단합대회와 정신교육, 단체 등산 등 별의별 이벤트를 벌이기도 하지만 그렇게 밖으로 드러나는 행위가 아니라 구축하려고 하는 기업 문화가 개인으로서의 직원들의 존재와 삶에 긍정적인 영향을 주는 것에 초점을 맞춰야 한다고 믿는다. '우리만의 독특한 기업 문화를 만들기 위해서 적잖은 돈과 시간을 썼음에도 별다른 효과를 보지 못해서 기업이 돌아가는 데 문화가 무슨 소용인가?'라고 시니컬하다면 그건 분명히 그저 회사가 하니까 따라 하기는 하는데 왜 하는지는 잘 모르겠는 그런 무의미한 행사나 구호 외치기를 회사의 문화라고 착각하고 있었을 것이기 때문이다. 그게 사장, 리더의 역할이다. 직원들이 계속 다니고 싶어지게 하는 그 무언가가 급여나 풍부한 복지혜택에 있는 것만은 아니다. 회사와 내가 함께 성장한다는 확신이 든다면 그런 회사를 떠나는 사람이 있을까? 밤샘 고생만 하면서도 누구 하나 불평불만을 갖지 않는 벤처기업들과 스타트업의 직원들이 사장에게 속아서 아니면 달리 갈 회사가 없어서는 아닌 것처럼 말이다. 두 번 세 번 반복해서 말해도 회사, 기업, 조직, 단체에서의 그곳만의 문화는 너무나 중요하다. 내가 속한 회사가 모두에게 존경을 받는 기업이거나 조직원들을 성장시키는 독특한 시스템을 갖고 있어서 만족감과 비전을 느끼게 한다면 비록 연봉은 작더라도 이탈하는 사람 없이 그 회사, 조직은 더욱 성장할 것이기 때문이다. 그런 게 바로 기업 문화이다.

프리리치의 여정이 4단계에 다다른 사람들에게 어떻게 하면 조직을 구축하고 한 단계 끌어올릴 수 있는지에 대한 4가지 요소에 대해한 조언이 필요한데 좋은 회사, 훌륭한 조직을 만들기 위한 4가지 요소 중 첫째가 조금 전에 말한, 기업 문화이다. '사악해지지 말자Don't be evil'라는 구호는 지금은 거대 공룡이 된 구글만의 기업문화를 보여주는 유명한 사례인 것처럼, 내가 회사에서 하는 일이 사회와 세계를 위한 좋은 일이라는 자부심이 있다면 그런 직원들이 회사에 무슨 불만을 갖겠으며, 업무에 얼마나 열정을 쏟겠는가?

특정한 회사의 독특한 문화가 회사의 성장에 얼마나 긍정적인 영향을 줄 수 있는지에 대한 또 하나의 사례는 바로 3M이다. 우리가 너무나 잘 알고 있는 제품인 스카치 테이프나 요즘 찾는 사람들이 부쩍 많아진 방독면 등을 만드는 이 회사에는 15% 룰이라는 독특한 제도가 있어서 직원들은 전체 업무시간의 15%를 회사에서 수행하는 업무와 무관한 아이디어의 개발이나 연구 혹은 개인적인 관심을 두고 있는 프로젝트 등에 사용할 수 있도록 하고 있다.

'일은 않고 딴짓하는 인간들은 뭐냐?'라고 호통치거나 눈치를 주는 게 보통일 현실에서 이런 독특한 3M의 기업문화는 부러움의 대상일 뿐만 아니라 100년이 넘은 거대 기업임에도 매년 300가지 이상의 새로운 신제품을 끊임없이 출시할 수 있는 저력이자 원동력이 되고 있다. 이렇게 훌륭한 기업 문화가 있고 직원들이 그 문화를 바탕으로 끊임없이 무언가를 연구하고 개발하는 회사가 어떻게 낡고 고루한 조직으로 전락할 수 있겠는가. 오죽하면 천하의 구글도 15% 룰을 따라하고 있으니 말이다.

우리나라에도 이런 좋은 기업 문화를 가진 회사가 드물지 않은데 청소 용역 등의 지원업무를 위한 인력을 파견하는 어떤 회사는 사장부터 직원들까지 자사에서 파견 내보낸 직원 중 여성은 '사모님', 남성은 '선생님'이라고 부른다. "그게 뭐 별거냐?"라고 생각할 수도 있겠지만 청소나 경비 업무 등에서 종사하는 분들의 고충이 육체적인 것보다는 정신적인 부분이 많아 이직이 많다는 것을 미루어 생각해 보면 다른 많은 파견 회사 중에서 유독 이 회사의 직원 퇴사율이 낮은 것에 대해서 이해를 할 수 있다. 이렇게 자기 회사의 문화에 대한 애정이 높은 직원들이 업무 성과 역시 더 높은 결과를 낳기 때문에 잘 만들어진 좋은 문화가 기업 실적이라는 수치로도 증명될 수 있는 효과를 기대할 수 있다.

종종 사람들에게 '명칭은 컵Cup이고, 자부심은 음료Beverage다'라고 말하는 이유도 다르지 않다. 사장인 내가 직원들을 단순히 월급을 주고 일을 시키는 존재라고 생각하면 직원들도 회사에 대해서 딱 그만큼 일하고, 쉽게 퇴사를 해버리게 된다. 입장을 바꿔서 생각해보면 나라도 그런 회사에 다니고 싶을까? 그게 싫어서, 그런 곳에서 비전을 발견하지 못해서 스스로 무언가를 하겠다고 독립했었지 않은가. 매번 새로운 사람을 채용해서 적응 기간을 거치고 일이 손에 익어 성과가 나올 만하면 나가버리는 악순환이 반복되면 결국 회사는 야금야금 모래성처럼 무너져 내릴 수밖에 없지 않을까?

'악해지지 말자'와 같은 정신적인 부분 흔히 말하는 기업 이념도 중요한 기업 문화의 구성 요소인데 LG그룹이 창업주인 구 씨와 허 씨가 오랜 기간 사이좋게 다툼없이 경영하면서 세계적인 기업으로 성장할 수 있었던 것도 인화人和라는 짧은 이념으로 이해할 수 있다. 조직원들이 지속해서 성장할 수 있도록 지원하는 시스템도 중요한 기업 문화의 한 요소이다.

두 번째 요소는 조직원들 누구에게나 공평무사하게 적용되고 그렇게 믿고 있는 규칙이 필요하다. 하나의 목표로 일하는 곳이 회사라는 조직이기는 하지만 십인십색이라고 저마다 각기 다른 생각을 하는 사람들이 모인 곳이기 때문에 같은 사안을 놓고서도 다르게 생각하고 해석하기 십상이다. 그러므로 누구라도 이해하고 수긍할 수 있는 명확한 규칙이 조직에는 필수다.

이를테면 진급이나 업무 처리 방식, 급여와 보상에 대한 원칙, 사내 복지에 대한 규칙도 필요하다. 그리고 스톡옵션이나 사내 벤처와 분사Spin Off와 같은 지분, 경영 참여, 독립 등에 대한 규칙도 빼놓을 수 없다. 특히 직원들이 가장 민감하게 생각하는 보상에 대한 규칙은 더 세밀하게 준비되어야 한다. 어떤 때, 어떤 방식으로 어떤 형태의 보상이 이뤄지는지에 대해서 일관된 규칙이 있어야 한다.

조직을 구성하면서 실무적으로 아주 중요한 요소는 실무와 템플릿이다. 같은 맥락에서 필요한 요소이기 때문에 함께 설명하자면 회사의 규모가 일정 수준 이상 커지기 이전에는 대부분의 직원이 당장 판매 실적을 올리는 데에 투입되게 마련이다. 경리나 관리, 인사 업무와 같은 부분은 사장이 직접 하거나 돈을 주고 맡기는 식으로 대응할 수 있기 때문이다. 그래서 마케팅, 판매, CRM 같은 업무에 대한 실무를 어떻게 수행할 것인지에 대해 객관적인 기준과 문서로 만들어 진 매뉴얼이 필요하다. 마케팅, 판매, CRM과 같은 영업 관련 실무 이외에도 반복적으로 수행되는 업무 등에 대해서는 누가 오더라도 정해진 규정과 양식에 따라서 업무를 처리할 수 있도록 템플릿Template도 필요하다. 회사에서 일어나는 다양한 일에 대해서 A라는 사람이 일하는 방식과 작성하는 문서가 다르고 B와 C가 또 다르면 그걸 하나로 정리하는 불필요한 것에 소모되는 자원이 폭증할 것이기 때문이다.

직장생활의 애환을 그려 인기를 끌었던 드라마 〈미생〉에서 철강팀의 명문대 출신 신입사원 장백기가 작성한 문서에 대해서 팀 내 엘리트 사원인 강 대리가 "회사 문서 양식을 아직도 안 배웠어요?"라고 따끔하게 지적하는 장면이 나온다. 회사라는 체계가 제대로 돌아가기 위해서는 이렇게 다양한 종류의 업무에 대해서 일정하고 통일된 업무 처리가 필요하고 그것을 위해서는 미리 만들어져 제공되는 템플릿이 있다는 사실을 보여주는 장면인 셈이다. 잘 만들어진 템플릿이 업무를 얼마나 효율적이고 빠르게 처리할 수 있게 해주는지는 경험해 본 사람은 익히 잘 알 것이다.

원 포인트 어드바이스

한영인 식 기업 시스템의 근본요소, 센트랙션

삼성전자와 LG전자의 차이에 대해서 다양한 해석이 있다. 지금도 세계 백색가전 시장에서는 치열한 라이벌이기는 하지만 스마트폰 시장에서는 삼성전자의 압도적 우위가 따라잡기 힘들 정도의 격차를 벌리고 있기도 하다. 이에 대한 해석을 두고 삼성만의 강력한 시스템에서 그 원인을 찾는 사람들도 있다. 삼성은 혼자서 10만 명을 먹여 살릴 수 있는 S급 인재를 영입하는 데에 있어서 연봉이나 기타 조건에 대해서 구애받지 않고 적극적으로 나서지만 LG의 경우에는 기존 직원들과의 형평성 문제 등을 면밀하게 판단하고 신중하게 행동한다는 특징이 있다. 어떤 방식이 더 나은지를 판단하기보다 우리는 S급 인재를 뽑아서 그의 능력을 조직의 능력으로 체화시키는 데에 탁월하다고 하는 삼성의 시스템을 배울 필요가 있다.

한영인도 이런 탁월한 시스템을 갖추기 위해서 부단히 시도하고, 고치며 발전해 나가고 있는데 한영인식 기업 시스템의 근본적인 요소라고 할 수 있는 센트랙션Centraction에 대해서 잠깐 다뤄보자. 중앙Center + 매력, 끌어당김Attraction의 합성어인 센트랙션은 직원들이 한영인이라는 조직에 매력과 애착을 느끼게끔 해서 자발적으로 끌려오도록 하는 요소이다. 마치 슈퍼리치 영업의 기술에서 우리의 제품과 서비스에 아무런 관심도 없었던 사람이 로볼과 개입상품 등을 통해서 스스로 찾아오게끔 만드는 셀프 어프로칭처럼 말이다.

더 오래 시행하고 가다듬어야 할 개념이기는 하지만 이 센트렉션에는 4가지 힘이 있다고 설명하는데, 이는 바로 구심력, 자율력, 체계력 그리고 관계력이다. 자연과학에서 말하는 우주에 존재하는 기본적인 힘인 중력과 만유인력, 핵력 등에서 착안한 개념인데 구심력은 조직의 중심인 리더에게 요구되는 자질을 말하는 것이고, 자율력은 조직원들 각자가 가져야 하는 요소를 의미한다. 센트랙션의 세 번째 요소인 체계력은 조직 자체가 갖춰야 할 체계이고 마지막 관계력은 조직원이 다른 조직원들과의 사이에서 발생할 수 있는 관계상의 문제에 대한 요소를 말한다. 이 센트랙션은 나의 조직 운영 경험에서 개념화하고 있는 것인데, 더욱 정교하게 발전시켜야 하는 주제로 지속해서 연구하고 공부하고 있다. 언젠가 이 부분에 관한 책을 쓰고 싶다는 개인적인 바람을 갖고 있기도 하다. 센트랙션의 4가지 힘의 각각의 요소는 아래와 같다.

1. 구심력

-기업문화

-사장의 흡인력

-조직원의 주인의식

-동질성

-사명감

-조직의 미래성과 나의 비전

-공동의 목표

-헌신성

2. 자율력

-재미

-의미

-성과

-관성

-목표

-신뢰

-위임체계

-권한,보상,책임

3. 체계력

-사내교육시스템

-매뉴얼

-시스템

-협업툴

-소통체계

-규칙성

4. 관계력

-위화감 및 갈등 예방솔루션

조직을 구성하면서 실무적으로 아주 중요한 요소는 실무와 템플릿이다. 같은 맥락에서 필요한 요소이기 때문에 함께 설명하자면 회사의 규모가 일정 수준 이상 커지기 이전에는 대부분의 직원이 당장 판매 실적을 올리는 데에 투입되게 마련이다. 경리나 관리, 인사 업무와 같은 부분은 사장이 직접 하거나 돈을 주고 맡기는 식으로 대응할 수 있기 때문이다. 그래서 마케팅, 판매, CRM 같은 업무에 대한 실무를 어떻게 수행할 것인지에 대해 객관적인 기준과 문서로 만들어진 매뉴얼이 필요하다.

CHAPTER 6

5단계:
안정적인
전국 유통망,
영업 조직 구축

1

유통망 구축을 위해 가장 중요시해야 할 요소

인생템을 만드는 1단계를 거쳐, 본격적인 매출 확대를 위해 마케팅과 영업을 담당할 최소한의 인원으로 초기 조직을 세팅하는 2단계. 그리고 마케팅이 지속해서 확보하는 잠재고객들을 실제의 매출로 연결하는 핵심 기능인 영업을 담당할 팀을 구축하고 본격적으로 기업이라 불러도 손색이 없을 만한 규모로의 성장을 위한 준비를 3단계에서 했다.

그렇게 회사로 성장하고 있는 나의 인생템을 위한 조직이 영업과 마케팅이라는 핵심 기능 이외에도 필수적인 6개 부서를 신설, 제 기능을 할 수 있도록 하는 4단계를 숨 가쁘게 거쳐왔다. 이제는 마케팅을 통해 나의 인생템을 잠재 고객에게 알리고, 그들이 찾아와서 판매와 매출이 일어나 수익이 발생하는 영업과 이후의 관리과정까지 하나의 사이클이 안정적으로 작동하게 된다. 이렇게 회사의 규모가 대폭 확대됐음에도 무리 없이 각각의 부서들이 제 역할을 잘 수행할 수 있도록 지원해주는 사내 교육도 회사의 지속가능성을 확보해주고, 우리 회사만의 독특한 사내 문화를 일궈내는 단계에까지 이르게 됐다. 어엿한 회사라고 불러도 손색이 없는 시스템이 완성된 것이다. 이제 프리리치를 향한 우리의 여정은 이제 바깥으로 향할 단계에 이르렀다. 그동안 갈고 닦은 역량을 본격적으로 분출하기 위한 확장 작업에 들어가는 시기가 바로 프리리치 5단계다. 1~4단계를 거치는 동안 준비한 많은 기능과 역량이 조직 내부를 다지기 위한 것이었다고 한다면, 5단계는 4단계까지 구축한 시스템을 통해 우리의 인생템을 전국 규모로 확산시키기 위한 과제를 다루게 된다.

프리리치를 향한 여정이 이 단계쯤 되면 적지 않은 수의 사람들이 '사장님'이라는 호칭과 빵빵해진 은행 잔액을 보면서 감격스러운 만족감을 느끼며 더는 앞으로 더 나아가려고 하질 않는다. '이 정도면 충분해'라고 말이다. 하지만 필자는 이 단계에 이른 사람들에게 '더 고삐를 죄고, 앞으로 나아가셔야 합니다'라고 강하게 밀어붙인다. 아주 냉정하게 현실을 알려주자면 우리가 목표로 삼았던 꿈의 숫자, 프리리치는 이 단계에서 됐다고 안심할 단계가 결코 아니기 때문이다.

객관적으로 현재 상황을 살펴본다면 이미 충분히 괄목할만한 성과를 이뤄냈지만 아직 우리는 애초에 달성하기 원했던 그런 단계에 이르지는 못했다. 과연 앞으로는 더는 경제적인 문제로 고민하지 않을 만큼 벌었을까? 30평대 강남 아파트가 30억 원을 넘어서고 있는데? 하지만 이미 그런 고지가 저 앞에 보이고, 그곳을 향해 나아갈 수 있는 역량이 있는데 주저할 이유가 있을까? 그동안 만든 나의 인생템이 시스템화되어 저절로 잘 굴러가며 충분한 수익을 올려주고 있는데 왜 이 단계에서 멈춘단 말인가.

프리리치 5단계의 내용은 그러므로 앞으로 더 나아가야 한다Move Forward는 주장, 즉 확장에 대한 것이다. 이 5단계의 과제는 유통망의 전국적 확장이라고 할 수 있다. 내가 판매하고 있는 나만의 인생템을 취급하고 판매할 전국적인 유통망을 어떻게 구축할 것이며 그것을 위해 발생하게 될 지극히 현실적인 문제인 외부의 유통망들과 어떻게 관계를 맺어가야 하는가에 대한 과제가 바로 프리리치 5단계다.

이 단계에서부터는 어느 정도 성공을 거둔 나라는 개인이 아니라, 내가 속한 업계, 산업을 전반적으로 조감하고 변화의 흐름에 적극적으로 대응할 수 있는 한 단계 업그레이드된 리더십을 갖춰야 한다는 개인 차원의 과제와 유통망을 어떻게 구축하고, 관리해서 매출을 이전과는 다른 수준으로 점프시킬 수 있느냐의 회사 차원의 문제로 살펴볼 수 있다.

4단계까지 잘 가다듬고 성과를 나타내고 있는 인생템을 보다 폭넓은 규모와 사이즈로 판매하기 위해서는 현실적으로 비즈니스를 외부로 오픈, 네트워크를 넓혀야 한다. 이 과제를 무난히 달성한다면 우리는 기하급수적 성장이라는 말이 무엇인지를 체감할 수 있게 된다. 1+1=2, 4+5=9와 같은 산술급수적 성장이 아니라 1, 2, 4, 16, 32, 64, 128, 256, 512, 1024와 같은 기하급수적 성장이 가능해지려면 비즈니스의 외연을 외부로 오픈, 확장할 전략적 필요가 있다. '남들도 다 그렇게 해'

라는 이유 때문이 아니라 '경제적으로 완벽한 자유를 얻고 싶다'라는 애초의 목표를 훌쩍 앞당겨 달성할 수 있는 방법론이라는 당위성 때문에라도 유통망 확장이라는 과제는 해결되어야만 하는 필수 과제이고, 거쳐야만 하는 과정이다. 외부 유통망의 구축이 필요한 중요한 이유 한 가지가 더 있는데, 그게 바로 경쟁Competition이다. 장사하든, 사업을 하든 지속해서 돈과 인력 같은 자원이 투입되어야만 한다. 하지만 적합한 타이밍에 필요한 자원이 투입될 수 있다면 그 효과는 극대화되겠지만 그 시점을 놓친다면 돈은 돈대로 쓰고, 효과는 못 보는 그런 상황에 빠지게 되기 때문이다.

이걸 TTMTime to Market이라는 단어로 말하기도 한다. 유통망 확장이라는 5단계의 과제는 이 타이밍과 앞으로 설명할 컨트롤의 함수라고 할 수 있다. 이를테면 이런 것이다. 소셜네트워크 SNS의 세계적인 강자인 페이스북이 난데없이 인스타그램을 10억 달러나 되는 어마어마한 돈을 주고 인수했던 것이 TTM의 중요성을 일깨워주는 좋은 사례라고 할 수 있다.

지금은 페이스북보다 인스타그램이 더 인기 있는 SNS라고 할 수 있지만 페이스북이 인수를 단행했던 2012년 봄까지만 하더라도 인스타그램은 단순히 스마트폰 애플리케이션에 지나지 않았었다. 게다가 높은 수익율은 커녕, 단 1원의 이익도 보지 못하고 있는 그런 언제 망해도 이상하지 않은 게 흔하디 흔한 애플리케이션 서비스 중의 하나였을 뿐이다.

그런데 '페이스북은 도대체 무슨 이유로 10억 달러나 되는 거금을 투자했을까?'라는 문제에 대해 한번 깊게 생각해봐야 한다. 그게 바로 언제 시장에 진입할 것인가, 즉 TTM의 문제이기 때문이다. 아시다시피 페이스북은 텍스트 기반의 SNS 서비스이다. 물론 이미지와 동영상 기능이 추가되기는 했지만 기본은 텍스트 서비스라는 것이다.

타인과의 관계를 갖고 싶어 하는 사람들의 소셜Social한 욕구는 거의 변하지 않지만 사람들의 새로운 것을 찾는 욕구 또한 거스를 수 없는 현실이기도 해서, 텍스트 기반 SNS에 만족하던 유저들이 얼마 지나지 않아서 이미지, 동영상 기반의 SNS로 옮겨가리라는 것은 누구나 짐작할 수 있는 사안이었다.

이 지점에서 페이스북의 전략적 판단이 빛을 발했는데, 앞으로의 인터넷 환경이 PC보다는 스마트폰을 통한 접속과 이용으로 바뀌리라 판단했던 페이스북은 '스마트폰 환경 + 이미지 기반 SNS'이라는, 곧 다가올 미래의 인터넷 환경에 대한 결론을 바탕으로 개발하기보다 인수한다는 전략적 행동을 결정했다. 아닌 말로, 페이스북의 우수한 개발인력들이 인스타그램과 같은 이미지 기반 SNS 서비스를 개발하려고 했다면 그걸 못해냈을까?

분명 그렇지 않을 것이었지만, 페이스북은 TTM, 서비스를 개발하면서 쓰게 될 시간을 더 크게 보았던 것이었기 때문에 '적합한 서비스를 인수한다'라는 목표로 인스타그램을 전격적으로 인수했다. 결과적으로 페이스북의 10억 달러는 몇 해가 지나지 않아서 상당한 성공으로 드러났다. 텍스트 기반의 페이스북은 그대로 유지하면서 스마트폰 환경의 이미지 기반 SNS 시장이 대세로 떠오르게 됐을 때도 인스타그램을 통해서 여전히 글로벌 SNS 넘버 원의 강력한 위치를 점령할 수 있었기 때문이다. 페이스북의 인스타그램 인수는 장사를 하든, 사업을 하든 시간이라는 자원이 얼마나 중요한 것인지에 대해 인식하는 데에 좋은 레퍼런스가 된다고 생각한다. 적합한 타이밍에 투입된 자원이 결과적으로 조직 전체의 자원을 효과적으로 사용하는 탁월한 전략적 선택이 될 수 있기 때문이다. 그래서 시간은 금이라고 하지 않는가.

2

유통망을 크게 키우고 관리하는 법

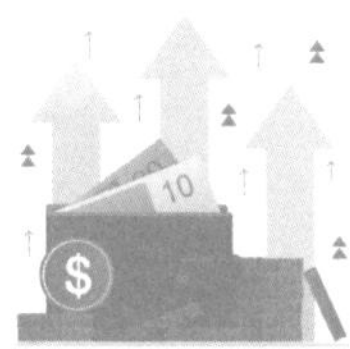

세상 모든 일에는 적합한 타이밍이 있다고들 말한다. 앞에서 말한 페이스북의 인스타그램 인수도 SNS 시장이 이미지 기반 서비스로 이동할 것이라는 예측 아래, 제일 적합한 방법과 시기를 고려한 결정이었던 셈이다. 그런데 타이밍은 단순히 일찍 행동한다는 의미가 아니다. 시장의 변화를 정확하게 예측하더라도 너무 일찍 행동하면 힘들여 벌인 일을 다른 후발 주자들이 가져가는 불상사가 생길 수 있고, 너무 늦게 행동을 하면 하지 않아도 됐을 자원의 소모 같은 곤란한 지경에 빠지게 된다. 정확한 타이밍이란 그만큼 중요하다.

하지만 인생템을 통한 사업의 확장을 본격적으로 꾀하기 위한 확장의 타이밍이 바로 5단계이고 동시에 이 시기에 있어서 아주 중요한 전략적 포인트가 더 있다. 확장된 유통망에 대한 컨트롤 문제이다. 확장이 중요하니 유통망을 적극적으로 넓혀 보자면서 적극적으로 나서는 것이 자칫 큰 낭패로 직결되는 잠재적 위험으로 돌변할 수 있기 때문이다.

'그러게 괜히 아무나 막 끌어안았다가 나중에 뒤통수 맞는다고 그랬잖아요'라고 따끔하게 야단을 쳤던 기억도 꽤 여러 번이다. 필자를 찾아와서 자기만의 인생템에 대한 눈을 뜨고, 그것을 완성해 돈을 벌어 남들이 부러워하는 성공을 이루고 있지만 이 단계, 즉 외부 유통망 확장에서 실패, 외부 유통망에 의해 자사가 흔들리거나 심지어는 어렵게 일궈낸 사업을 접는 사람들도 있었던 것이 사실이다. 이러한 일이 발생하는 이유는 나의 인생템을 위해 잘 준비한 내부 시스템을 외부로 오픈, 유통망을 확장하는 과정에서 외부 유통망에 대한 효과적인 대비책이 마련되어 있지 못했기 때문이다.

나의 인생템을 다뤄줄 외부 유통망을 확장하되, 절대적으로 나의 지시와 컨트롤 하에서 체계적으로 작동되는 조직으로 기능이 되어야만 한다. 이를테면 유럽의 중세 봉건 사회가 무너지면서 등장한 절대 왕정 시대의 대표적인 인물인 프랑스의 루이 14세를 예로 들어보자. 그의 치세는 과거 지방 영주들의 강력한 영향력을 제대로 제어하지 못해서 유명무실하고 형식적인 권력으로 남아있던 왕을 '짐이 곧 국가다I'm the nation'라고 부를 만큼 강력한 위치로 격상시켰다.

중요한 점은 태양왕이라고도 불리는 루이 14세가 강력한 지방 영주들을 압도할 수 있었던 비결이 군사력에만 있었던 것은 아니라는 사실이다. 영주들의 반란을 막기 위해서 중앙의 왕은 국가 내에서 가장 강력한 군대를 갖고 있어야 하고, 그 위에 국가 전체에 자신의 명령을 효과적으로 전달하고, 집행할 수 있는 행정력 그리고 이 모든 것들이 물 흐르듯 자연스럽게 진행될 수 있게끔 하는 근본적인 힘인 정치력까지 갖추고 있어야만 한다. 루이 14세는 파리 근교의 퐁텐블로라는 곳에 궁전을 마련, 그곳에 문화, 예술, 군사, 경제 등 국정 전반을 앞장설 수 있는 세력을 키우는 거점으로 만들어 자신의 힘의 원천으로 삼았다. 이렇게 프리리치 5단계에서 빼놓을 수 없는 중요 포인트 중 하나는 우리의 핵심 콘텐츠인 인생템 프로세스를 강력하게 유지함과 동시에 외부로 확장된 유통망을 어떻게 효과적으로 운영 및 유지할 수 있는가이다. 세밀하고 타이트한 시스템을 강제하는 방식으로 할 것인지 아니면 부드러운 유화정책을 통해서 다룰 것인지에 대해 고민할 수밖에 없게 된다.

원 포인트 어드바이스

통일신라에도 보증금이 있었다?

다수의 타인을 어떻게 컨트롤 할 것인가의 문제는 쉽게 표현하면 '당근과 채찍을 어떻게 다룰 것인가에 대한 문제'라고 할 수 있다. 그런데 이 문제는 단지 프리리치의 여정에 있는 사람들만이 겪는 것은 결코 아니므로 다른 사람들의 사례나 역사적인 사례 등을 통해서도 시사점을 얻을 수 있다. 이를테면 학창시절에 배웠던 '삼국시대의 상수리 제도'가 그 좋은 사례가 될 수 있다.

강력한 경쟁자였던 백제와 고구려를 잇달아 흡수, 삼국통일의 대업을 이룩한 통일 신라는 통일 이후에도 여전히 '각 지역에서 강력한 세력을 유지하고 있던 고구려와 백제의 지방 호족들을 어떻게 컨트롤 할 것인가?'라는 지극히 현실적인 문제에 봉착해 있었다. 실제로도 비록 신라에 의해 나라가 멸망을 한 이후에도 고구려 유민들이나 백제 유민들에 의한 반란이 일어났다. 이런 현실을 타개하기 위해서 통일 신라는 상수리 제도를 적극적으로 활용했었는데, 각 지역에서 힘과 영향력을 가진 세력의 자식 중에서 한 명을 신라의 수도인 서라벌로 오게 해서 자신의 지역에 대한 지방 행정을 맡도록 하는 한편, 중앙 정부에 중요한 세금 문제 또한 맡도록 했다. 이를테면 당근과 채찍을 동시에 주는 방식인 셈인데, 지역에서 해결하기 힘든 일이 발생했을 때에는 서라벌로 올라간 자제를 통해서 중앙 정부의 도움을 얻는 소통창구로 활용할 수 있다는 점에서는 당근이고, 언제든 쉽지 않은 문제일 수밖에 없는 세금 즉, 공납의 문제를 지역 호족 세력의 자제가 맡도록 해서 그 저항을 최소화하고, 효율을 높일 수 있도록 한다는 측면에서는 채찍이라고 볼 수 있기 때문이다. 여기에 지방 호족들이 반란을 꾀한다거나 중앙 정부의 통제에 반기를 들 때 서라벌에 올라온 자제들이 인질이 될 수밖에 없다는 점에서도 매우 현실적인 통제 수단이었던 것이 바로 상수리 제도이다.

이렇게 프리리치 5단계의 과제에 대한 시사점을 상수리 제도라는 역사의 사례에서 찾아볼 수 있다. 각 지역의 유통망들이 우리의 인생템을 취급하면서 일정한 비용 이를테면 영업 보증금 같은 돈을 사전에 넣어둔 채로 업무가 진행될 수 있도록 하는 방법에 적용해 볼 수 있다.

영업 보증금을 자사에 입금한 사람만 자사의 인생템을 취급할 수 있는 자격을 주는 방법이고, 이렇게 보증금을 낸 유통망이라고 하더라도 브랜드 가치를 훼손하거나, 통제에 따르지 않는다면 분명한 페널티를 주어 그것을 억제하는 수단으로 삼는 것이 효과적이다. 이렇게 자사의 통제를 유통망들이 따르지 않으면 시장에서 잘 팔리는 인생템을 취급할 수 없으므로 이익을 얻지 못하는 손해를 감수할 수밖에 없는 구조가 되면 효과적인 컨트롤 수단이 될 수 있기 때문이다.

상수리 제도처럼 사람을 볼모로 잡을 수는 없는 노릇이니까 대신 일정한 규모의 돈을 보증금이라는 형식으로 납부하고 우리와의 협력관계를 시작할 수 있도록 하는 방법이다. 이런 성격의 돈은 영업 보증금, 대리점 보증금, 총판 보증금 등의 다양한 표현으로 나타나는 데 그 원리를 모두 같다고 볼 수 있다. 그리고 각 지역의 유통망들이 판매하는 우리의 인생템 수량이 많아질수록 보증금의 액수도 상향되어야 한다. 물리적인 형태가 없는 경우의 인생템이라면 인생템에 대한 교육을 제공하고 그 비용을 보증금으로 갈음하는 방식도 생각할 수 있고, 보증금과 소멸성 비용을 섞어서 돈을 받는 형태 등 다양한 방식이 있다.

이를테면 건강식품 판매장을 시작하고 싶은 사람들이 찾아오면 그 매장이 위치한 지역에는 다른 사람들이 우리의 건강식품을 취급하지 못하도록 독점권을 부여해주고 대신 가격을 깎아서 판매하는 방법이 있다. 본사에서 책정한 가격을 흐리는 식으로 손해를 발생시킬 때는 보증금을 돌려주지 않고, 위약금까지 물도록 하는 대리점 계약을 체결하는 방식이다. 실제로 이런 방식으로 대부분의 프랜차이즈 가맹점들이나 대리점들이 본사와 계약을 맺고 영업한다. 여기에 본사의 간판과 통일된 인테리어를 사용할 수 있게끔 하면서 인테리어 비용을 받기도 하고, 매장 오픈 시에 초도 물품으로 일정한 규모의 물품을 구매하게끔 하는 방식도 보편적으로 사용하고 있다. 어떠한 방식으로 유통망들과의 관계를 시작하더라도 본사는 언제든지 일정 수준 이상의 컨트롤이 가능한 통제 수단을 확보하고 있어야만 한다. 그것이 계약서상으로 존재하는 약관이든, 무형의 강력한 브랜드 가치이든 말이다.

한영인을 사례로 들어본다면 세일즈 교육이라는 한영인의 주력 상품이 물리적인 형태를 가진 것이 아니므로 외부 유통망을 확장하는 데에도 더 각별한 신경을 써야 했다. 한영인의 노하우를 약간만 공개를 해보자면 딜러, 대리점, 지부, 지사, 총판 등의 명칭의 외부 유통망이 한영인의 모든 상품을 판매할 수 있는 것은 아니다. A라는 유통망이 B나 C와 같은 유통망보다 더 우월한 실적으로 보여주고 있다면 응당 그에 상응하는 인센티브가 주어져야만 한다. 더 열심히 했는 데에도 같은 커미션을 받는다면 누가 열심히 우리의 상품을 팔려고 노력하겠는가. '내가 열심히 하니까 이거 괜찮은데? 돈이 되겠는데?'라는 생각이 들면 누가 뜯어말리더라도 사람들은 더 열심히 하게 되어 있다.

판매 실적이 높고, 더 높은 수준의 상품을 팔아보고 싶은 유통망에는 그만큼의 추가적인 비용을 지급해야 하는 구조를 만들어 운영하고 있다. 어쨌든 한배를 타고 있는데 너무 한 거 아니냐는 생각을 할 수도 있겠지만 실제로 한영인의 콘텐츠 상품을 팔면서 그 효과를 직접 느낀 유통망들은 자발적으로 다른 상품도 판매하고 싶다고 먼저 다가오고 있다.

한 가지 방법을 더 말하자면 한영인의 상품 중에서도 가격이 좀 낮고 단기간에 교육을 마칠 수 있는 형태의 양산형 상품을 만들어서 유통망에 제공한다. 부정기적으로 실시하는 각종 특강에 대한 판권, 인터넷을 통해 제공되는 영상강좌에 대한 판권 그리고 고객이 직접 만나서 코칭을 받고 싶어할 때에 판매할 수 있는 코치 미팅에 대한 판권 등이다.

요즘처럼 실제 대면접촉 세일즈가 어려운 상황에서 인터넷 강의 같은 비대면, 비접촉 상품에 대한 수요가 높아지고 있는 경우에는 강의를 들을 수 있는 수강 티켓을 판매하고 있는데, 외부 유통망에게는100장 단위 선구매 방식으로 일종의 딜러십을 허용하고 있다. 우리의 상품을 판매하는 데에 있어서 미리 지급한 금액 이상의 효과를 보기 위해서라도 더 열심히 세일즈를 하도록 유도하는 구조인 셈이다. 그리고 거기 가면 정말로 다음 달, 매출이 두 배, 세 배 쭉쭉 오르더라는 것을 확인하게 되면 외부 유통망에 대한 컨트롤은 매우 쉬워지고, 거기에 더해 판매할 수 있는 물량에도 제한이 있다면 나부터 물건을 풀어달라고 외부 유통에서 부탁하는 상황도 벌어지곤 한다.

프리리치 5단계에서 빼놓을 수 없는 중요 포인트 중 하나는 우리의 핵심 콘텐츠인 인생템 프로세스를 강력하게 유지함과 동시에 외부로 확장된 유통망을 어떻게 효과적으로 컨트롤 할 수 있는가이다. 세밀하고 타이트한 시스템을 강제하는 방식으로 운영 및 유지할 것인지 아니면 부드러운 유화정책을 통해서 다룰 것인지에 대한 고민을 할 수밖에 없게 된다.

CHAPTER 7

6단계: 망하지 않는 사업 확장, 계열사 확장의 노하우

1

조직 확장이 필요하다면 이렇게 할 것

판타지 블록 버스트 영화의 최고봉이라고 평가받는 영화, 〈반지의 제왕〉은 총 3부작으로 상영됐는데 그 두 번째인 〈반지의 제왕, 두 개의 탑 The Lord of the Rings: The Two Towers〉에는 마법사 중에서도 가장 능력치가 높은 백색White 마법사 사루만이 중요한 역할을 한다. 사루만은 원래 세상을 지키는 선한 마법사였지만 절대 악惡인 사우론에게 무릎을 꿇고 그의 동맹이 되어 중간계를 무너뜨리는 데에 앞장서는 악당이 된다.

그 사루만이 먼저 무너뜨리고자 하는 인간 왕국은 바로 로한Rohan 왕국이었다. 용맹하기로 소문난 로한 사람들과 그들을 이끄는 세오덴 왕이 배수의 진을 치고 천혜의 요새인 헬름 협곡Helm Gorge에서 결전을 기다리고 있었기 때문에 백색 마법사인 사루만으로써도 쉽사리 승리를 장담하기 어려운 싸움이었다. 결국 영화는 천신만고 끝에 세오덴 왕이 이끄는 로한의 군대와 그들을 돕기 위해서 찾아온 요정 군대의 연합군이 사루만의 우르크하이 군대를 격파하고 중간계를 지켜내는 데에 성공한다. 이 영화에서 함께 생각해볼 만한 점이 있다.

'왜 사루만은 괴물인 오르크Ork 중에서도 가장 강력한 우르크하이Urk-Hai로 군대를 만들어야 했을까?' 온갖 마술을 부릴 수 있는 마법사 중에서도 가장 급이 높은 백색 마법사였으니까 그의 신통한 마법으로 로한 왕국을 무너뜨릴 수 있었을지도 모르는 데 말이다. 영화를 보면서 '마법Magic이라는 강력한 능력을 갖추고 있어도 큰일을 이루기 위해서는 일정한 규모의 물리력이 필요하기 때문이 아닐까?' 하는 생각을 해보게 됐다. 그러므로 오르크 중에서도 가장 힘이 세고 강력한 우르크 하이를 수없이 만들어 그의 군대로 만들어야만 했던 게 아닐까 싶었다. 비록 강력한 힘을 가진 마법사라고 하더라도 물리적인 힘이 절대적으로 필요했기 때문이라고 말이다. 그런 생각을 할법한 것이 사루만의 바로 아래 단계 능력을 갖춘 갈색 마법사 간달프도 마법사의 지팡이로 상당한 수준의 전투 능력을 영화 내내 보여주고 있다.

마법이라는 눈에 보이지 않지만 실제로 영향력을 발휘할 수 있는 소프트웨어 파워와, 우르크 하이 군대라는 눈에 보이는 하드웨어 파워가 결합하여야만 가장 큰 위력을 갖출 수 있기 때문이라고 필자 나름의 해석을 하게 됐다. 이를테면 프리리치를 향한 여정이 6단계에 이르게 되면 상당히 강력한 소프트웨어 파워를 갖추게 된 상태가 된다. 갈고 닦은 나의 인생템과 그것을 불특정 다수의 사람에게 오픈하고, 잠재고객으로 만들며 실제 매출을 일으키기까지의 일련의 과정이 충분한 경험과 함께 유능한 인재들로 짜인 팀워크로 인해 유기적이고 효과적으로 운영될 수 있을 정도의 체계, 즉 시스템이 됐기 때문이다. 눈에 보이는 물리적 형태를 띠는 것은 아니지만 이 시스템이라는 것은 분명한 위력을 발휘한다.

프리리치의 여정도 이와 비슷한 맥락을 지닌다. 프리리치 6단계에 이르게 되면서 그동안 만든 시스템과 함께 그 과정 중에서 보유하게 된 물리적 형태를 지닌 인적 자원Human Resources을 기반으로 프리리치의 나머지 여정이 진행된다는 점이다. 이를테면 이 단계에서 오너에게는 여섯 종류의 자원Pool(보통 자원은 리소스Resource로 표현하지만, 여기에서는 다수의 인적 자원을 의미하기에 풀Pool로 표현함)을 갖추게 된다.

첫 번째, 예비 CEO인재풀, 두 번째, 마케팅 조직풀, 세 번째, 영업 조직풀, 네 번째, 잠재 고객 풀, 다섯 번째, 핵심역량, 그리고 마지막 여섯 번째인 자금 조달풀을 갖추게 되는데 이 6가지 자원이 사업의 안정적 확장을 위한 중요한 기반이 된다.

그러니까 사루만도 최고등급의 마법을 갖고 있지만 로한 왕국을 무너뜨리기 위해서는 물리적인 자원인 우르크 하이 군대를 기반으로 전쟁을 벌여야만 했던 것이라는 해석인 셈이다. 그리고 사루만이 우르크 하이 군대를 만들기 위해서 자신이 살고 있던 요새, 아이센 가드의 오르상크 탑Orthanc 근처의 울창한 숲의 나무들을 모조리 잘라내서 황폐하게 했는데, 이 장면은 이를테면 목적을 달성하는 데 필요한 자원의 투하 정도로 해석할 수 있다.

칭기즈칸과 몽골제국의 사례는 쿠릴타이와 역참 제도와 같이 잘 정비된 시스템이 뒷받침된다면 얼마나 큰 성장과 확장을 할 수 있는지에 대한 좋은 사례가 될 수 있다. 부자가 되기 위한 프리리치의 여정은 5단계를 거치면서 잘 조직된 시스템과 함께 훈련되고 능력 있는 인재를 보유하고 길러낼 수 있는 단계에까지 이르게 됐다.

이제 나만의 인생템으로 시작됐던 내 사업은 본격적으로 계열사 설립과 같은 본격적인 확장에 대비, 맞춤형 조직을 시스템화시켜 업그레이드했다. 확장된 아이템을 기반으로 하는 사업의 확장에도 즉각적으로 활용 가능한 나만의 시스템이다. 여기에 새로 늘어난 사업을 책임지고 맡아서 운영할 수 있는 수준의 인재들도 준비되었으므로 프리리치 5단계는 전체 역정의 막바지에 거의 다다르게 된다. 사업적으로 긴밀한 연관성을 가진 아이템들로 계열사들이 늘어나고, 시너지 효과가 나타나 사업은 더욱 큰 성장을 이루게 되며 누구라도 부러워하는 알짜 사업들을 거느린 기업가가 된다.

2

조직 확장을 위해서 이것만은 지킬 것

프리리치의 역정이 5단계에까지 다다랐다고 하면 이미 대외적으로 성공을 인정받은 훌륭한 사업가인데 의외로 많은 오너들이 저지르는 실수가 있다. 바로 분명한 원칙과 계획이 없는 상태에서 문어발식으로 사업을 확장하다 낭패를 보는 경우다. 그래서 프리리치의 여섯 번째 단계는 확장이라는 주제다. 내 사업이 이 단계에 이르게 되면 자발적으로 다가오는 정보, 사업 아이템들로 넘쳐나게 된다. 내가 그러한 것들에 관심을 둔다는 것 자체가 기대할 수 있는 것들이 있을 정도로 내가 성장해있고 영향력을 갖고 있기 때문이다.

유력 정치인들과 그다지 친분이 없음에도 어떻게든 사진을 찍으려고 기를 쓰는 사람들이 적지 않은 것이 그런 맥락이라고 할 수 있다. '내가 이런 사람들과 알고 지내는 사람이야'라는 그런 게 필요하다. 하지만 덩치가 커진 만큼 신중하게 움직여야 한다. 사장이자 오너인 내가 혼자서 무언가를 결정하면 곧장 조직 전체가 일사불란하게 움직일 수 있는 스타트업, 벤처 수준의 규모와 시스템이 이미 아니기 때문이다. 새로운 사업에 뛰어들거나, 기존 사업을 더 넓은 의미로 확장을 한다거나 할 때도 회사 내부의 중지Consensus가 필요하다. 자칫 '이건 내가 감이 팍 온 아이템이니까 해보자구!'라고 밀어붙였다가는 '우리 사장은 변했다. 늘 자기 마음대로다'라고 생각하게 할 수도 있다. 의사결정을 마냥 느리게 가져가야 한다는 뜻이 아니라 신중해야 한다는 의미다.

이런 신중한 접근이 아니라 단순하게 '요즘 저 사업이 뜬다던데?, 좋은 아이템 뭐 없나? 돈은 있는데'라면서 다른 사람들도 관심을 두는 그런 아이템으로 사업을 늘렸다가 큰 손해를 입거나, 사업의 진행도 철수도 하지 못하는 곤혹스러운 상황에 빠져서 이러지도 저러지도 못하면서 회사의 자원만 낭비하는 예도 많다.

필자가 처음 장사를 시작하던 초창기, 생리대 파는 총각으로 언론에 여러 번 보도됐었는데, 그때 인연을 맺었던 면 생리대 제조회사가 그런 경우다. 우수한 기술력과 정확한 틈새시장을 공략, '유기농 면 생리대'라는 아이템으로 회사를 키워 코넥스에 상장되게 되었다. 그 이후 한동안 매출과 성장의 정체기에 빠지게 됐었는데, 이런 상황은 기업을 운영하다 보면 자연스럽게 만나게 되는 성장의 정체 국면에 들어선 것이었다. 자연스러운 성장 과정에서 발생하는 일시적인 정체기이기는 하지만 이 시기를 빠르게 탈출하기 위해서 큰 노력을 기울일 필요가 있다. 이를테면 면 생리대를 만드는 데 필요한 핵심 기술을 활용한 다각화로 신제품을 만들거나 법인을 늘리는 식으로 자구책을 실시했지만 좀처럼 수익성이 높아지거나 매출 규모의 상승효과를 얻지를 못해, 친구처럼 지내는 필자를 찾아와 고민을 토로하기도 했다.

성공한 사업가, 스마트한 오너들이 의외로 이런 성장곡선 상에서의 정체 상황에서 실수를 범하는 일들이 많다는 점에서 시사하는 바가 적지 않다고 볼 수 있다. 프리리치의 과정을 거치는 동안 다른 사람들의 사례를 통해서 내 사업이 커져서 어떠한 문제가 일어날 수 있을까를 생각해 보는 계기로 만들어 보아야 한다.

이를테면 이런 상황을 가정할 수 있다. 생리대를 사용하는 여성들의 생리통에 대한 고민을 해소하기 위해 유기농 면 생리대를 만들어 호평을 받았는데, 그 핵심기술이 착용감이 부드러우면서도 피부 트러블을 일으키지 않는 친환경적 원단의 제조 기술이라고 치자. 그래서 '핵심 기술을 활용한 다각화'라는 그럴듯한 계획에 따라 이런저런 고민을 하다가 내 몸에 착 붙어서 착용감이 너무 편해서 불편함을 느끼지 않는 인체공학적 생리대를 만들었다고 하면 이 제품이 과연 팔릴까?

조금 전에 얘기했던 그 CEO의 경우에는 해면이나 생리컵 등으로 제품 라인업을 늘리고 기저귀와 요실금 패드를 만들기도 하는 식의 대처를 했었는데, 기대했던 신규 고객의 유입보다는 기존 고객의 분산 현상이 목격되기도 해 방법을 달리하면서 경영의 정체 상황을 탈출하는 데에 큰 노력을 기울였었다. 코로나19의 창궐 같은 상황에 맞춰서 마스크를 만들어 시의적절한 대처도 하면서 좌충우돌 속에서도 잘 버티며 조금씩 성장을 거듭하고 있다.

이렇게 경영상의 문제점을 해결하려는 방법으로써 제품의 다각화 등을 선택하는 일이 많은데, 기존의 A라는 제품의 고객층을 새로 출시한 B라는 제품이 빼앗아가는 예상 밖의 현상이 목격되는 사례도 많아 이를 두고 캐니벌라이제이션Cannibalization, **자기잠식**이라는 용어가 있을 정도로 현실에서 종종 벌어진다.

그러므로 능력 있는 인재와 잘 조직된 시스템 그리고 충분한 자금이 확보되어 있다고 하더라도 아이템을 늘려서 사업을 추가하는 것에는 확고한 원칙이 필요하다. 새로 추가하려는 아이템이 기존의 사업들과 어떤 영향을 주고받게 될지 면밀하게 검토를 해야 하고, 될 수 있는 대로 새로 추가된 아이템, 사업이 기존 사업과 시너지가 날 방법은 무엇인지 등에서도 먼저 고민해야만 한다. 이러한 원칙은 다른 사람이 아닌 오너 스스로가 직접 해야만 하는 작업이다.

시스템 사업을 확장하겠다는 생각이 선다면 어떠한 방법을 선택할 것인가에 대해서도 고민해야 한다. 소위 말하는 돈이 되는 사업은 모두 다 한다는 식의 문어발 확장을 할 것인가? 아니면 사업적 맥락이 있는 유기적 확장을 할 것인가에 대한 고민에 관한 이야기다.

시중에는 부자가 되기 위한 방법론, 그에 필요한 마인드 정립에 관한 다양한 책들이 수도 없이 나와 인기를 끌고 있다. 1인 기업에서 혼자 어떻게 하면 돈을 잘 벌 수 있느냐라는 단계에서 모든 논의가 끝난다는 한계점이 있다. 그런데 어떤 방법을 통해서이든 가진 것 없는 개인이 돈을 벌어 부자가 됐다고 하더라도 그 이후에 발생하는 문제에 대해서는 현실적인 대안이나 독특한 관점 혹은 문제의 해결 방법을 찾아 나갈 수 있는 방법론을 제시하고 있는 책을 거의 찾아볼 수가 없다.

그런데 현실에서는 부자가 된 개인 그 이후의 문제 즉, 권한 위임 Empowerment과 조직의 확장, 파생되어 신설된 사업부나 계열사 확장 등에 대한 것들로 문제가 발생하기 때문이다. 수많은 책이 '이렇게 하면 부자가 될 거예요'라고 말하지만 정작 부자가 된 이후에 발생하는 현실적인 문제에 대해서는 다루질 않는다.

'어떻게 사업을 확장할 것인가?'라는 질문이 그 대표적인 경우인데 사업을 확장하는 이유는 다양하다. 이를테면 더 많은 수익을 올리기 위한 예도 있지만, 코스닥 등록과 같은 자본시장에 들어가기 위한 목적 혹은 대규모 투자를 유치하기 위해서 기업의 외형을 키워야 하는 예도 있다. 하지만 어떻게 사업을 확장해야 하느냐는 사안에 대해서도 분명한 원칙이 있어야만 한다. 기껏 계열사를 만들어 놨는데도 매출이 큰 폭으로 신장하거나 수익성이 강화되거나 하지도 않는다면 관리만 더 번거로워질 뿐일 테니까.

'어떻게 사업을 확장할 것인가?'라는 문제에 대한 답은 문어발식 확장 vs. 유기적 확장이라는 2가지 유형으로 구분될 수 있는데 전자의 방식을 선택하는 사람들이 대부분이다. 자금이 준비되어 있고, 오너가 시간적인 여유가 있는 경우에 이런저런 사람들과의 접촉 등을 통해서 '뭐 괜찮은 아이템 좀 없어?'라는 식의 대화 끝에 '요즘 이런 게 핫 하다는데?'라는 식으로 어떤 아이템이 눈에 들어오게 된다.

그래서 그 아이템에 대해서 알아보니 이제 막 몇 군데에서 그 아이템의 매장이 등장하고 있는데 사람들의 반응이 제법 괜찮지 싶다는 판단이 든다. '그러면 좋아, 우리도 한다'는 식으로 새로운 아이템에 뛰어드는 그런 시나리오다. 특히 외식업에서 이런 식으로 새로운 아이템을 추가해 사업 포트폴리오를 확장하는 경우가 많다.

조개구이 전문점이 잘 된다고 하니 잘되는 매장의 인테리어 간판, 메뉴를 대충 카피해서 '더 늦으면 막차'라는 생각으로 1호점을 내고 가맹점을 모집한다. 대부분 비슷한 시각을 가진 사람들이 창업 박람회나 인터넷, 블로그 등을 통해서 알아보고 가맹 상담을 부랴부랴 해서는 계약하고 매장을 낸다. 그렇게 불과 몇 달 혹은 1년 만에 전국 가맹점 몇백 개 단위의 프랜차이즈 사업이 생겨난다. 어디 그런 사례가 조개구이 전문점뿐이겠나. 안동찜닭이나 뼈 없는 순살 치킨도 전국을 휩쓸던 아이템이었고 핫도그 전문점, 대만 카스텔라 전문점, 흑당 버블티 전문점 등등 이런 아이템은 수없이 많다.

그런데 솔직하게 말해서 이런 아이템의 사업을 시작하는 것이 과연 사업이라고 할 수 있을까? 반년 내지는 일 년 정도의 시간이 지나면 인기가 시들시들해져서 사람들의 발길이 뚝 끊어지는 아이템이기 십상이다. 결국 이런 식으로 사업을 확장한다면 그건 잽싸게 진입했다가 막차 타기 전에 잽싸게 빠져나오는 것밖에 안 되지 않을까? 막판에 가맹하는 사람들에게 폭탄을 돌리는 것과 뭐가 다른가?

외식업으로 성장했던 회사가 난데없이 인터넷 커뮤니티 서비스를 한다던가, 패션 사업으로 돈을 벌었던 회사가 외국에서 커피 브랜드를 들여온다거나 하는 식으로 사업을 늘리는 게 얼마나 경쟁력이 있겠는가 하는 말이다. 돈이 되는 아이템이면 한다는 이런 방식이 문어발식 확장의 대표적인 사례다.

반면, 유기적 확장은 지금까지 자기들이 해왔던 사업을 기반으로 밀접한 관계가 있는 분야로 하는 것을 말한다. 이를테면 우유 제품을 만들던 회사가 치즈를 만드는 사업을 시작한다거나 밀가루를 만들던 회사가 제빵 브랜드를 만들다거나 하는 식으로 사업 아이템을 추가하는 것은 기존 사업과의 연관성이 높을 뿐만 아니라 과거부터 해오던 사업과 새로 시작하는 사업이 서로 상호보완적인 맥락을 가질 수 있으므로 양쪽 모두에게 득이 되는 확장 방식이라고 할 수 있다. 이 경우에서도 나의 기존 고객들의 관점에서 아이템의 확장이 어떻게 보일지를 조심스럽게 고민해보아야 한다. 내 처지에서는 일맥상통하는 확장이라고 생각하지만 고객들에게는 그렇지 않을 수도 있기 때문이다. 이를테면 앞 장에서 언급했었던 '길냥이 수호천사단'이라는 충성고객을 바탕으로 이번에는 유기견을 위한 사업으로 확장하자면서 '유기견 수호천사단'을 만들어 애견용품 판매를 한다면 어떻게 될까? 동물을 유독 아끼고 사랑하는 사람들이 스스로를 집사라고 부르기도 하지만 냥집사고양이와 멍집사강아지는 절대 같지 않다는 사실을 간과해서는 안 된다. 실제로 최근에 길냥이들을 위해 마련해 놓은 사료를 자신의 강아지들을 데리고 와서 사료를 죄다 먹게 하는 멍집사와의 갈등이 인터넷 공간에서 작은 소동을 낳기도 했었다. 이렇듯 반려동물을 사랑한다는 점에서는 유사하지만 고양이를 좋아하는 사람과 강아지를 좋아하는 사람들이 매우 다른 성향을 보이기도 하기 때문에 반려동물 사업을 운영할 때에 고양이와 강아지는 별도로 구분지어 운영하는 것이 좋다. 냥집사들을 대상으로 하는 사업을 멍집사를 포함하는 방향으로 확대한다면 기존 고객들의 충성도는 아주 쉽게 허물어질 것이기 때문이다.

지금까지 설명해왔던 프리리치의 관점에서 본다면 나의 인생템을 통해서 확장되어 온 사업을 근간으로 하는 새로운 아이템을 추가해 계열사를 늘려 확장하는 방식을 예로 들 수 있겠다. 혹은 나의 멘토 포지셔닝과 브랜드에 대한 충성도를 갖고 일정 부분 개입된 잠재고객이기는 하지만 구입 능력이 부족하다던가 하는 이유로 실제 고객으로 전환되지는 못한 그런 사람들을 대상으로 하는 계열사를 만드는 것도 아주 좋은 유기적 확장의 방법이 된다.

한영인을 예로 들어본다면 교육을 받기 위해 방문과 상담을 받은 후 정규 교육을 받았지만 아직 자신의 인생템을 정하지 못하거나 이런저런 사정으로 인생템을 시작하지는 못하고 있는 사람들을 대상으로 하는 헤드헌팅 사업도 가능할 것이다. 상담을 받으면서 그 사람에 대한 기본적인 성향이나 희망하는 업무 등에 대해서 어느 정도 파악이 되는 데다 '상담 과정 시 관심 있는 회사로부터의 입사 의뢰 등에 대한 안내를 받아보겠는가?'라는 사전 동의를 득한다면 얼마든지 가능한 사업이 될 수 있기 때문이다.

한영인을 거쳐 간 수많은 사람들과 회사들에 이런 사람이 있는데 '채용 의사가 있는가?'라고 물어볼 수도 있는 일이다. 프리리치 7단계 슈퍼리치 영업의 기술과 같은 검증된 성공 방법론에 대해서 평생교육원을 설립해 이 내용에 대해 기본적인 교육하는 것도 가능하다. 어린아이를 대상으로 하는 교육으로 콘텐츠를 풀어낸다면 한영인 키즈스쿨 같은 것도 고려할 만한 확장 아이템이 될 수 있을 것이다. 이 모두 기존의 사업과 직접적인 관련이 있거나 이미 개입상태에 있는 사람들을 대상으로 하는 사업이기 때문에 기존의 사업이나 새로 시작하는 사업 간에 유기적인 관계가 형성된다.

사업 확장의 기본적인 원칙은 이렇게 프리리치 5단계에 이르기까지 잘 조직되고 정비된 나만의 인생템을 기반으로 하는, 내가 없어도 안정적으로 잘 작동되는 시스템이 구축되어 있으므로 그 시스템을 기반으로 나의 인생템과 관련이 있는 분야로 확장하는 것이 결단코 유리할 수밖에 없다.

'나를 전문가로 인정하고 있고, 내가 판매하는 것을 잘 알고 있고, 내가 판매하려는 것을 구매할 의사와 능력이 있는 사람, 즉 내게 개입되어 있는 사람들을 대상으로 하는 아이템'

결국 프리리치 5단계에서 아이템을 추가, 계열사를 늘리는 확장 방법은 앞 페이지에서와 같이 나와 내 아이템에 개입된 사람들을 대상으로 하는 새로운 아이템이 가장 좋다고 할 수 있다. 기존 사업과 새로운 사업, 즉 계열사들 간의 시너지 창출이 가능하기 때문이다. 확장에 대한 효과적인 방법론으로 개입이라는 개념을 다시 말하는 이유는 프리리치의 첫 단계를 시작할 때 '프리리치가 되겠다'는 계획이 아무것도 없는 상태에서부터였기 때문에 마치 맨땅에 헤딩하는 것처럼 보이는 막연하게 느껴졌던 그 전철을 계열사 확장에서도 되풀이할 필요가 없다.

지금까지 필자가 지난 10여 년간의 수도 없는 사례를 통해서 이렇게 하면 반드시 성공할 수 있다고 말해 오고 있는 방법론인 프리리치 7단계에 대해서 경험을 해본 사람들이라면 그 효과에 대해서 인정하지 않는 사람은 단 한 명도 없었다.

하지만 필자의 로볼이나 개입상품 그리고 멘토 포지셔닝을 통해 필자의 전문성을 충분히 인정하고 있는 사람이라고 하더라도 실제로 만남이 이루어졌을 때 그 모든 사람이 전부 계약을 하는 것은 아니다. 내가 판매하려는 제품 혹은 서비스를 구매할 의사가 있음에도 불구하고 그만한 구매능력이 없어서 혹은 아직 시점이 맞지 않아서 등의 이유로 구매계약이 성사되지 않는 경우도 생긴다.

그러나 이렇게 구매를 하지 않고 돌아가는 사람들이라고 해도 이미 필자와 필자의 전문성, 제품과 서비스에 개입된 상태라는 사실은 변하지 않는다. 이런 경우를 위해 CRM을 전담하는 독립 사업부의 필요성이 제기되는 것이기도 하다. 이렇게 이미 개입되어 있지만 구매는 하지 않거나 못한 잠재고객들을 대상으로 하는 계열사를 설립해 확장하는 것도 좋은 방법이라고 할 수 있다.

나만의 프로세스, 혹은 인생템과 직접적으로는 매치가 되지는 않아도 그것에 개입되어 찾아왔던 고객 등을 그대로 돌려보내지 않고 일정한 사업적 맥락이 있는 다른 서비스 등으로 바인딩해야 한다는 것이다. 다시 말하지만 이를테면 한영인이라는 교육 서비스의 경우, 정규 과정의 수강생이 되지는 않더라도 찾아온 사람들을 일정한 DB로 보관, 관리하면 이들을 대상으로 하는 헤드헌팅 서비스를 제공하는 법인을 설립하는 식의 확장도 가능하다. 한영인 교육의 더욱 대중적인 버전의 교육 서비스를 평생교육원 형태로 제공하는 것도 가능할 뿐만 아니라, 한영인 키즈스쿨과 같은 프로그램도 얼마든지 가능하다.

이렇게 나만의 프로세스와 일정한 맥락을 가진 여러 서비스를 이전 단계를 통해서 구축해 놓은 시스템을 적용해 그룹들의 계열사 체제와 같은 형태로 확장하는 것이다. 무엇보다 이 단계는 내 사업과의 시너지가 창출 가능한 것이어야 한다.

무분별한 확장은 절대 금물이다. 돈이 된다고 하면 문어발식으로 무작정 확대를 하다가는 2차 세계대전 이후 유럽의 전후 복구사업에 무차별적으로 뛰어들면서 자사의 다른 사업부들과 직접 경쟁을 벌이게 되는 어처구니없는 혼란상을 겪지 말라는 법도 없다. 아무리 프리리치 4단계를 거치며 업그레이드된 시스템이 만족스러운 결과를 가져오고, 그러한 시스템의 유용성에 자신감이 넘치게 되더라도 절대적으로 피해야 하는 것은 '이 일에 뛰어들었을 때, 기존 사업들과 시너지가 날 수 있을 것인가?'를 심각하고 면밀하게 고민한 이후에 결정해야만 한다는 점이다.

원 포인트 어드바이스

계열사를 늘리는 일에서 시너지가 발생할 것인가

계열사를 늘리는 일에서 시너지가 발생할 것인가?'에 대한 고민은 단순하게 시너지가 나는 사업을 추가해야 한다는 당위보다는 깊고 복잡하다. 지금까지 해왔던 우리의 논의가 나만의 인생템을 기반으로 하고 있지만 조금 다른 측면에서 바라보는 것도 의미 있는 일이 될 수 있다. 새로 시작하려는 계열사가 기존 사업과 시너지를 낼 수 있을까에 대한 고민을 해소하는 방법의 하나는 핵심 경쟁력Core Competences을 기준으로 사업을 바라보는 것이다. 이에 관한 좋은 사례가 바로 후지필름Fuji Film이다. 과거 아날로그 필름 시대의 중요 제조사 중의 하나인 후지 필름은 코닥이나 아그파와 같은 기존 필름 회사들이 모두 문을 닫고 사라진 지금에도 새로운 산업으로 과감히 변신, 성공적으로 업을 이어가고 있다.

후지필름은 뜬금없이 ASTALIFT라는 브랜드로 기능성 화장품 시장으로 진출했는데 자신들의 기술과 핵심 경쟁력을 산업의 전망이나 성장성과 같은 과거의 기준이 아니라 '핵심 기술을 어떻게 활용할 수 있을까?'라는 기본적인 질문을 던지는 것으로 변신 과정을 시작했다. 후지 필름이 생각한 아날로그 필름 제조 분야에서의 핵심 경쟁력은 자외선 차단 기술과 콜라겐 변성방지 기술이었다. 필름 인화 과정에서 빛, 자외선이 접촉되면 촬영한 이미지가 모두 날아가 버리기 때문에 자외선 차단 기술은 아날로그 필름의 핵심 기술이었고 후지 필름은 이 기술에서 세계 최고 수준의 기술을 보유하고 있었던 중이었다. 콜라겐 변성방지 기술도 마찬가지였다. 아날로그 필름의 주재료였던 콜라겐이 온도와 습도에 쉽게 영향을 받는데 이것을 억제하기 위한 고도의 기술력이 요구됐었고 후지필름은 이 기술 역시 보유하고 있었다.

그래서 자외선 차단기술과 콜라겐 변성방지 기술만을 놓고 원점에서부터 아이템을 찾기 시작했고 그렇게 격론과 오랜 고민 끝에 도달한 결론이 기능성 화장품 분야였던 것이다. 이런 맥락을 모르고 생각했을 때는 정말 뜬금없는 변신이었지만 피부에 노화 현상이 생기는 이유가 나이가 듦에 따라 콜라겐 분비가 적어지고, 피부에 접촉하는 자외선 때문에 검버섯이나 피부가 탁해진다는 사실과 자신들의 핵심기술이 조화를 이룰 수 있는 포인트를 발견할 수 있었기 때문이었다.

이미 후지필름이 보유하고 있던 세계 최고 수준의 기술력이 주름 개선, 노화 방지와 같은 기능성 화장품이라는 전혀 새로운 아이템으로 분출구를 찾아낼 수 있었고 ASTALIFT라는 고가의 기능성 화장품 브랜드의 론칭으로 후지필름은 과감한 변신을 성공적으로 시도할 수 있었다. 자신들이 갖고 있던 기술이 새로운 사업으로의 확장에 반영될 수 있다는 훌륭한 사례가 바로 후지필름의 뜬금없는 변신이다. 이런 사례는 오너들이 진지하게 고민할 만한 화두가 아닐까?

포장된 제품들은 뭐든지 만들어 판다는 우스갯소리가 있을 정도로 다양한 제품군을 생산하고 있는 브랜드 P&G가 생산하고 있는 화장품 브랜드SK II 도 P&G가 과거 다양한 식품 사업을 전개하면서 보유하고 있던 피에라포도씨에 함유된 성분 관련 기술이 노화 방지에 도움이 된다는 점에 착안, 시작된 사업이라는 점에서 나만의 인생템과 시스템을 핵심 기술이나 핵심 서비스, 핵심 고객들을 기준으로 계열사로 만들 새로운 아이템을 찾는 데에 참고하는 것도 도움이 될 것이다. 아이템 추가와 계열사 확장의 가장 중요한 원칙은 시너지이다. 시너지가 창출될 수 있다면 인력과 시스템이 있는데 못 할 게 뭐란 말인가?

3

확장하기 위한 구체적인 방법들

이렇게 사업 확장의 원칙에 대해서 개략적으로나마 살펴보았다. 이 단계에 도달한 오너들의 아이템과 시스템이 저마다 다를 수밖에 없으므로 '어떻게 하면 사업 확장을 시행착오 없이 최대한의 효과를 거둘 수 있을까?'에 대한 구체적인 방법론을 다루는 것은 책이라는 지면을 통해서는 한계가 있을 수밖에 없다. 하지만 언제든지 이런 고민을 하는 오너들이라면 연락을 하여도 좋다. 이미 적잖은 분들이 필자를 찾아와 누구에게도 털어놓지 못하는 고민을 토로하고 있고 함께 대안을 모색하며 성과를 거두고 있다. 필자는 프리리치로 가는 여정에서 언제나 올바른 방향을 제시해주는 나침반이자, 그 여정을 함께 하는 셰르파가 될 생각이 있으니 기억하기 바란다.

앞에서 한차례 전략Strategy에 대한 색다른 해석을 소개한 바가 있다. 목표지점과 현재 위치 사이의 간격Gap을 메꾸는 방법론이 바로 전략이라고 설명하였다. 이제는 어떻게 하면 효과적으로 시행착오를 겪지 않거나 최소화하면서 계열사를 추가, 사업을 확장할 수 있는가에 대한 구체적인 방법론에 대해서 이야기해볼 차례다.

필자는 그간의 경험을 통해서 사업 확장을 가능케 하는 5가지 기반이 있다고 생각하는데 이 5가지를 하나하나 꼼꼼하게 살펴보면서 보완작업을 해야만 한다. 그리고 이런 보완작업은 강점을 최대한 키우고, 약점은 보강한다는 대원칙 하에 시행되어야 한다.

첫째, 예비 CEO 인재 풀 기반이다.

1인 기업으로 혼자서 사업을 운영할 때는 혼자 마케팅, 영업, 경영 등 모든 부분을 책임져야 한다는 데 부담을 느낄 수가 있다. 하지만 사업이 커지면 사람을 발굴하고 관리하는 것이 사업 운영에서 얼마나 중요한지 절실하게 느끼고 경험하게 된다.

기업 운영 및 조직 관리에서 가장 중요한 것이 오래 나와 뜻을 같이하고 일할 수 있는 인재를 뽑는 것이다. 하지만 그런 인재를 찾는 것이 얼마나 어려운가. 유능한 인재를 뽑았다고 회사에 득이 될 것으로 생각하지만 경영자의 바람처럼 그 똑똑한 인재가 회사의 성장에 기여하고 오래 살아남기는 사실상 힘들다. 자신의 이해득실을 따져서 언제든 회사를 나가는 것이 이익이라고 생각하면 회사를 박차고 나가버릴 수 있다. 그래서 그다음으로 능력은 좀 떨어지지만 인간적인 의리를 중시하는 인재를 뽑았다고 하자. 하지만 능력을 가르쳐서 회사에 도움이 되는 인재로 만들기까지 불필요한 시간과 노력이 들어갈 것이며 그 후에 그 인재 역시 자신만의 능력이 갖춰지면 언제든 회사를 떠날 수 있으므로 회사로서는 손실이 아닐 수 없다.

이처럼 인재의 발굴과 관리는 중요한 만큼 어려운 문제다. 하물며 사업을 확장하는 데 필요한 예비 CEO의 발굴과 관리는 더 어렵고 까다로운 문제가 아닐 수 없다. 더구나 기업의 말단 직원이 자주 바뀌는 문제와 기업 경영자가 자주 교체되는 문제는 기업 전체에 미치는 영향을 고려할 때도 상당한 차이가 있다. 기업의 수장인 CEO가 중요한 이유는 그의 리더십, 책임감, 문제해결 능력과 같은 다양한 역량들이 조직을 열정적으로 이끌고 기업 성장의 원동력이 되기 때문이다. 때로는 풍랑을 헤치고 때로는 어둠 속에서도 길을 잃지 않고 배가 원하는 지점까지 안전하게 도달하기 위해서는 선장의 역량이 가장 중요한 것처럼, 기업에서 CEO의 자리는 기업의 성패를 좌우한다. 그러므로 문어발식으로 사업을 확장했을 때 사업을 믿고 맡길 수 있는 예비 CEO의 확보는 그만큼 중요하다.

게다가 일반 직원을 선발하는 것처럼 예비 CEO를 선발하기는 현실적으로 너무 어렵다. 월급을 받고 일하면 되는 일반 직원과 달리 CEO의 자리는 단순히 경영을 맡기면 되는 문제가 아니다. 일반 직원이야 업무 능력 정도를 평가해서 선발하면 된다고 하더라도 CEO의 경우에 필요한 리더십이나 위기 대응 능력, 경영자로서 자질 등의 중요한 역량 등은 서류나 잠깐의 면접으로 평가하기 쉽지 않다. 그러므로 예비 CEO

를 선발하는 문제가 사업 확장의 걸림돌이 되기도 한다. 이미 경영자로서의 역량을 검증받은 예비 CEO들을 확보하고 있다는 것은 사업 확장에 가장 까다로운 부분이 해결되는 것과 같다.

필자도 내 사업을 확장하는 데 있어서 이런 예비 CEO 풀을 확보하고 있어서 어려움이 없었다. 프리리치 수업을 듣는 수강생들 대부분이 경영자들이기 때문에 이미 예비 CEO 그룹을 확보한 상태이다. 더구나 서로에 대해 충분히 알고 그들의 역량을 검증한 상태이기 때문에 그들 중 일부에게 필자의 사업을 맡기면서 사업 확장을 쉽게 할 수 있었다. 경영자뿐만이 아니라 영업이나 마케팅 인재 역시 필자가 가진 인재 창고에서 확보할 수 있었다. 이들 예비 CEO에게 요구되는 것은 관련 사업에서의 충분한 경험과 역량 그리고 인적 네트워크의 보유 여부다.

둘째, 마케팅 조직 인재풀 기반이다.

비즈니스에 있어서 마케팅은 필수불가결의 요소이다. 특히 다른 요소들을 갖추고 있지 않아도 일단 마케팅 조직을 확보하고 있다면 다양한 사업으로 확장하기가 쉽다. 마케팅은 기업 활동의 모든 부분에 관여한다. 상품과 서비스의 가치를 높이고, 고객의 구매 욕구를 자극하며, 경영 성과를 창출하게 만든다. 기업과 고객을 잇고 기업의 성공과 고객의 만족을 끌어내는 것이 바로 마케팅이다. 그렇기에 기업은 수많은 비용을 지급하면서까지 마케팅에 집중하고 고객은 자신도 모르는 사이에 다양한 마케팅에 노출되어 지갑을 열게 된다.

수강생들 중에서 마케팅 조직을 탄탄하게 확보하고 있어서 사업을 여러모로 확장한 사례가 있다. 한 수강생은 마케팅 대행사로 사업을 시작했다. 마케팅 대행사를 하면서 다른 기업들의 마케팅을 오래 대리해주다 보니 비즈니스에 대해 남다른 감각을 갖게 된 것이다. 특히 아이템을 보는 안목이 생겨서 어떤 아이템은 시장성이 있고 어떤 아이템은 시장성이 떨어지는지 구분할 수 있게 되었다. 또한 가능성 큰 아이템을 선택한 후에도 어떤 마케팅 전략으로 접근하면 많이 팔고 성공시킬 수 있을지도 잘 알게 되었다. 그래서 결국 마케팅 대행사에서 벗어나서 자신이 가진 마케팅 조직을 기반으로 하나씩 사업 아이템을 잡아서 빠른 속도로 사업을 확장하게 된 것이다. 어떤 사업이든 마케팅이 되기 때문에 다양한 사업에 도전해서 초음파식기세척기, 음식물쓰레기처리기, 가구, 화장품, 이사업체, 분양 등등의 사업을 성공시키면서 지금도 계속 확장하고 있다.

만약 마케팅 조직을 갖추고 있지 않다면, 아이템만 있다면 마케팅을 대행사 등에 맡겨서 처리하거나 마케팅 직원을 선발해서 내부 마케팅 조직을 구성해야 한다. 하지만 마케팅 조직을 이미 갖추고 있는 경우라면 그것을 운영할 인재를 선발하거나 아이템을 선정하기에 훨씬 유리하다.

마케팅 조직이 갖추어져 있지 않아서 마케팅 대행사 등을 이용한다면 여러모로 불편한 점이 생길 수 있다. 예를 들어 마케팅 대행사를 이용한다면 커뮤니케이션을 효율적으로 할 수 없는 단점이 발생할 수 있다. 기업의 가치, 브랜드에 대한 이해가 내부 구성원들보다 부족한 상태에서 마케팅을 진행할 가능성도 크고 그만큼 많은 에너지를 쏟아야 한다. 마케팅 조직을 이미 확보한 상태라면 내부에서 훨씬 유연하게 커뮤니케이션이 이뤄질 것이며 책임감을 바탕으로 브랜드에 대해 이해하고 마케팅이 진행될 수 있다. 하지만 마케팅 조직이 없는 상태에서 새롭게 만들거나 대행사를 이용하게 되면 그만큼 많은 시간과 에너지를 투자해야 하며 마케팅이 안정적으로 이뤄지고 성과를 거두기까지도 상당한 시간이 걸릴 수밖에 없다.

이미 확보된 마케팅 조직을 기반으로 사업을 확장할 때에는 마케팅 조직의 창조성과 독립성을 잘 보장해야 한다. 시대의 흐름, 시장의 변화, 고객의 생활 패턴 등에 따라 가장 민감하게 변화해야 하는 것이 바로 마케팅이다. 그러므로 마케팅 조직은 최고의 마케팅 결과물을 만들어내기 위해 창조적이며 독립적인 활동이 보장되어 있어야 한다. 그리고 마케팅 조직풀에 담겨있는 인재들에게 요구되는 것은 역시 관련 사업에서의 마케팅에 대한 풍부한 경험 그것도 성공 경험이다. 마케팅 분야의 특성상 대부분 언변이 화려하고 재주가 많은 인재들이 많지만 성공을 직접 일궈내고 경험해본 사람과 그렇지 않은 사람의 차이는 극명하게 갈린다. 주의해서 볼 포인트 중 하나다.

셋째, 영업조직 풀 기반이다.

영업은 비즈니스의 꽃이다. 비즈니스에서 매출과 직결된 것이 바로 영업이며 그만큼 기업 운영에 있어서 영업 조직은 중요한 위치를 차지하고 있다. 고객과의 접점에서 매출 확대의 중요한 역할을 하므로 영업 조직을 확보하고 있다는 것은 직접적인 매출 확대가 가능하다는 뜻이기도 하다. 기업은 상품과 서비스를 꾸준히 이용하는 고객에 의해 유지되는 것이며, 그 고객의 마음을 움직이고 고객을 확보하는 역할을 하는 것이 바로 영업 조직이다. 따라서 탄탄한 영업 조직을 갖추고 있다면 어떤 사업을 시작하든 현장에서 빨리 고객에게 상품과 서비스를 전달할 수 있고 매출을 올릴 수 있게 된다.

실제로 훌륭히 작동하는 영업 조직을 확보하고 있다는 것은 단순히 영업인 몇 명을 확보하고 있다는 것과는 비교할 수 없는 위력을 보인다. 유능한 영업인들은 현장에서 오랜 시간 뛰면서 터득한 영업 노하우와 판매 스킬은 물론이고 새로운 고객 확보 능력, 수많은 기존 고객 데이터까지 모두 갖추고 있다. 즉, 좋은 영업 조직을 확보하고 있다는 것은 유능한 영업인 한 사람 한 사람이 가진 그 모든 데이터와 능력들이 조직의 다른 영업인들에게로 전파되는 시너지 효과를 거둘 수 있다는 뜻이다. 다시 말해 좋은 영업조직이 있다면 어떤 사업을 시작하든 현장에서 빠르게 새로운 고객을 개척하고 판매의 활로를 뚫을 수 있게 된다. 여러모로 사업을 확장하기에 더없이 좋은 무기를 가진 셈이다.

이 영업조직 풀에 담아야 하는 인재들은 관련 사업에서의 성공 경험 그리고 영업 성공의 핵심적인 역할을 하게 되는 키 맨Keyman이어야 한다. 여러 사람이 문을 두드렸어도 꿈쩍하지 않던 두터운 거래처의 문이 활짝 열린다면 그것은 특정 개인의 이런저런 역량 때문일 가능성이 크다. 그런 사람이 키맨이다.

넷째, 잠재고객 기반이다.

사업이 어느 정도 안정된 궤도에 올라와 있는 상태에 이르면 확장을 고려할 타이밍이 다가온다. 어떻게 사업의 규모를 키우고 사업 분야를 확장할 수 있을까? 그것을 가능하게 하려면 우선 잠재 고객이 확보되어 있어야 한다.

사람이 어느 순간 폭발적으로 재능이나 실력을 발휘하려면 반드시 잠재력이 있어야 한다. 한때 유행했던 서바이벌 프로그램을 보면 종종 심사 위원들이 참가자들에게 이런 말을 한다. "아직 실력은 부족하지만 잠재력이 보인다. 잠재력을 잘 갈고닦으면 언젠가 최고의 기량을 발휘하게 될 것 같다." 여기서 잠재력은 아직 겉으로 드러나지는 않았지만 그 사람의 내면에 숨겨져 있는 힘, 역량 같은 것들이다. 가수로서 성공을 하려면 노래에 대한 잠재력이 확보되어 있어야 한다. 노래에 관해서는 전혀 잠재력이 없는데 노력만으로 성공하기는 힘들고 시간도 오래 걸리기 때문이다.

이를 사업에 적용해보면 잠재력은 곧 잠재 고객이다. 어느 순간 폭발적으로 사업을 확장하는 데 필요한 동력인 셈이다. 잠재 고객이 없다면 고객을 확보하는 것부터 시작해야 한다. 사업을 확장하기도 전에 지칠지도 모른다. 사업을 여러모로 쉽게 확장하려면 기본이 되는 것이 바로 잠재 고객인데, 반드시 명확한 카테고리로 묶을 수 있어야 한다. 예를 들어 개를 키우는 사람들을 잠재 고객으로 확보한 경우에는 이를 기반으로 다양하게 사업을 확장할 수 있다. 개를 키우는 사람들이 필요로 하는 모든 것들을 사업 아이템으로 만들어 잠재 고객을 끌어들이면 사업을 여러모로 확장할 수 있다. 애견 미용, 애견 인테리어는 물론이고 애견 호텔 등 애견과 관련된 다양한 사업들을 잠재 고객을 바탕으로 시작할 수 있다. 개통령 강형욱 소장이 압도적인 브랜드와 명성으로 시장을 이끌고 있지만 그 시장 전체를 그가 독식할 수는 없는 노릇이다. 누군가 이 시장에 관심을 두고 있고 어느 정도 성과를 거두고 있지만 더 큰 성장을 계획하고 있다면 '잠재고객을 어떻게 확보할 것인가?'에 대해서는 더 심사숙고 해야 한다.

남자아이들을 대상으로 미술 교육학원을 운영하는 최민준 원장의 사례를 살펴봐도 잠재 고객이 얼마나 사업 확장에 중요한지 알 수 있다. 최민준 원장은 남자아이들을 가르치면서 탄탄한 잠재 고객, 즉 남자아이를 키우는 엄마들을 사업의 기반으로 확보하고 있었다. 남자아이를 키우는 엄마들이라는 명확한 타깃 고객이 있었기 때문에 그들을 대상으로 사업을 무한대로 확장할 수 있게 되었다. 미술 교육학원을 체인점으로 전국으로 확장할 수 있었던 것은 물론이고 교육 영상을 판매하고 남자아이들에게 꼭 필요한 아동 전집 등등 남자아이를 키우는 엄마들에게 꼭 필요한 여러 상품과 서비스를 제공하면서 사업을 여러모로 확장할 수 있는 것이다.

잠재 고객이 확보되어 있다면 이를 통해 사업을 유기적으로 확장할 수 있다. 즉, 타깃 고객에 따른 아이템과 상품, 서비스를 개발해야 한다. 내가 가지고 있는 잠재 고객이 개를 키우는 사람들인데 사업을 확장할 때 이와 전혀 관련이 없는 미술 학원 사업을 시작할 수는 없는 것이다. 내가 가진 잠재 고객이 미술 학원 사업의 타깃 고객이 될 수는 없으므로 그런 식으로의 확장은 불가능하다. 내 잠재 고객에 기반해서 사업을 확장할 때는 반드시 그 고객이 내 상품과 서비스를 지속해서 구매할 수 있는 방향으로 사업을 전개해야 한다.

다섯째, 핵심역량 기반이다.

우리가 이름을 들어 알고 있는 회사들은 저마다의 각기 다른 사연과 성장 과정을 거치며 현재에 이르게 된 것이기 때문에 각자의 핵심 역량들도 다르게 마련이다. 이를테면 기술적 측면에서의 경쟁 우위가 없더라도 대량의 노동자들을 저임금으로 사용해 가격 경쟁력을 기반으로 성장한 건설회사가 있다고 한다면 그 핵심 역량Core Competences은 저임금 노동력일 것이고, 세상을 깜짝 놀랍게 한 발명 특허를 기반으로 입지를 굳힌 첨단 기술 기업이라면 이 특허권과 그것을 가능하게 한 독보적인 기술력이 핵심 경쟁력이게 마련이다.

사업을 확장하면서 매우 중요한 방법론 중 하나는 이와 같은 자기 사업의 핵심 경쟁력을 근거로 한 확장을 빼놓을 수 없다. 자기가 가장 잘 알고, 잘하는 것을 활용할 수 있는 분야로의 사업 확장은 어찌 보면 가장 자연스러운 확장 방법이라고 할 수 있다. 반면, 자신의 핵심경쟁력이 아닌 분야로 사업을 확장하려고 할 때 제아무리 규모가 크고, 체계적인 시스템이 갖춰진 회사라 하더라도 그것이 쉽지 않음을 어렵지 않게 목격할 수 있다. 이를테면 육지에서 하는 식품은 최고라고 자부하는 CJ의 오랜 숙제는 바다에서 나오는 원재료로 만드는 식품 사업에서 최고가 되는 것이었다.

예를 들어, 고급 어류인 참치를 갖고 만드는 대표적인 식품 사업인 참치통조림 사업에 CJ가 뛰어들었지만 별반 성과를 내지 못하고 사업을 철수할 수밖에 없었다. 그도 그럴 것이 참치라는 어종을 잡기 위해서는 대용량의 창고 시설과 즉석에서 급속 냉동을 할 수 있고 속도가 매우 빠른 대형 어선을 선단으로 갖추고 있어야만 했다. 참치라는 어종의 특징이 워낙 속도가 빠른 물고기인 데다 그물에 잡히는 즉시 죽으면서 부패가 빠르게 진행되기 때문에 잡자마자 기본적인 처리를 하고 급속 냉동 처리를 해야 한다.

이런 이유로 현재 세계 참치잡이 시장은 우리나라의 사조와 동원, 양대 기업이 실질적으로 장악을 하고 있다고 한다. 그런 이유로 세계에서 가장 참치를 많이 소비하는 일본 굴지의 종합상사들도 일본 내의 참치 공급을 위해서 동원과 사조에 아쉬운 소리를 하면서 필요한 물량을 확보할 수밖에 없는 실정이다. 대형 마트에 진열된 참치 통조림을 보더라도 사조와 동원참치 캔에는 부스러기 살이 거의 없는 통살이 들어 있지만 다른 브랜드의 통조림은 그렇지 못한 이유가 그 때문이다. 사정이 이러다 보니 제아무리 CJ가 글로벌 순위를 다투는 식품제조 회사라고 하더라도 참치 통조림 사업에서는 갑이 아닌 을의 처지에서 사업을 할 수밖에 없었다. 자사의 핵심역량인 신상품의 기획력과 유통 관리 능력이 바다와는 거리가 멀었던 까닭이다.

1등이 아니면 하지를 않는다는 자존심 강한 CJ로서는 받아들이기 힘든 상황이었지만 그렇다고 사조나 동원이 오랜 기간 참치 선단을 보유한 일본의 대기업들과 경쟁하며 장악한 시장에 선불리 뛰어들기에는 너무나 위험부담이 컸기에 참치통조림 캔 사업에서 철수할 수밖에 없었다.

하지만 CJ는 절치부심하며 바다에서의 나는 식품 사업에 다시 진출할 적합한 기회를 지속해서 탐색하고 있었다. 그러다 마침내 참치의 중금속 오염 소식이 들려오면서 거대 참치 회사들이 휘청이는 시기가 되자, 다시 바다로 갈 때라는 판단 하에 자사의 핵심 역량인 상품 기획력을 총동원, 새로운 고급 어종인 연어 통조림 시장을 개척했다. 대대적인 홍보와 마케팅을 통해서 전에 없던 통조림 연어 사업으로 숙원이던 바다 식품 사업에서 마침내 독보적인 1위 브랜드가 될 수 있었다.

CJ는 전 세계 연어 관련 제품의 대다수를 차지하고 있는 동남아 현지의 기업에게 선진 생산관리 노하우 등을 전달하는 등 긴밀한 관계를 만들었고, 덕분에 다른 후발 주자들이 연어 캔 사업에 뛰어들려고 할 때, 강력한 진입 장벽을 구축할 수 있었다.

이를테면 참치 통조림 사업에서 어쩔 수 없이 을의 사업을 할 수밖에 없었던 상황을 보란 듯이 역전시켰다고나 할까?

참치의 중금속 오염 문제가 불거졌을 때, 참치를 대체할 고급 어종을 재빠르게 찾아냈고, 그 원재료의 수급 문제를 해결한 이후, CJ는 탁월한 상품기획력이라는 자신의 핵심 역량을 마음껏 발휘, 연어 캔 사업이라는 새로운 식품 사업에서의 대단한 성과를 얻어낼 수 있었다. 사업 확장에 있어서 핵심 역량이 얼마나 중요한 요인인지를 알 수 있는 좋은 사례라고 할 수 있다. 핵심 역량 풀에서도 관련 사업에서의 경험이 중요한 요소인데 남다른 차별성을 보유하고 있는지 그리고 해당 사업에서의 잠재고객 기반이나 인적 네트워크를 갖추고 있는 사람을 찾아야 한다. 결국 사업은 사람이 관건인 법이니까 말이다.

여섯째, 자금 조달 풀 기반이다.

기업에서 발생하는 대부분의 문제들은 돈과 관련된 것들이다. '이익을 내는 것이 기업의 본질'이라고 한 윈스턴 처칠의 말처럼, 이익을 발생시키기 위해서 기업이라는 거대한 기계는 돈이라는 연료가 떨어지지 않고 보충되어야 한다. 그렇다고 운영 자금이 넉넉하다고 해서 창의적인 아이템, 기발한 마케팅을 할 수 있는 것은 아니기는 하지만 창의적인 아이템이나 전략적인 마케팅을 할 수 있는 조건이 갖추어졌다고 해도 자금 부족에 허덕인다면 시장에 좋은 상품이나 서비스를 내놓기도 전에 문을 닫아야 할지도 모른다.

작은 카페를 하나 운영하는 데에도 수많은 비용이 든다. 카페를 오픈할 매장을 임차해야 하며, 카페에 들일 테이블이나 의자 등도 구매해야 한다. 커피나 음료를 만드는 데 필요한 재료도 마련해야 하며 카페 인테리어도 해야 한다. 아르바이트라도 한 명 쓰려면 인건비까지 매달 들게 된다. 게다가 매달 전기세나 수도세 같은 비용들도 꾸준히 마련해야 한다. 그러니 어떤 사업이든 자금 없이 시작할 수는 없다.

소규모의 사업을 하는 데도 다양한 부분에 비용이 들어가는 데 사업의 확장에서는 더 큰 규모의 자금이 필요한 것은 당연하다. 그리고 이를 경영자 혼자의 힘으로 감당해내기란 쉽지가 않다. 재벌이라서 여러 개의 사업체를 운영하는 데 있어서 비용 걱정을 하지 않는다면 문제가 없겠지만, 대부분의 이들이 자신의 힘으로 사업을 키웠고 사업을 확장하기에 충분한 자금을 미리 확보한 분들은 거의 없을 것이다. 그러므로 이런 상황에서는 투자자 그룹을 미리 확보하고 있다면 좀 더 손쉽게 사업 규모를 확장시킬 수 있게 된다.

주위 수많은 사업가들을 살펴보면 자금이 막혀서 경영 위기를 겪고 사업을 접는 경우도 상당히 많다. 반드시 자금이 필요할 때 자금을 구하지 못해서 결국은 부푼 꿈을 접고 마는 것이다. 어쩌면 자금만 있었다면 성공할 수도 있었을 아이템이고, 어쩌면 자금이 있어서 한 고비만 넘기면 막대한 성공으로 그 자금 이상의 수익을 벌어들일 수도 있었을지 모른다. 그러므로 필요한 시기에 자금을 구할 수 있다는 것은 경영자의 능력이자 기업의 성장 동력이 된다. 더구나 사업을 당장 확장해나가려면 자금의 흐름을 유지해주는 투자자의 확보가 큰 도움이 될 수 있다.

이렇게 살펴본 '5가지 기반이 어떻게 아이템을 늘려 계열사를 확장할 수 있는가?'라는 질문에 대한 중요한 조언이다. 6단계에 이르러 확장을 고민하는 오너들은 이 5가지 기반을 현재 자신의 사업에 대입, 어떤 점이 강점이고 어떤 기반이 다소 미흡한지에 대해서 객관적으로 평가하고 그에 대한 보강작업을 실시해야만 한다. 이 5가지 기반들이 프리리치라는 궁극적인 목표 지점에 도달하는 데 필요한 마지막 디딤돌이라 할 수 있다.

CHAPTER 8

7단계:
나 없이 운영되는 기업,
그리고 매각, 은퇴

1

잘 팔리는 기업의 9가지 종류

우리의 논의가 더 깊이 있는 수준까지 도달했기 때문에 그에 걸맞은 족집게식 조언을 드려야 할 때라 생각된다. 이미 시행착오를 겪으며 구축, 훌륭하게 작동하고 있는 시스템을 기반으로 계열사를 추가하면서 오너가 머릿속에서 그려볼 시나리오가 있는데 그게 바로 계열사를 분리하는 것을 가정하고 만들라는 것이다.

프리리치의 마지막 단계인 7단계에서도 다시 언급되겠지만 사업을 매각할 때 가장 큰 이익을 얻을 수 있다는 것을 이미 알고 있을 것이다. 매각은 프리리치의 완성이자 부자라는 목표에 있어서 화룡정점畵龍點睛과 같다. 몇억 원 가치의 기업을 잘 성장시켜 몇백억 원에 매각하는, 꿈과도 같은 시나리오를 미리 써 놓고 그에 따라 계열사를 세워야 한다는 이야기다.

높은 가격에 매각이 잘되는 회사란 그만큼 전도유망한, 가치가 높은 회사라는 뜻이기도 하다. 계열사의 설립 때부터 매각을 향후 계획 중 하나로 놓고 회사를 키워나가는 것도 방법이다. 사모펀드들이 경악할 만한 수준의 높은 이익을 보는 것도 다름 아닌 이 방법이지 않은가. 천하의 삼성도 글로벌 시장에서 1위 혹은 2위가 되지 못한다고 판단되면 현재 아무리 현금흐름이 좋은 알짜 계열사라고 하더라도 가차 없이 매각하고, 또 그룹의 미래 성장에 도움이 되겠다 싶은 벤처기업이나 특허권 등은 거침없이 사들이는 이유도 동일하다.

스마트폰 시장이 생긴 이래 혁신의 대명사였던 애플조차 시도하지 못 하는 1억 화소 스마트폰 카메라나 폴더블 스마트폰, 그리고 UTG Ultar Thin Glass, 접히는 유리를 위해서 이스라엘 벤처기업 코어 포토닉스에 투자를 했다가 아예 경영권을 인수하는 것을 보면서 우리도 느끼는 바가 있어야 하지 않을까?

지금도 경제신문들을 펼쳐보면 한 면을 꽉 채운 의미 없는 광고, 안내문 같은 것들이 빼곡히 실려 있는 내용이 있다. 자세하게 읽어보면 '현금 수익이 높은 회사를 사정상 매각합니다'와 같은 회사, 사업체를 매각한다는 내용이다. 그런데 이런 광고를 보면 자연스럽게 드는 생각이 '이렇게 해서 팔리기는 할까?'이다.

그런데 신문이나 방송을 보면 어떤 회사가 엄청난 금액에 매각이 됐다는 소식이 심심치 않게 나온다. 기업 매각 시장이 분명히 존재한다는 것인데, 프리리치의 마지막 단계에서 회사를 매각, 경제적 자유를 확보한 후에 은퇴하려는 계획을 하고 있다면 과연 어떤 회사들이 투자자들에게 매각이 되는지 알고 싶어지는 게 인지상정이다. 그것에 관한 이야기를 좀 해보자. 가끔 어떤 벤처기업이 외국 투자자에게 몇천 억 원에 팔려서 창업자가 엄청난 부자가 됐네 어쩌네 하는 소식이 언론 매체를 통해서 들려오곤 한다. 동대문 시장에서 옷을 떼다가 인터넷으로 팔던 작은 인터넷 쇼핑몰이었던 스타일난다가 프랑스의 유명 화장품 회사인 로레알에 무려 6천억 원에 매각된 사례도 '그럼 그 사장은 얼마를 벌었다는 거야?'라는 호기심을 갖게 한다. 그런데 우리가 주목해야 할 포인트는 그렇게 높은 가격에 매각될 수 있는 이유가 무엇인지가 아닐까? 누군가 그 큰돈을 지급하고서라도 우리 회사를 사야 할 만 한 이유가 있다면 팔릴 테니까 말이다.

우리에게 중요한 이와 관련된 중요한 시사점은 워런 버핏이 말하는 경제적 해자Moat 개념을 들 수 있다. 사전적 의미로 외부로부터 침입하는 적을 방어하기 위한 장치의 하나인 해자는 성곽 주위로 파놓은 연못을 말하는데, 워런 버핏은 이 해자를 다양한 경영환경의 변화로 인한 기업의 수익성 악화를 방어하는 임무를 수행하는 것으로 설명하고 있다.

이를테면 코로나의 갑작스러운 창궐로 인해 외식업계가 직접적인 타격을 받는다거나 혹은 경쟁이 과열 상태로 치달아 급격하게 수익성이 악화가 되는 상황에서도 기업이 구축해 놓고 있는 경제적 해자가 해당 기업의 현금 흐름을 보호해주는 방어시설의 역할을 할 수 있다. 이를 통해서 회사의 지속가능성이 확보될 뿐만 아니라 결과적으로 주주들의 이익도 제고될 수 있다고 워런 버핏과 그의 회사 버크셔 해서웨이는 설명한다. 무형 자산 네트워크 효과, 전환비용, 규모의 경제, 원가 우위 그리고 효율적 시장이 경제적 해자 모델을 종류라고 말한다. 우리가 관심을 두게 되는 잘 팔리는 기업의 9가지 종류와도 일맥상통하는 부분이 적지 않으므로 관심이 있다면 좀더 공부하는 것도 좋을 것 같다.

결국 잘 팔리는 기업들에는 경제적 해자 모델처럼 외부의 변화에서도 안정적인 현금 흐름과 수익이 가능한 일종의 보호 장벽을 갖추고 있다고 볼 수 있다는 점에서 누구라도 사고 싶어 할 조건들이 갖춰져 있다. 그렇다면 M&A 시장에서 인기가 높은 기업들은 어떠한 특징을 가지고 있을까? 9가지로 나누어 간단히 소개하겠다.

첫째, ROE가 높은 기업이다.

ROEReturn on Equity는 자기자본이익률을 말한다. 계산 공식은 자기자본이익률ROE = 당기순이익 / 평균 자기자본 × 100(%)으로 자본 시장에서는 보통 자기자본이익률이 20~30% 정도면 매우 높은 수준으로 평가된다. 투자의 신이라 불리는 워런 버핏은 주식투자를 하려는 사람들에게 ROE가 최근 3년간 연평균 15% 이상인 종목을 투자할 것을 추천하고 있을 정도로 ROE를 중요하게 생각한다.

둘째, 막강한 브랜드 파워이다.

'최초, 국내, 최대' 등의 타이틀은 곧 브랜드 파워로 직결된다. 이렇게 강력한 브랜드 파워를 갖게 되면, 가격결정권이 생기고 그로 인해 ROE를 높일 수 있다. ROE가 높다는 것은 달리 말하면 마진율이 높다는 것인데, 마진율을 높일 수 있는 방법의 하나가 바로 막강한 브랜드를 통한 가격결정권을 갖는 것이다. 소비자 관점에서 같은 품목이라 할지라도 가격을 조금 더 주더라도 그것을 구매한다면 브랜드 파워가 있는 것이다.

그 시작은 별것 아닌 중고물품 거래 카페였던 〈중고나라〉는 원래 네이버의 수많은 카페 중 하나로 시작됐지만 엄청난 회원 숫자와 거래 규모가 일어나면서 배너 광고 수익만 해도 상당한 알짜 중의 알짜 사업으로 성장했다. 이러한 카페의 성장 과정을 지켜본 전략적 투자자인 롯데를 포함한 여러 금융회사가 1천억 원이 넘는 거액을 주고 카페를 인수, 인터넷 커뮤니티도 돈이 되는 시대라는 것을 보여준 사례가 됐다.

극심한 부침을 겪고 있기는 하지만 다양한 가상화폐 중 하나인 비트코인을 거래하는 거래소 중 최초이자 최대 거래소인 빗썸은 그 엄청난 성장 전망을 기반으로 한 사업 규모에 대한 투자 가치를 인정받아 국내 굴지의 회계법인인 삼정KPMG가 주간업무를 맡았고 예상 매각금액은 5천억~6천억 원 정도의 가치를 인정받고 있다. 이 수치는 시장이 인정하는 국내 1위, 세계 5위 비트코인 거래소라고 하는 빗썸의 강력한 브랜드 파워에 대한 시장의 가치평가라고도 할 수 있다. 이렇게 강력한 브랜드 파워가 뒷받침되는 사업체는 고가에 매각하기가 쉽다.

셋째, 강력한 판매망이다.

회사가 비싸게 팔릴 수 있는 또 다른 요인은 강력한 판매망을 보유하고 있느냐이다. 백화점이나 대형마트도 목 좋은 곳을 장악하면, 후발 업체가 따라잡는 데는 많은 돈과 시간이 소요된다. 후발주자 관점에서 선발주자가 이미 선점한 곳에 또 차린다는 것은 그 주변에 인구가 늘어나지 않는 이상 현재 고객을 나누는 것밖에 되지 않기 때문에 후발주자로서는 굳이 위험을 무릅쓰고 도전을 하기가 쉽지 않다. 그래서 빠르게 판매망을 확보한 곳은 빠르고 안전하게 성장할 수 있다.

'야쿠르트 아줌마'라는 애칭으로 친숙한 한국야쿠르트는 독자적인 전국 유통망을 갖추고 있는 드문 기업이다. 현장 판매원인 야쿠르트 아줌마들이 각 가정과 일반 시민들과의 친밀하고 오래된 관계가 있고 콜드 체인 유통이라는 점에서 많은 제조업체와 브랜드들이 야쿠르트 아줌마들에게 다양한 사업 제안을 했지만 모두 거절당했다는 이야기가 있을 정도이다. 그만큼 한국 야쿠르트가 가진 이 강력한 판매망은 실로 가치가 높다.

넷째, 허가 사업권이 있는 경우이다.

정부로부터 허가를 받은 독점 사업권이 있다면 고가의 매각이 가능한 대표적인 사례인데, 지금은 독점 사업권이 풀린 KT&G**과거의 한국담배인삼공사**나 카지노를 운영하는 강원랜드가 그런 경우이다. 도박 사업처럼 수익성은 좋지만 사회적 문제로 비화할 가능성이 큰 업종의 사업은 대부분 인허가를 해야 하도록 규제가 되어 있는데 그중 대표적인 것이 바로 카지노 사업이다. 현재는 강원도 정선과 몇몇 지역에만 정부 허가를 득한 카지노 사업장이 개설되어 있는데, 연일 외국인 관광객들로 만원을 이루고 있다. 정선 카지노를 운영하는 강원랜드나, 삼성동 오크

우드 서울 카지노를 운영하는 KGL 파라다이스 카지노를 운영하는 파라다이스 호텔 등은 살수만 있다면 얼마를 주고서라도 사겠다는 사모펀드, 기업들이 한둘이 아니다. 그리고 지금은 병행수입이 허가됐지만 몇 년 전만 해도 대통령 아들이 와도 안 된다고 할 정도로 강력한 법적 진입 장벽이 높았던 수입 화장품 병행수입도 사업권을 가진 경우에는 고가 매각이 매우 쉬운 사례였다.

다섯째, 남다른 기술력이다.

중소기업 중에는 기술력이 뛰어난 회사들이 많다. 기술력 하나만으로도 그 가치를 인정받아 천문학적인 가격에 대기업에 인수되는 중소기업들이 바로 그 사례로 스마트폰 카메라 기술 분야에서 독창적인 기술력을 자랑하던 이스라엘 벤처 코어 포토닉스는 얼마 전 삼성전자에 아예 지분 100%가 인수됐다. 중국 스마트폰 제조업체 오포에서 자랑하던 광학줌 스마트폰 카메라는 이제 경쟁자인 삼성전자에 로열티를 주고서야 사용할 수 있는 기술이 된 것도 그 때문이다. 기술 개발이 완성되기 이전 단계에서 이미 상당한 투자를 진행하고 있었던 덕분에 삼성전자는 애플도 따라오지 못하는 1억 8백만 화소, 100배 줌 카메라를 탑재한 갤럭시 S21 울트라를 출시할 수 있었다.

그뿐만 아니라 삼성전자는 대량 판매가 가능한 사실상 유일한 접이식 스마트폰인 갤럭시 폴드 시리즈와 갤럭시 Z 플립 등에서 사용되는 접히는 유리UTG, Ultra Thin Glass를 생산하는 유일한 회사인 도우이니시스에도 상당한 금액을 주고 지분을 인수, 안정적인 공급계약을 확보하고 있다. 이렇게 남다른 기술력은 고가의 매각을 가능하게 하는 아주 현실적이고 좋은 방안 중 하나다.

여섯째, 원가 우위의 경쟁력이다.

경쟁사보다 원가를 낮게 생산할 수 있는 능력을 갖추었다면 가격 경쟁력이 높아진다. 비슷한 제품일지라도 원재료를 저렴하게 공급받을 수 있는 네트워크를 갖고 있거나 숙련된 노동자 또는 업무로스를 줄일 수 있는 효율적인 업무 프로세스를 갖고 있다면 10%만 원가를 절감해도 이익률이 10% 이상 증가하기 때문이다.

일곱째, 고객전환 비용Switching Cost이 높은 경우이다.

혹자들은 애플의 진짜 강점을 유기적 생태계Organic Sphere라고 말하는데 그건 쉽게 말해 일종의 기득권 집착이라는 말로 풀이할 수 있다. 글로벌 스마트폰 시장을 양분하고 있는 iOS와 안드로이드는 전략적인 이유로 서로 호환이 되지 않기 때문에 아이폰을 사용하던 사람이 안드로이드 진영의 스마트폰을 구매한다면 그동안 사놓은 애플리케이션이 무용지물이 된다. 그리고 이런 애플리케이션과 클라우드에 축적된 다양한 정보와 데이터들도 사용할 수 없게 되는 호환성의 한계는 실질적으로 아이폰 사용자들이 안드로이드 진영으로 넘어가지 못하도록 만드는 전환장벽Switching Barrier이 되고 있다.

이렇게 고객전환 비용이 높다는 것은 한번 사용하기 시작하면 제품을 바꾸는 데 시간과 노력이 많이 필요하다는 의미이다. 대표적인 분야가 비즈니스소프트웨어를 제공하는 오라클이나 더존비즈온 같은 회사이다. 한번 회사의 프로그램을 개발하는데 비용도 많이 들지만 사용하는 직원들이 입장에서도 너무 불편한 상황이 아니라면 굳이 프로그램을 바꾸기 쉽지 않다. 세무 회계프로그램을 제공하는 더존비즈온의 경우에도 고객 충성도가 매우 높은 기업이다. 한번 사용하기 시작하면 다른 프로그램으로 변경하는데, 시간과 노력이 많이 필요하므로 프로그램을 바꾸기가 쉽지 않다. 프로그램을 변경하다 혹여 데이터 손실이 발생하면 그로 인한 피해가 클 수 있으므로 굳이 고객들 관점에서 바꾸려고 시도하지 않는다.

은행과 신용카드도 그러하다. 수수료나 혜택에서 큰 차이가 없으면 기존에 사용하던 것을 바꾸려고 하지 않는다. 그래서 은행과 신용카드사들의 영업 전략은 사회초년생을 타깃으로 하는 일이 많다. 대부분 대학에 입학했을 때나 회사에 입사했을 때, 사용하기 시작했던 은행이나 신용카드를 지금도 대부분 사용하고 있을 것이다. 따라서 처음에 타사들보다 많은 혜택을 주어 사회초년생들을 확보하기 위한 경쟁이 치열하다.

여덟째, 네트워크 효과를 갖는 경우이다.

네트워크 효과로 성공한 기업들은 플랫폼 비즈니스 업체들이다. 페이스북, 카카오, 네이버, 마이크로소프트, 에어비앤비, 우버, 요기요, 배달의 민족 등이 있다. 이들 플랫폼 기업들이 구축해 놓은 폭넓은 고객과 서비스를 이용, 비즈니스를 하는 플랫폼 이용자 기업들은 어지간해서는 다른 플랫폼으로 이탈하기가 현실적으로 어렵다는 점에서 매각한다면 그 가치를 높게 인정받을 수 있다. 음식 배달 서비스를 하는 요기요의 모기업인 독일 사모펀드가 강력한 경쟁자인 배달의 민족을 7조 원이라는 큰 금액을 주고 인수한 것도 그런 이유에서이다.

아홉째, 시너지를 잘 낼 수 있는 회사와의 결합IR 능력과 매칭 능력이다.

위에 열거한 조건 중 하나 이상을 갖고 있는 회사도 있고, 하나도 못 가진 회사도 있을 수 있다. 그럼 앞서 말한 조건들이 꼭 충족돼야만 비싸게 팔릴 수 있을까? 꼭 그렇지만은 않다. 회사의 장점도 중요하겠지만 이 회사를 인수함으로써 매수인이 얻게 되는 시너지가 더욱 중요할 것이다. 그 시너지를 얼마나 효과적으로 전달할 수 있는 IR 능력과 시너지를 극대화할 수 있는, 매수인과 매도인을 연결하는 매칭 능력이 더욱 중요할 것이다.

2

누구라도 관심 있게, 언제라도 매각할 수 있게 하는 법

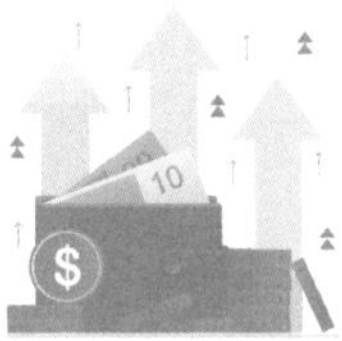

이렇게 비싸게 매각될 수 있는 9가지 조건에 대해서 설명하였다. 그런데 잘 생각해보면 잘 팔리는 회사와 돈이 잘 벌리는 회사는 같지 않다는 것을 알 수 있다.

'그게 그거 아닌가?'라고 생각할 수 있는데 현실은 전혀 그렇지 않다. 앞서 한차례 언급했던 1조 원이 넘는 돈을 주고 페이스북이 사들인 인스타그램은 수익은커녕 변변한 매출 한 푼 기록하지 못하던 이미지 관련 애플리케이션에 지나지 않았다. 이렇듯 기업을 매수하는 이유는 단지 수익성뿐만이 아니다. 비싼 돈을 주고 기업을 매수하는 측에서는 그 기업의 경영권을 인수, 더 좋은 기업으로 경영하기 위한 목적이기보다는 헐값에 사서, 비싼 값에 되팔기 위해서 매수하는 때도 상당히 많은 게 현실이다.

다만 그렇게 기업을 사고파는 일을 하는 회사들이 운용하는 돈의 단위가 보통의 수준을 넘어서는 큰돈이 오가는 계약이기 때문에 착시 현상이 생긴 것일 따름이다. 개봉한 지 오래된 영화이지만 〈프리티우먼〉의 주인공은 인수·합병을 통해 회사를 사들인 다음 여러 개의 작은 사업으로 쪼개서 비싸게 되파는 일을 하는 기업사냥꾼Raiders이었다. 이들은 거래행위를 통해 부가가치가 발생한다는 지극히 자본주의적 관점에서 큰돈을 굴려 회사를 사고파는 일을 하는 사람들이다. 그 과정에서 이들 기업 사냥꾼들은 천문학적인 수익을 벌어들인다.

같은 맥락으로 우리가 프리리치의 마지막 단계에서 고가에 사업을 매각하기 위해 여기까지 달려왔다는 사실을 상기할 필요가 있다. 회사의 지분 전체를 매각하든 경영권은 유지할 수 있는 정도의 지분만 매각하든 실무적인 최종 선택의 차이가 있을 뿐, 큰돈을 벌어 더는 경제적인 문제로 고민하지 않는 자유로운 삶을 누릴 수 있는 프리리치Free Rich에 도달하는 마지막 문은 바로 사업을 매각하는 것이기 때문이다.

프리리치의 마지막 7번째 단계에서의 과제는 기업을 매수하는 사람들의 관점에서 이루어져야만 한다. 그러므로 돈이 잘 벌리는 회사가 아니라 사고 싶은 회사로 바꿀 필요가 있다. 비슷하지만 중요한 디테일에서 본질적인 차이가 있음을 염두에 두고 과제를 진행하자.

누구라도 관심 있게, 언제라도 팔릴 수 있게끔 매각을 전제로 하는 사업 모델의 변경, 콥 시스템 경제 신문의 어느 지면을 보면 한 면 전체가 특이한 내용으로 가득 채워져 있는 것을 볼 수 있다. 작은 네모 칸으로 빼곡한 그 지면을 자세히 들여다보면 죄다 '회사를 판매한다'라는 내용인 것을 알 수 있다. 짧은 설명이 붙어 있는데 대부분 읽어보면 매출액 규모가 어느 정도인 알짜 회사라고 되어 있다.

그런데 생각해보면 '그런 알짜 회사를 왜 팔려고 하지?'라는 본질적인 의문이 들 수밖에 없다. 게다가 회사를 사들이려고 하는 견해에서 본다면 그렇게 신문 지상에 조그맣게 설명이 나와 있을 뿐인 그런 회사에 관심이 가기는 할까? 하도 궁금해서 필자도 몇 번 신문사에 물어봤던 적이 있는데, 애초에 신문사는 이렇게 매각 광고를 하는 회사들로부터 매각에 따른 수수료를 받는 게 아니라 단지 광고를 싣고, 광고료를 받을 목적으로 그 지면을 운영하고 있다는 것을 알게 됐다. 그리고 물론 그렇게 광고에 나와 있는 회사들이 실제로 매각되는 사례도 거의 없다는 건 귀띔 아닌 귀띔이었다.

조금 전에 잠깐 살펴보았지만 보았을 때는 도저히 이해할 수 없는 '왜 회사를 팔지?'라는 의문에는 다양한 이유가 있다. 건강상의 문제로 더는 회사를 운영하기 힘들다거나, 드물게는 회사를 팔아서 거액의 상속세를 내야 하는 절박한 상황 때문이기도 하다. 그리고 앞에서 잠시 살펴봤던 것처럼 왕처럼 떠받들던 고객에게 치이고, 직원들 눈치를 보는 것이 버거워서 '이제 사업 그만하고 싶다'라는 자포자기의 심정으로 회사를 매각하려고 하는 오너들도 의외로 많다.

이렇게 돈이 잘 벌리는 회사와 매각이 잘 되는 회사의 개념이 다르므로 7단계에서의 과제는 매각을 전제로 하는 사업모델로 우리의 사업을 바꿀 필요가 있다. 필자는 그것을 콥COB : Company-sales Oriented Business 시스템, 즉 매각할 목적의 회사로 바꾸는 것을 콥 시스템이라 부르고 있다. 콥 시스템을 통해서 사업의 모델을 성공적으로 바꿀 수 있게 되면 언제든 비싼 가격으로 매각할 수 있는 회사가 된다. 이 콥 시스템에 대한 실무적인 내용은 매우 방대하다. 따라서 여기에서는 이런 방법이 있고 그것을 통해서 '우리의 회사를 매각이 쉬운 형태로 바꿀 수 있구나' 하는 정도로만 소개하겠다.

비즈니스 메이크업, 밸류업과 스피드업

콥 시스템이 수익성이 높은 회사를 잘 팔리는 회사의 형태로 바꾸는 작업이라고 한다면 비즈니스 메이크업이라는 개념도 알아둘 필요가 있다. 이 역시 회사를 매각하기 위한 방법론인데 구체적으로 설명하자면 기업 매각 전략이라고 이해하면 된다. 이 비즈니스 메이크업은 크게 2가지 종류가 있는데, 빠르게 매각하기 위해서 사업의 형태를 바꾸는 방법인 스피드업Speed-Up 매각과 비싸게 팔릴 수 있도록 매수자 관점에서의 가치를 높이는 밸류업Value-Up 매각이 있다.

첫째, 스피드업Speed-Up 매각이란 다음과 같다.

스피드업 매각이란 빠르게 기업 매각을 추진하는 전략으로 다음과 같은 경우에 구사하는 것이 일반적이다.

- 기업의 손실이 커지는 상황

- 손실이 예상되는 상황
- 기업 대표의 신변상의 문제
- 기업 대표의 이혼으로 인한 재산 분할
- 매각하기 좋은 타이밍이 온 경우

기업의 손실이 커지는 상황이거나 매각을 하지 않으면 큰 손해를 보게 될 상황이라면 하루라도 빨리 매각을 진행하는 것이 옳은 판단일 것이다. 또는 기업주의 신변상의 문제나 이혼과 같은 문제로 인해 빠르게 회사를 처분해야 하는 상황도 있다. 이럴 때 바로 회사를 매각하는 스피드업 매각을 해야 한다.

그렇다고 해서 스피드업 매각이 필요한 기업은 꼭 손실을 보거나 부정적인 사건에 휩쓸린 경우만은 아니다. 매각하기 좋은 타이밍이 온 예도 있다. 예를 들어, 1990년 후반 인터넷 관련 분야가 급성장하면서 미래에 대한 긍정적 전망으로 인해 인터넷 기반 사업들이 크게 주목받았다. 사실 이런 시기에는 기업의 현재가치보다는 미래가치에 큰 가치를 두고 평가하기에 매도자로서는 좋은 가치평가를 받을 기회이다. 유망 산업이 바뀜에 따라 종종 이런 기회들이 오기 마련이다. 얼마 전에 생리대 파동으로 유기농 생리대 업체들이 반사이익을 얻게 되고, 백수오 파동으로 제약사들이 반사이익을 얻게 되는 등 누군가의 위기가 회사의 기회가 되는 상황이 종종 있다.

이럴 때 매출액이 짧은 시간에 급격히 상승하고 대중의 주목을 받게 된다. 이런 기회가 오면 많은 잠재 매수자들의 관심이 높아지고 그로 인해 좋은 가격에 회사를 매각할 수 있게 된다. 이런 좋은 타이밍에 매각을 머뭇거리게 되면, 좋은 기회를 놓치고 언제 올지 모를 기회를 기다려야 하는 일이 있으므로, 이런 경우 적극적으로 매각을 진행하는 것이 좋다. 하지만 대부분 사람들이 이런 기회가 계속될 것으로 오판하는 일이 많다. 부동산이나 주식에서도 떨어지면 계속 떨어질 것 같고 오르면 계속 오를 것 같은 착각에 빠져 올바른 판단을 내리지 못한다. 하지만 열에 하나는 지속적인 상승이 가능할 수 있지만 대부분은 제자리로 돌아오는 경우가 많다. 따라서 좋은 타이밍이 왔을 때는 가속 매각을 진행하는 것이 좋다.

둘째, 밸류 업Value-up 매각이란 다음과 같다.

스피드업 매각이 최대한 빨리 매각을 성사시켜 기업 가치를 보존하기 위한 목적이라고 한다면 밸류 업 매각은 매수자가 더 사들이고 싶게끔 그 가치를 높이는 것이 목적인 작업이다. 프리리치의 마지막 6단계에 이르게 되면 대부분 경제적으로 어느 정도의 여유는 갖게 된 상태이기 때문에 필자는 될 수 있는 대로 스피드 업 매각이 아니라 이 밸류 업 매각을 권하고 있다. 밸류 업 매각을 위한 사업 형태의 변경은 5개의 단계로 구성되어 있다.

첫 번째, 목표 세우기이다.

밸류업 매각을 진행하기 위해서는 제일 먼저 목표를 세워는 것이 중요하다. 매각기한과 매각예상금액을 정하는 것이다. 모든 것이 목표에 따라 달라진다. 우리가 아무리 열심히 무엇인가를 해도 쳇바퀴 도는 느낌이 드는 것도 목표가 없기 때문이다. 목적지를 제대로 설정하지 않으면 아무리 좋은 내비게이션을 갖고 있더라도 목적지에 다다를 수 없다. 하지만 목적지를 제대로 설정하게 되면 종이지도를 갖고도 찾아갈 수 있다. 목표가 정해지면 다음은 탑다운 방식으로 목표를 이룰 수 있는 방식을 찾으면 된다.

두 번째, 현재 상태의 점검이다.

목표를 세웠으면 현재 상태를 확인해 봐야 한다. 현재 상태와 목표와의 갭이 어느 정도인지 확인한 후에, 제대로 된 전략을 수립할 수 있다. 현재 상태를 점검할 방법은 현재 사업의 비즈니스 모델을 정확히 파악한 후, 재무제표를 통해 본인이 생각한 모델을 통해 제대로 수익이 창출되고 있는지 확인하는 것이다. 본인이 생각한 수익 모델과 재무제표로 나타난 회사의 상태가 다른 경우가 있다. 회사는 수익을 낸다고 생각하는데, 재무제표에 나타난 수치는 그렇지 않은 일도 종종 있다. 재무제표에 친숙하지 않으면 재무제표를 들여다보기가 쉽지 않고 세무사나 회계사에 맡겨 버리는 일이 다반사다. 하지만 기업을 매각하기로 목표를 세운 이상 재무제표와 친해지지 않으면 좋은 가격에 기업을 매각하는 것이 어려울 수 있다.

워런 버핏은 투자를 위해 배워야 할 단 하나의 과목이 있다면, 그것이 '회계'라고 했다. 회계는 기업의 언어이다. 기업의 언어를 이해하지 못하고 회사를 이해하는 것은 쉽지 않다. 두산그룹이 중앙대학교를 인수하고 제일 먼저 한 일이 학과에 상관없이 회계를 기본 이수 과목으로 정한 것이다. 재무제표뿐 아니라 재무 장부를 보면 회사가 보이고 회사의 문제점을 알 수 있다.

세 번째, 기업의 재무구조 개선이다.

상태를 점검했다면, 문제점들을 확인할 것이다. 대부분의 공통으로 확인되는 문제들이, 기업재무구조가 취약하거나 경영의 비효율성 그리고 제대로 된 비즈니스모델이 없는 경우이다. 기업의 재무구조만 바뀌어도 기업의 가치가 크게 상승할 수 있다.

네 번째, 경영 효율성 제고이다.

사모펀드가 회사를 인수하면 가장 먼저 하는 일이 불필요한 지출을 정리하는 것이다. 회사에서 불필요한 경영 활동과 재무제표 상에 불필요한 지출을 정리하여 경영의 효율성을 제고한다. 한번 습관이 밴 활동을 바꾸기는 쉽지 않을뿐더러 바꿔야 한다는 인식조차 하기 쉽지 않다. 외주를 주면 더 싸게 받을 수 있는 부분을 직접 직원을 고용하여 비싼 월급 주고 하는 일도 종종 있다. 핵심 활동이거나 효율성이 높은 업무라면 당연히 직접 하는 것이 옳은 결정이지만 그렇지 않다면 그 부분을 제거하거나 대체라는 전략이 필요하다.

또 기업의 통장을 확인하다 보면 내용이 무엇인지 불명확한 지출이 있는 일도 있다. 대표도 크게 개의치 않아 하고 담당자도 불명확하다 보면 비용통제가 안 되고 지출이 늘어나게 된다. 이런 부분만 보안을 유지해도 절약할 수 있는 지출이 상당하고, 수금만 적시에 해도 대손이 발생할 확률을 충분히 낮출 수 있다. 또한 원가 분석을 통해 효율이 좋은 사업 부분이 어디인지 확인하고 그 부분을 더욱 키우는 전략을 취할 수 있게 된다.

다섯 번째, 비즈니스 모델의 재정립이다.

기업재무구조를 개선하고 경영 효율성을 높이는 일은 단기간에도 가능하고 개선을 통해 기업가치도 증가하게 된다. 그러나 근본적으로 비즈니스 모델을 재정립하게 되면 앞선 2가지 방법보다도 기업가치 증대에 더 큰 효과를 줄 수 있다. 비즈니스 모델 재정립은 앞서 언급한 비싸게 팔리는 기업의 조건을 우리 회사에 이식하는 것이다. 이를테면 워런 버핏의 버크셔 해서웨이가 말하는 경제적 해자Moat 같은 안전장치나 내가 없어도 시스템과 조직으로 회사가 운영될 수 있도록 해야 한다. CEO가 유명한 회사는 스타 CEO가 퇴사한 후, 기업 가치가 하락하는 일도 적지 않을 정도로 CEO=회사인 경우가 많다. 그러나 매각을 위해서는 절대 유리할 수 없는 조건이기 때문에 회사가 자체적으로 지속가능성을 확보할 수 있어야만 매수자 관점에서 매력을 느낄 수 있다. 회사로서도 이렇게 회사와 CEO가 분리되는 단계는 사업이 이제 존립 자체가 위태로울 수 있는 초창기 벤처 기업의 단계를 벗어나기 시작했다는 분명한 신호이기도 하므로 반드시 매각을 위한 조치가 아니더라도 시스템과 조직이 회사를 운영할 수 있도록 해야 한다.

원 포인트 어드바이스

매수자 처지에서의 매각하는 팁

본문에서도 언급했지만 프리리치의 마지막 단계에서 사업을 매각한다는 계획을 최대의 효과를 거두며 성사시키기 위해서는 구매자 매수자의 관점에서 당신의 사업을 바라보는 게 좋다. 왜 당신의 사업을 큰돈을 주고 사려고 하는 걸까?

이유는 여러 가지가 있을 수 있다. 기업 사냥꾼들이 제도의 허점 등을 이용해서 혹은 큰돈을 주고 기업을 사들인 다음 작은 단위로 쪼개서 비싸게 되팔거나, 혹은 기능이나 사업부 등을 추가해서 더 큰 규모가 되기 위한 이유 등으로 사업을 매수하기도 한다. 주로 거액을 운용하는 사모펀드들이 이런 식으로 일하는 것을 볼 수 있다. 이를테면 세계 최대의 전자상거래 기업인 이베이가 국내 시장에 진출하기 위해서 옥션과 G마켓이라는 경쟁 기업을 모두 인수, 우리나라의 전자 상거래 시장을 통째로 장악하기 위한 목적의 대규모 매수를 단행한 것을 예로 들 수 있다.

그 외의 이유로는 기업을 운영하는 처지에서 자신들의 사업에 필요한 기능이나 시스템을 확보할 목적으로 매수하는 때도 있는데, 예를 들어 외국의 주방용품을 수입권을 갖고 들여와 국내에서 판매하던 네오플램이 유통뿐만 아니라 아예 제조까지 겸하기 위한 목적으로 외국 본사를 인수하는 경우가 여기에 해당한다고 볼 수 있다. 흔히 말하는 전방 통합이나 후방 통합과 같은 통합Integration도 기업을 매수하는 중요한 이유이기도 하다.

이렇게 기업을 사고파는 시장은 일반인들의 생각과는 달리 상당히 활성화되어 있는데 이런 과정을 도와주고 조언하면서 거래 규모 100억 원 미만의 기업 거래 시장이 상당히 수익성이 높다는 것을 알 수 있었다. 소셜커머스 서비스로 시작했던 쿠팡이 대규모 물류 시설과 불가능할 것처럼 보였던 독자적인 전국 유통망 구축에 성공, 로켓 배송을 정착시키면서 시장을 선도하는 것이 앞으로 등장할 강력한 경쟁자와의 경쟁을 위한 사전포석이라고 해석할 수도 있을 것이다.

국내 음식배달 애플리케이션 2위인 요기요가 1위 업체인 배달의 민족을 4조5천억 원이라는 거금을 들여 인수하려고 했던 것도 성장하는 음식 배달 시장을 장악하기 위한 전략적 판단이라고 볼 수 있다. 이 인수합병이 성사됐을 경우, 통합 법인의 시장 점유율은 90%에 육박해 사실상 시장을 장악할 수 있을 것으로 예측됐다.

하지만 양 사의 합병이 사실상 시장 독점이기 때문에 합병은 불발로 끝났고 요기요는 M&A 시장에 매물로 나오게 됐으며 쿠팡의 나스닥 상장이 가시화되면서 여기서 확보된 자금으로 요기요를 인수할 수 있다는 분석도 나왔다. 페이스북의 인스타그램 인수나 요기요와 배민의 합병 시도 등은 시장 장악 등의 전략적 목표를 위해 전격적으로 단행된 것으로 이러한 M&A가 국내에서도 앞으로 더욱 일반화될 수 있으리라는 것을 짐작할 수 있게 해준다.

다음은 회사를 팔려고 할 때 알아야 할 것들이다.

Q : 내 회사는 왜 이렇게 안 팔릴까?

A : 회사가 아니라 집이라고 생각해보자. 당신이 오랫동안 살 집을 보러 가는 데, 싸고 적당한 집을 사겠는가, 아니면 큰돈이 들어가는 만큼 좋은 집을 사겠는가? 당신의 회사가 팔리지 않는 이유는 매수자 관점에서 살만한 이유가 안보이기 때문이다.

Q : 큰 회사도 아닌데 작은 회사가 팔릴까?

A : 자주 가던 동네 맛집에 사장이 바뀌어 있는 경험을 해본 적이 있는가? 그렇다면 왜 사장이 바뀌었을까? 같은 음식, 같은 인테리어인데? 가게가 권리금 듬뿍 받고 다른 사람에게로 팔렸기 때문이다. 실제로 M&A 시장에서 중소기업의 비중이 훨씬 높다. 언론에 드러나지 않을 뿐이다.

Q : 뭐 하는 회사인지도 모르겠는데 그런 회사도 팔리나?

A : 어차피 큰돈이 들어가는 일인 만큼 잘 아는 사람이 당신의 회사를 사는 것이다. 금방 조사하면 나올 뻔한 거짓말이나 허위 과장을 하지 말고, 참고가 될 만한 자료들을 될 수 있는 대로 객관적인 근거를 통해서 제시하는 자료집을 만들어서 참조할 수 있게 하는 것이 효과적이다.

Q : 어디에다가 알려야 하나?

A : 타워 팰리스나 한남 더힐 같은 고가의 부동산은 아무나 매매를 주선하지 못한다. M&A 시장에도 분야별 전문가들이 있게 마련이다. 내 회사가 속한 분야에 전문성을 갖춘 중개사에게 일을 의뢰해야 한다. 당신의 회사는 전문성을 인정받았다 해도, 비전문가가 '좋은 매물이 나왔는데 관심이 있으신가요?'라고 말하고 다닌다면 무시당하는 데에 그리 오랜 시간이 걸리지 않는다. 중소기업 M&A를 전문으로 하는 중개인을 찾아야 한다. 변호사, 세무사, 회계사는 각기 유능한 사람이지만 자기 본연의 업무가 우선이고 자신의 인적 네트워크를 벗어난 범위로까지 당신을 위한 중개 업무를 진행해주지 않는다. 어차피 중소기업 M&A 시장은 살만한 가능성이 있는 소규모의 잠재고객을 대상으로 정확하게 겨냥한 저격수가 필요한 것이지 수천, 수만 미리 새 떼에다 산탄총을 쏘는 포수가 필요한 게 아니다.

Q : 매각을 위해서 내가 뭘 해야 하나?

A : 당신은 지금 매도, 즉 팔기를 원한다. 그렇다면 무언가를 해야 하지 않을까? 어느 바나나 수입업자가 고민에 빠졌다. 수입해 들여온 바나나의 숙성도가 제각각이라서 한 번에 대량으로 파는 게 여의치 않아서 매번 판매할 때마다 골치를 앓고 있었다. 그러다 획기적인 아이디어를 떠올렸다. '하루 하나 바나나 포장 판매'였다. 숙성도별로 7개의 바나나가 한 포장 패키지 안에 들어 있도록 만들었다. 손님으로서도 먹지 않고 남은 바나나가 시커멓게 변하는 게 부담이 돼서 한 다발의 바나나를 사지 못하는 것이다. 낱개로는 팔지를 않으니까. 그런데 큰 부담 없는 숫자의 바나나를, 그것도 덜 익은 바나나부터 알맞게 잘 익은 바나나까지 숙성도별로 넣어놓았으니 다 먹지 못해서 시커멓게 변할 염려 없이 먹을 수 있었다. 즉, 기획력이다. 상품의 특징과 나의 상황을 모두 고려하여 어쩔 수 없는 노릇이라고 방치됐던 약점을 적절하게 보완하는 힘이다. 매각을 계획한다면 회사도 동일하다. 당신의 회사를 살 사람의 관점에서 매력적으로 보일 부분을 생각하고 그것을 집중적으로 부각해야 한다.

Q : 이를테면 어떤 기획이 있나?

A : 드라마 〈겨울연가〉가 공전의 히트를 했을 때 당시 여배우가 들었던 에르메스 백이 시중에

서 엄청나게 인기를 끌었다. 대기만 6개월이라는 얘기가 나왔을 정도다. 어떤가? 그게 가방 하나에 몇백만 원, 심지어 천만 원이 넘는다고 하더라도 줄을 서서 기다린다고 하면 호기심이 가지 않으시나? 많은 사람이 관심이 있다고 하면 없던 관심도 생기는 게 인지상정이다.
만약 매수 의사를 타진하는 사람이 있다는 전화를 받았다면 아무 때나 오시면 된다고 말하지 말고, '몇 월 며칠 언제까지 오라. 오전에는 다른 회사에서 미팅이 잡혀있어서 안 된다'고 말하라. 어차피 살 사람이 산다. 매수자와 상담을 하는 것도 기획력의 한 영역이다.

Q : 내 회사를 얼마에 팔아야 좋을까?

A : 얼마라는 답을 들으려 하지 말고, 당신의 머릿속에서 떠오르는 금액이 어떤 근거인지를 생각해보라. 우리 회사라 비슷한 다른 회사가 얼마에 팔렸다니까 '그럼 얼마쯤에 팔린 거지?'라고 생각하고 있진 않은가? 만약 그런 기준으로 가격을 정했다면 당신의 회사는 1/n 짜리 상품이 된다. 지금 사지 않아도, 다른 회사를 사도 되는 그런 흔한 상품이라는 뜻이다. 얼마라고 생각하기 전에 우리 회사를 얻게 되면 기대할 수 있는 이익에 관해서 설명하는 게 더 낫다. 싸다고 팔리는 게 아니다. 한남 더 힐에 사람들이 가고 싶어 하는 이유는 비싸서다. 아닌가?

Q : 당장 팔 건 아닌데 그동안 해야 할 작업이라도 있나?

A : 당신이 체해서 약을 먹어야 할 상황이 됐다. 약국에 가서 뭐라고 하겠나? '비싸지 않으면서도 적당한 효과가 있는 소화제를 주세요'라고 얘기하겠나? 아니면 '까스활명수 주세요' 라고 하겠나? 그 차이다. 브랜드가 당장 매각이 되더라도 매각되는 그 순간까지도 브랜드 작업을 하라.

Q :브랜드 활동 말고 더 있다면?

A : 갤럭시탭 S가 아이패드 프로보다 성능이 더 좋을 수 있다. 하지만 아무리 기를 써도 아이패드 프로만큼은 팔리지 않는다. 왜 그럴까? 전환 비용 때문이다. 아이패드에 돈 주고 깔아놓은 유료 애플리케이션들이 갤럭시 탭을 사지 못하게 하는 전환 비용이 된다. 기껏 사서 깐 애플리케이션이 갤탭으로 가면 무용지물이 되니까.

Q : 전문적인 중개인은 어떤 사람을 말하나?

A : 당신 회사가 속한 산업을 전문적으로 취급하는 부티크, 전문가를 찾아내려고 한다면 이런 능력을 기준으로 판단하는 것이 좋다. 'IR 능력, 매수인 모집 능력, 협상 능력'이다. M&A는 구매능력과 의사를 동시에 갖춘 소수의 사람에게 어필하는 것이다. 불특정 다수를 대상으로 하는 홍보Public Relation가 아니라 투자자를 대상으로 하는 IRInvestor Relation에 전문성을 가진 인물이 필요하다.

그리고 그런 잠재 투자자들을 많이 모을 수 있는 능력을 갖춘 사람이어야 한다. 당신의 회사가 아무리 좋은 조건과 풍부한 잠재성을 갖추고 있는 탐나는 매물이라고 하더라도 그것을 단 한 명에만 내놓을 수 있다면 당신이 원하는 가격에 판매하기란 쉽지 않은 노릇이다. '그래, 탐이 나는군. 그런데 나 말고는 살 사람이 없는데 아쉬울 것 있나? 튕기면 더 좋은 조건이 나올 수밖에 없지 않아?'라고 매수자에게 끌려가는 상황을 피하기는 힘들다. 그러므로 전문적인 중개인을 찾아볼 때, 그가 가진 잠재 고객들이 어떤 사람들이 있고, 그런 사람들을 얼마나 동원할 수 있는지 즉, 매수인 모집 능력도 아주 중요한 기준 중 하나다. 마지막으로 네고를 할 줄 아는 사람이어야만 한다. 사주시기만 하면 감사한 사람에게 일을 맡기면 당신의 회사도 그런 취급을 받을 수밖에 없다.

Q : 어디다 알려야 하나?

A : 당신 회사가 경제신문 한 면을 빼곡히 채우고 있는 급매, 사정상 매각이라는 취급을 받기를 원한다면 아무 데나 내 회사를 판다고 광고해도 좋다. 그렇지 않다면 그럴만한 사람에게 그럴만한 방법으로 알려야 한다. 그걸 IR이라고 한다.

Q : IR을 하기로 했다. 무엇이 필요한가?

A : 제아무리 엄청난 미인이라고 하더라도 미인대회에 출전하면 좋은 미장원에 가서 머리도 하고 메이크업을 받는다. 당신 회사에 대한 자료를 취합해서 잘 포장해야 한다. 그리고 주의할 점은 그렇게 작성된 자료 전부를 보여주어서는 안 된다. 당신의 회사는 결국 한 명에게 팔린다. 모든 자료를 볼 수 있는 사람은 최소화하는 게 원칙이다. 적당히 가려야 더 끌리는 법이다.

Q : IR은 그럼 비공개나 소수를 대상으로 개최해야 하나?

A : 에르메스 매장에서 버킨 백을 구매하기 위해 웨이팅을 걸고 나온다 치자. 당신 혼자 서 있는 것보다 줄을 서 있는 수십 명을 보는 게 더 낫지 않을까? 계약서를 쓰고, 잔금을 치를 때까지 매수자는 계속 확인하고 싶어 한다. '내가 잘산 게 맞겠지?'라고 말이다. IR에는 될 수 있는 대로 많은 사람이 오는 게 더 낫다.

Q : 어떤 사람, 회사에 내 회사를 팔아야 할까?

A : 내 회사의 가치를 높게 평가하는 사람에게 팔아야 한다. 아! 너무 원칙적이다. 당신의 회사를 인수해서 훨씬 좋은 효과가 날 만한 회사인지를 판단해보라. '내가 이 회사의 사장이라면 내 회사를 살 이유가 무얼까?'를 판단해보라. 그러면 협상 과정에서도 훨씬 좋은 위치를 점할 수 있다. 상대방의 속내를 훤히 꿰뚫어 볼 수 있으니까.

Q : 이 돈 받고 회사를 팔아야 하는지 의문이다. 아쉬운 게 없는데?

A : 당신이 생각하는 당신 회사의 가치라고 생각하는 금액을 종이에 적어보라. 그리고 그 가격에서 이런 항목들의 액수를 빼는 것이다. 공장이 있다면 은행에서 빌린 돈이 얼마인지. 혹시 지금 사는 집이 회사에서 대출을 얻을 때 담보로 잡혀 있는 게 있는지를 살펴보아야 한다. 아마 있을 것이다. 그 금액도 빼보라. 지금 타고 다니는 벤츠가 리스라면 그것도 당신이 갚아야 한다. 쓰다 보면 이렇게 저렇게 뺄 금액들이 나온다. 그걸 모두 빼면 매각 후 실제로 당신이 손에 쥘 수 있는 금액이 나온다. 그게 현실이다.

PART 3

프리리치로 향한 8단계의 준비 단계 살펴보기

CHAPTER 1

플랜:
보물을 찾고 싶지만
지도는 필요 없다는 건
어불성설이다

외국의 6.25 참전용사 한 분 하셨다는 말로 기억하는 데 '한국의 10년은 다른 나라의 100년'이라는 말이 이 책을 준비하는 동안 무척이나 실감이 났다. 필자도 나름 산전수전을 겪어봤다고 생각해서 어지간한 일에는 놀라지 않는데 코로나 사태 때문에 많은 자영업자들이 직격탄을 맞고 있는 모습을 보면서 마음이 너무나 아프다. 성실하게 하루하루를 살고 있는 소시민들이 전혀 생각지도 못했던 일로 생활과 삶이 흔들리는 모습이 안타깝다는 말로는 부족하다.

가뜩이나 열심히 살고 아끼고 모아서 윤택한 삶을 살기가 어렵다고 지레 포기하는 젊은이들이 '즐기며 살자'라는 말을 자주 하는 걸 보면서 '어떻게 도와줄 방법이 없을까?' 고민하던 차에 이런 일까지 생기니 자포자기하는 심정으로 하루하루를 살게 될 사람들 생각이 마음을 무겁게 한다. 성실하게 삶을 꾸려가는 사람들에게 희망이 보이는 세상이 되어야 하는데 말이다.

이런 안타까운 상황이 오히려 이 책을 더 열심히 써야겠다는 동기부여가 됐다. 이 책의 주제인 '프리리치'라는 방법론이 아무것도 가지지 못한 사람이 부자가 될 수 있는 유일한 방법이라는 확신이 들었다.

지금까지 부자가 되고자 하는 사람들이 버려야 할 것들과 필요한 것들에 대해서 그리고 프리리치라 부르는 나만의 독특한 성공 방법론에 대해서도 이야기 해봤고 그것을 기반으로 부자가 되어서 경제적 문제에서 해방되기 위한 실천론인 '프리리치'의 일곱 단계별로 간략하게나마 설명했다.

하지만 아무리 열심히 정성 들여 썼다고 하더라도 필자가 전달하고자 하는 바의 극히 일부밖에는 전해지지 못했을 것이다. 그래서 지금부터는 그동안 겪었던 사례들과 다양한 사람들의 사연을 통해서 프리리치라는 오매불망 꿈에 그리던 완벽한 경제적 자유를 얻을 수 있는 그 단계 이르게 해줄 '나만의 인생템의 8가지 구성 요소'에 관해서 설명하겠다. 이 8가지 구성 요소들은 필자의 기출간 저서에서 '세일즈 프로세스' 혹은 '슈퍼리치 영업의 기술'이라는 이름으로 자세하게 다루었으니 꼭 참고하길 바란다.

앞장에서 설명한 로볼Low Ball 개입 상품 등과 같은 요소들은 쉽게 말해 우리가 현재 하는 일을 기반으로 더 높은 성과를 낼 수 있도록 하는 내용으로 그 부분적인 구성요소만으로도 괄목할만한 성과를 거두는 일이 많지만 그 전체적인 내용을 조망하고 내려다보면서 '내가 지금 이 부분을 다루고 있구나'라고 이해할 필요가 반드시 있다.

그 첫 번째 이야기는 플랜에 대한 것이다. 말 그대로 계획인데 이 책의 2장 첫 부분에서 설명했던 로드맵과 같은 맥락의 내용이라고 이해하면 좋다. '어떤 형태로든 부자가 되겠어'라는 식의 동기부여가 되었다면 필요한 것이 현재의 나 자신에서 부자가 된 내 모습까지 그 사이에 있는 시간, 경험, 배워야 할 지식과 같은 모든 것들에 대해서 마스터 플랜 혹은 건물의 전체 조감도와 같은 관점을 갖고 있어야 한다.

한영인에서는 '한영인 10개년 개발계획'이라는 이름으로 정규 교육과정에서 반드시 작성하도록 한다. 나를 프리리치로 만들어 줄 나의 인생템을 어떻게 완성하느냐는 프리리치 1단계에서 매각이라는 최종 7단계까지의 소요 시간을 10년이라고 가정하고 그 전체 과정을 한눈에 볼 수 있고, 머릿속에 담아둘 수 있도록 하는 지도를 만드는 작업이라고 이해하면 좋다. 이 플랜이 없이 프리리치의 과정을 걷다 보면 중간에 발생하게 될 산적한 문제를 해결하는 와중에 반드시 길을 잃고 헤매면서 자원을 낭비하고, 프리리치의 여정을 포기하게 되는 안타까운 상황과 만나게 된다. 지도 없이 보물을 찾아갈 수는 없는 노릇이 아닌가.

그렇다면 부자라는 목표에 차근차근 다가가기 위해서는 당신은 어떻게 할 것인가? 우리는 너무나 자주 잘하는 것과 열심히 하는 것을 혼동한다. 프리리치 7단계의 중요성을 설명하고, 사람들이 그것에 대해서 필요성을 깊이 인식하고 공감하는데 그런 공감의 끝에 질문한다.

앞으로 어떻게 하겠느냐고 물으면 늘 돌아오는 답변이 있다. 바로 "열심히 해야 합니다!"라는 말이다. 그런데 안타깝게도 이 세상 그 어떤 일도, 열심히 해야 한다. 그냥 평범하게 회사에 다니기로 맘먹었더라도 더 열심히 쳇바퀴를 돌리라고 늘 채찍질을 가하는 곳이 회사가 아니던가.

하물며 다른 일도 아닌 사업이다. 열심히 한다는 말은 너무 당연한 명제이기에 절대 해답이 될 수 없다. '열심히 한다'를 '잘하고 있다'와 동일시하는 사람은 포도를 따기 위해 제자리에서 계속 점프만 하는 여우와 같다. 매일같이 열심히 하고 있는데, 늘 제자리를 못 벗어나는 이유가 바로 거기에 있다. 그렇게 기운만 빼서는 사업은커녕 일반적인 사회생활도 온전히 수행하기 어렵다. 그러므로 무슨 일을 하든 어떻게 하면 잘 해 낼 수 있는지, 그 정확한 방법을 찾아야 한다. 바로 성공 확률이 높은, 명확한 계획의 수립이다.

필자가 20대였을 때 '20대 사장 만들기'라는 커뮤니티를 운영했었는데 취업을 하기 위해 스펙을 쌓고 도서관에서 공부하는 대신, 사업을 하겠다는 의욕으로 가득 찬 청년들이 모여들었다. 이 모임은 나중에는 청창진청년창업진흥협회라는 이름으로 확대됐다. 당시에도 벤처 창업이나 작지만 자기 사업을 갖고 싶다는 꿈을 실현하기 위해 행동으로 옮기려는 진취적인 젊은이들이 적지 않았다. '20대 사장 만들기'를 운영할 때 필자가 교육생들에게 강조했던 점은 바로 이것이다. 정확한 로드맵, 즉 명확한 목표의 수립과 목적의식 고취, 그리고 현실적이면서도 세분화된 계획 설정이다. 당장 그 목표를 이루는 데 필요한 자금과 능력이 부족해도 좋다. 계획만 제대로 세워졌다면 능히 채울 수 있는 부분이기 때문이다. 하루하루 무언가 열심히 하고, 그에 적합한 보상이 뒤따른다고 한다는 것은 잘한다는 말과 다르다. 요즘 세상 자체가 이를 허락하지 않는다. 무작정 자영업에 뛰어들었다가 낭패를 보는 사람들이 얼마나 많은지는 굳이 설명하지 않겠다. 하물며 프리리치라는 대업을 이루고자 하는 마당에 그저 열심히 하라는 말은 목적지로 향하는 길로 정확하게 진행해야 하지만 그저 열심히 로터리를 맴돌며 연료를 소모하고 있을 뿐인 어리석은 운전자와 다름없다.

잘하는 사람은 열심히만 하지 않는다. 어디쯤에서 차선을 변경하는 게 좋은지, 교통 혼잡이 심해서 그것이 여의치 않다면 로터리를 한 바퀴 더 돌 것인지 무리를 해서라도 끼어들기를 할 것인지에 대해서 머릿속에서 상황을 그려보기도 한다. 그리고 목적지를 향한 정확한 방향의 파악과 함께, 실시간 교통 상황을 점검할 수 있는 방법이 있는지 등에 대해서도 알아보고 준비를 함으로써 상황의 변화에 기민하게 대응할 수 있도록 준비한다. 무엇보다 목적지로 향하는 과정에서 연료가 떨어져 차가 길 한복판에서 멈춰서는 불상사는 일어나지 않도록 주유소의 위치를 파악해두는 것도 절대 잊지 않는다.

'목적지까지의 거리가 200킬로미터이니까 시속 100킬로미터로 달리면 두 시간만 가면 된다'라는 식으로 단순하게 상황을 바라보다 낭패를 겪는 어리석음은 범하지 않는다. 열심히 하는 사람과 잘하는 사람의 차이는 그런 것이다.

프리리치를 완성하기 위해 필요한 나만의 인생템은 말 그대로 당신이 부자로 나아가기 위한 첫걸음이다. 하지만 그 걸음을 떼기 전에 완벽한 로드맵의 수립이 필수다. 밑에 빈칸에 다음 사항들에 대한 답을 적어보자.

- 나는 왜 부자가 되려 하는가
- 부자가 되기 위해 어떤 아이템을 선택할 것인가
- 사업을 성공적으로 이루기 위해 얼마나 많은 시간과 비용이 필요한가
- 그 목표를 성공적으로 수행하기 위해 어떠한 교육과 사전 경험이 필요한가

- 그에 따르는 세부적인 계획은 무엇인가

필자가 가르쳐왔던 인생템 프로세스 혹은 슈퍼리치 영업의 기술을 성실하게 배우고 실행으로 옮긴다면 100% 효과가 나타난다. 심지어 그 중 일부의 것들만 현실에 적용해도 놀라운 결과가 나온다. 그건 필자가 보장할 수 있다. 하지만 앞에서 설정했던 목표, 즉 우리를 경제적인 문제에서 완벽하게 해방해줄 정도의 부를 일궈낼 수 있는 단계인 프리리치는 작은 성공으로 달성할 수 있는 목표가 아니다.

하지만 안타깝게도 더 열심히 나만의 프로세스를 갈고 닦으셔야 한다고 그렇게 조언해도 처음 느껴보는 작은 성공의 달콤한 열매에 푹 빠져서 다시금 예전의 그 암담한 상태로 미끄러지는 사람들도 많이 보았다. 프리리치의 7단계를 성실하게 이행하면 누구나 될 수 있지만 실제로 그렇게 되는 사람은 많지 않다. 실천에 옮기지 않고, 꾸준히 실행하지 않기 때문이다. 부자가 되는 길은 그렇게 결코 비단길처럼 마냥 손쉽고 안락한 과정은 절대 아니다. 그러므로 '부자가 되고 말겠어'라는 굳은 결심을 잃지 않고, '나는 지금 목표지점을 향한 여정 중 어디쯤 와있다'라는 사실을 늘 되돌아보며 방향을 잃지 않은 냉철함을 겸비한 채, 꾸준히 뚜벅뚜벅 걸어가야만 한다. 그게 플랜이고 로드맵이다.

프리리치를 완성하기 위해 필요한 나만의 인생템은 말 그대로 당신이 부자로 나아가기 위한 첫걸음이다. 하지만 그 걸음을 떼기 전에 완벽한 로드맵의 수립이 필수다. 밑에 빈칸에 다음 사항들에 대한 답을 적어보자.

- 나는 왜 부자가 되려 하는가
- 부자가 되기 위해 어떤 아이템을 선택할 것인가
- 사업을 성공적으로 이루기 위해 얼마나 많은 시간과 비용이 필요한가
- 그 목표를 성공적으로 수행하기 위해 어떠한 교육과 사전 경험이 필요한가
- 그에 따르는 세부적인 계획은 무엇인가

CHAPTER 2

타깃팅: 가진 게 없다면 정확하게 정곡을 찔러야 한다

원래 전략Strategy과 같은 단어는 군인들이나 사용하는 전쟁터의 언어인데 평범한 우리도 너무나 자주 쓰고 있다. 그렇게 자주 쓰는 말 중에서 타깃팅Targeting에 대해서 이야기해 보자. 프리리치 7단계의 첫 부분이 타깃팅이기 때문이다. 그런데 사전적인 의미를 모르는 사람은 거의 없을 테니까 자세한 설명에 들어가기에 앞서서 타깃팅이라는 단어가 왜 프리리치 7단계라는 방법론에 있는지 그 이유부터 짐작해보자.

처음 장사를 시작하던 무렵의 필자나 이 책을 읽고 계실 여러분 중 상당수가 아마 비슷한 상황일 것으로 생각한다. 가진 게 없는 상황이기 쉽다. 타깃팅이라는 단어가 맨 처음에 등장하는 이유도 '가진 게 없다'라는 처절한 현실에서부터 우리의 긴 여정이 시작되어야 하기 때문이다.

가진 게 없으니 어떤 일을 하더라도 쏟아부을 수 있는 자원Resources이라고 해봐야 노력이 대부분이다. 그리고 시간이다. 새로 분식점을 시작했다고 하더라도 개업 효과를 제대로 받기 위해서 프로모션에 돈을 막 쓸 수도 없다. 있다고 해도 그렇게 하기가 쉽지 않다. 그게 현실이지 않은가?

그러니 우리가 선택할 방법은 가장 효과가 높은 것에 자원을 사용하는 것이다. 그래서 타깃팅이 바로 시작점이다. 할 수 있는 노력, 사용할 수 있는 자원을 불특정 다수의 사람이 아니라 일군의 사람들로 좁혀 잡아야 한다. 분식점으로 돈을 벌겠다고 생각하면서 망원동 시장에다 조그만 가게를 열었다면 서울 사람들을 고객으로 생각하면 곧바로 망한다. 망원동 시장에 있는 내가 무슨 수로 청담동에 있는 사람에게 떡

볶이를 팔겠나? 망원역에 오가는 사람, 망원 시장에 온 사람을 대상으로 해야 한다. 그래서 목표를 가능한 좁게 잡아야 한다. 우리는 산탄총을 쏠 능력이 없다. 총알이 몇 발 없으니 정확하게 목표를 겨냥해야만 한다. 그게 타깃팅의 원리이다.

'어떤 일로 부자가 되겠는가?'라는 질문에 조금이나마 고민하는 사람들은 이렇게 대답을 하곤 한다. "저는 20대 남성을 대상으로 할 거예요." "3, 40대 주부가 주요 대상입니다."

이 정도면 아주 훌륭하다. 그런데 인생템을 명확히 정해 두고도 이렇게 대답하는 사람이 흔하지가 않다. 누군가는 이렇게 반문할지 모른다.

"고객층이 넓으면 넓을수록 좋은 거지 왜 일부에게만 한정하나요? 자기가 사업만 제대로 하면 남녀노소 불구하고 다 구매하지 않을까요?" 듣고 보니 이 말도 틀린 소리는 아닌 거 같다. 당신은 어떻게 생각하는가? 그렇다면 이제부터 고객 설정, 즉 타깃팅에 대해 하나씩 알아보자.

지금껏 살아오면서 무언가 뾰족한 것이 찔려서 아파보았던 경험이 다들 있었을 것이다. 그래서 필자는 타깃팅을 강의할 때면 송곳 이야기를 꺼낸다. 상상해보자. 누군가 당신의 손바닥을 엄지손가락만 한 두께의 막대기로 찌르려 할 때와 뾰족한 송곳으로 찌르려 할 때 각각 어떤 반응을 보이게 될까?

엄지손가락만 한 두께의 막대기로 찌르려고 할 때는 별 거부감이 없다. 하지만 송곳으로 손바닥을 찌르려고 하면 어떻게 되겠는가? 어깨가 움츠러들고 송곳에서 손은 저절로 멀어진다. 표정 또한 겁을 먹은 듯 잔뜩 찌푸려질 것이다. 그렇다면 왜 이러한 반응이 나오는가. 앞서 파블로프의 개 실험을 통해 알고 있듯, 무언가 뾰족한 것 때문에 통증을 경험한 적 있는 당신의 기억 때문에 몸이 무의식적으로 고통을 피하고자 반응하는 것이다.

그렇다. 사업할 때도 주어진 시간과 자본은 한정이 되어있는데 만약 연령대를 가리지 않고 고객층을 넓히기만 한다고 더 좋은 결과를 낼 수 있을까? 하지만 현실적으로 모든 연령대를 고객으로 삼으려면 광고해야 할 것이고 모든 사람에게 적용 가능한 제품이나 서비스를 개발하고 구축해야 한다. 그 비용은 일반적인 기업들도 감당하기 힘든 수준이다.

만일 당신이 가진 인생템이 여드름과 관련이 있다고 생각해 보자. 요즘은 10대나 20대의 젊은이들만이 아니라 성인 여드름도 문제가 되곤 하니 전 연령대로 사업을 넓게 펼쳐야 할까? 하지만 20대면서 여드름이 있고 있는 사람만을 대상으로 고객을 좁혀서 생각해 본다면 어떨까? 더 범위를 좁혀 20대 초반의 여성 여드름 환자를 대상으로 한다면?

특화해야 할 고객이 명확하게 정해져 있다면 홍보를 위한 기획 역시 그만큼 간결해진다. 모든 나이를 대상으로 할 때보다 제품과 서비스를 만드는 비용의 절감도 가능하다. 특정 대상에 집중하는 만큼 그 고객층에 있어서만큼은 경쟁사들보다 우위를 점할 수도 있다.

그렇다. 송곳이 끝이 뭉툭하면 정확하게 구멍을 내야 할 곳에 구멍을 내기 위해서는 더 큰 힘을 투여해야 한다. 하지만 같은 힘을 들이더라도 끝이 구멍을 손쉽게 뚫을 수 있을 정도로 뾰족하다면 구멍을 쉽게 뚫을 수 있다. 특히나 혼자서 또는 10인 이하도 작은 규모로 시작하는 사업이라면 더더욱 시간과 노력을 분산시켜 여기에도 저기에도 걸맞지 않은 서비스를 제공하느니 특정한 사람에게 필요한 무언가로 만드는 것이 더욱 좋다는 말이다.

돋보기로 종이를 태울 때도 그냥 햇빛을 투과시켜서는 종이에 절대 불이 붙지 않는다. 하지만 초점을 계속 한곳에, 점처럼 집중시키면 비로소 연기가 피어오르고 종이가 타기 시작한다. 태양은 늘 그 자리에 있고, 누구에게나 똑같은 양의 햇빛을 전달한다. 그러나 같은 햇빛이어도 어떻게 에너지를 모아서 활용하느냐에 따라서 그 결과는 달라질 수 있다는 이야기다. 송곳의 끝을 날카롭게 다듬고 돋보기를 투과하는 햇빛의 초점을 최대한 좁히듯이, 고객층을 특정한 영역으로 좁혀서 사업의 집중력과 효율성을 높이는 것, 이것이 바로 타깃팅이다.

같은 힘을 들이더라도 끝이 구멍을 손쉽게 뚫을 수 있을 정도로 뾰족하다면 구멍을 쉽게 뚫을 수 있다. 특히나 혼자서 또는 10인 이하도 작은 규모로 시작하는 사업이라면 더더욱 시간과 노력을 분산시켜 여기에도 저기에도 걸맞지 않은 서비스를 제공하느니 특정한 사람에게 필요한 무언가로 만드는 것이 더욱 좋다는 말이다. 송곳의 끝을 날카롭게 다듬고 돋보기를 투과하는 햇빛의 초점을 최대한 좁히듯이, 고객층을 특정한 영역으로 좁혀서 사업의 집중력과 효율성을 높이는 것, 이것이 바로 타깃팅이다.

CHAPTER 3

로봇:
내 열정이 남들에게는
부담일 수 있다?

'낮은 공'이라는 의미의 로볼Low Ball은 군대 시절에 읽었던 어떤 책에서 따온 말이다. '풋 인더 도어, 도어 인 더 헤드Foot In The Door, Door In The Head'라는 기법이 있는데 그중 하나가 바로 로볼 테크닉이다. 무턱대고 내가 원하는 것을 상대방에게 요구하지 말라는 것이다. 대신 상대방이 잡기 쉽도록 낮고 편하게 공을 던지며 캐치볼을 하듯, 상대방의 처지에서 보다 편안한 요구를 던져 주면서 차차 요구의 수준을 높여가라는 뜻이다.

누군가 5미터 앞에서 돌처럼 단단한 야구공을 있는 힘껏 당신을 향해서 힘차게 던진다고 상상해 보라. 편안한 얼굴로 차분하게 공을 받을 여유가 있을 사람이 얼마나 되겠냐는 말이다. 그처럼 공을 던질 때 처음부터 거세게 빠른 공을 던지면 받는 처지에서는 부담이 될 수밖에 없지 않겠는가? 공을 받기는커녕 피하기 바쁘다.

따라서 상대방에게 공을 던질 때는 먼저 천천히 낮게 던져주면서 조금씩, 조금씩 공을 던지는 속도를 높인다면 상대방도 그때는 처음부터 공을 빠르게 던지는 것보다는 쉽게 공을 잡을 수 있다. 당신은 바로 이 원리를 종자사업에 적용하여, 고객을 발굴할 때 사용해야 한다. 그리고 정보, 경품, 할인, 샘플, 체험, 서비스, 멤버십 등이 바로 로볼의 도구들이다. 당신은 이것들을 사용하여 고객들이 당신에게 연락을 먼저 하게 하거나 상담을 요청하게 할 수도 있고, 당신의 상품 또는 서비스를 구매하고 다른 사람들에게 소개하게 할 수도 있다. 핵심은 당신이 원하는 방향으로 고객을 움직이게 할 수 있다는 것이다.

사업을 진행할 때 필요한 고객발굴을 좀 더 잘하게 해주는 촉매, 윤활

유라고 생각하면 쉬울 듯하다. 낚시할 때 무작정 낚싯바늘에 미끼를 꽂아서 바다에 던지면 물고기가 잡히던가? 잡으려는 물고기가 좋아하는 밑밥을 뿌려서 낚싯대 주위에 몰리게 만들어주는 작업이 미리 있어야 물고기가 낚싯바늘을 물지 않겠는가? 이렇게 미끼와 밑밥의 역할을 하는 것이 로볼의 역할이다.

무언가를 팔아야 하는 상황으로 돌아가서 이렇게 설명할 수 있다. 만약 내가 정말로 좋은 제품으로 고객을 만족시키겠다는 열정과 사명감까지 있다 해도 내가 만나는 사람들은 이런 나의 열정을 알지도 못할뿐더러 크게 관심도 없는 상태다. 그렇게 나를 만나기는 했어도 심드렁한 그런 상태에 있는 사람에게 "고객님, 이 제품으로 말할 것 같으면 어쩌고저쩌고…"라고 열정적으로 설명하거나 설득한다면 어떤 반응이 나올까를 생각해보면 로볼의 필요성에 대해서 짐작할 수 있지 않을까?

아마 맞은 편에 앉아있는 사람은 속으로 이렇게 생각할 것이다. '뭐야 이 사람, 무섭게'라고 부담을 느끼면서 어떻게 해서든 자리를 벗어나고 싶은 생각밖에 갖지 않을 것이다. 나중에 내가 제안했던 제품에 정말로 만족하게 되더라도 나의 지나친 열정 때문에 매출이 일어나기는커녕 어렵사리 만난 고객이 꽁무니를 빼게 만드는 어처구니없는 결과가 나오게 된다. 왜 필자가 낮게 던지는 공Low Ball이라는 단어를 만들었는지를 짐작해보았으면 한다.

그들의 로볼: '저는 바가지 없는 정직한 청년입니다'라던 어느 중고차 딜러의 이야기

지금으로부터 10여 년 전쯤에 부산 중고차 매매단지에서 일하고 있다는 청년'이 업계에서 최고로 성공하고 싶습니다'라면서 필자를 찾아왔었다. 우선 자기 이름을 간판으로 하는 중고차 상사를 운영하는 것이 1차 목표라고 했다. 당시 23세이던 이 친구는 "중고차 매매 딜러라는 직업에 대한 사람들의 인식이 형편없다"라면서도 자신만의 사업을 만들고 싶다고 했다.

이유를 물었더니, 중고차 상사와 자기 물건이 없이 상사와의 관계로 판매를 하고 수수료만 가져가는 알선딜러라는 기존 중고차 매매업의 구조 상, "그렇게 되면 바가지를 안 씌울 수가 없습니다"라고 단호하게 말하는 것이다. 자기는 업계에서 고객에게 피해를 주는 방식이 너무나 싫어서 자기가 직접 자동차 매매 상사를 운영하고 싶다고 했었다. 생각이 너무 기특하고 멋져서 어떻게든 그를 돕고 싶었다.

하지만 그는 가진 게 거의 없었기 때문에 중고차 구매 고객에게 본인을 알리는 작업에 전단 배포와 같은 기존의 효과가 거의 없는 무의미한 일을 하지 않기로 했다. 그래서 결론은 타깃팅과 로볼이었다. 모든 차를 판매할 수 있는 여건이 안 되니 자금 흐름이 비교적 빠른 차종으로 목표를 잡았다. 소형차 위주의 영업이라는 결론이 나왔다. 마진이 작아도 많이 팔아서 남기는 박리다매형 판매를 계획하고 나서 로볼을 고민했다. '소형 중고차를 구매하려는 사람들이 관심을 가질만한 것이 무엇이 있을까?'

에 대한 답을 찾았다.

이렇듯 우리는 중고차 매매 단지라는 경쟁자들의 현재 상황을 고객의 입장에서 바라보기로 했다. '판매자를 믿을 수가 없다. 사기 당하는 것 같다'라는 생각이 팽배한 시장이었다. 그러므로 역설적으로 '이 사람은 믿을만한데?'라는 생각을 심어주는 것이 당시 그가 하고 있던 방식인 전단을 수만 장 돌리고, 조선 시대 도령 복장을 입고 호객행위를 하는 것보다 백번은 나은 결과를 가져올 것이라고 잠정 결론을 내렸다. 로볼에 대한 콘셉트가 그렇게 도출됐다.

그렇게 해서 이 청년이 만든 것은 '중고차 판매할 때 딜러들이 바가지 씌우는 노하우 7가지 모음집'이라는 제목으로 정보집이었다. 이것을 타깃 고객들이 신청할 수 있도록 하는 레터에 '무료증정'이라는 카피도 함께 달았다. 이 로볼의 포인트는 무엇인가? 그렇다. 고객들이 꼭 알아두어야 할 정보를 무료로 받아볼 수 있다는 것이 포인트인 셈이었다. 자동차 커뮤니티나 포털사이트 관련 게시판에 정보집에 실은 실무자들만이 알 법한 글을 올리면서 '내용이 더 필요하면 이메일을 보내세요. 정보집을 보내드립니다'라는 식으로 홍보했다.

반응은 뜨거웠다. 이 청년의 로볼은 결국 인터넷을 통해서 널리 회자되기 시작해 실제 중고차 구매를 원하고 있던, 수많은 사람들이 상담을 요청했다. 어찌나 많은 사람들이 상담을 요청했는지 파리만 날리기 일쑤이던 이 청년의 사업은 탄력을 받기 시작했다.

그런데 여기서 말하고자 하는 것은 '필자가 처방한 솔루션이 이렇게

나 효과가 좋습니다'가 아니라, 이 책을 읽는 당신이 하고 있는 일에서도 어떻게 하면 당장 성과를 높일 수 있는 지에 대한 중요한 힌트를 얻는 것이다.

우리는 가진 자원이 별로 없었기에 목표를 좁혀 잡았던 것이다. 집중된 효과를 노리면서 말이다. 그게 타깃팅이다. 이렇게 목표로 잡은 고객들이 관심을 가질만한 내용으로 로볼을 만들었고, 만들어진 로볼을 적합한 장소인 목표 고객들이 자주 출몰, 은거, 배회하는 곳, 즉 포인트에 뿌렸다. 폭발적인 반응이 있었고 결국 이 청년은 사업이라고 부를 수 있을만한 결과물이 만들어지기 시작했다.

왜? 로볼을 신청해서 정보집을 받은 사람들은 거의 대부분 이 청년에게 개입되었고, 실제로 중고차를 구매하려고 할 때 사기 당하기 일쑤인 곳에서 위험부담을 안고 조마조마하게 구매를 하느니 이미 좋은 정보를 내게 공짜로 주었던 사람에게서 중고차를 샀기 때문이다. 결국 이 청년은 자기 이름을 내건 자동차 매매상의 사장이 됐다. 이는 모두 실제 사례이다.

그들의 로볼: 거래처 가서 그냥 앉아있다 나오는 게 무슨 영업이에요?

영업 현장은 팍팍하다. 제아무리 마음을 강하게 먹어도 두어 군데서 냉랭한 대접을 받으면 누구라도 마음이 흔들린다. '내가 이 일을 할 수 있을까? 이게 맞는 길일까?'와 같은 회의감에서 허우적거리게 된다.

'있는 거래처만 잘 관리해. 더 바라지 않는다'라며 건네준 기존 거래처를 방문했다. 문을 열고 들어가기 전에는 큰 소리로 인사하며 "안녕하십니까? 사장님, 새로 담당을 하게 된 누구라고 합니다"라고 말하면 '반갑게 인사하며 아는 체를 하겠지'라면서 그렸던 시나리오는 문을 열자 곧 사라졌다. "어서 오세~"라는 인사가 채 끝나기도 전에 '위아래로 훑어보더니 거기 앉아서 기다리세요'라고 바로 냉랭한 목소리가 나온다. 손님이 아니라 영업하러 왔다는 게 보이나 보다.

그런데 소파에 앉아서 기다리는 그 몇 분이 좀이 쑤시고 불편하기 짝이 없다. 어색하다. 손님에게는 저렇게 친절하면서 나한테는 왜 그리 퉁명스러운지 "알았어요"라고만 한다. "아니, 나는 별 얘기도 하지 않았는데. 뭐 어려운 점 없으세요?"라고 물어봤으면 이런저런 고충을 얘기해줘야 대화가 이어질 텐데 "뭐, 그냥요"란다. (어색한 침묵) 그럼 다음에 "또 뵙겠습니다"라고 나온다. 오늘 하루 열심히 영업했다고 생각하지만 생각해보면 이게 영업이기는 한 걸까?

네일아트 숍에 관련 용품을 납품하는 회사에서 일하던 C가 필자를 찾아왔을 때의 상황이 그랬다. 전임자가 물려준 고정 거래처가 14곳이 있어서 그럭저럭 유지하고 관리하며 납품 활동은 하고 있어서 입에 풀칠할 정도는 됐지만 그게 전부였다. 그래서 뭘 좀 어떻게 해보려고 아이디어를 내봐도 회사에서는 그저 '기존 거래처만 잘 관히하라'는 답만 돌아왔다.

필자를 찾아왔다는 그 자체가 현재 상황을 어떻게든 바꾸려는 강력한 의지의 반영 아닌가. 그래서 C에게 이렇게 물었다. "기존 거래처 관리가 어떻게 이루어지고 있습니까?" 그러나 그는 이렇게 대답했다. "드물게 거래를 하는 네일아트 숍 원장들이 먼저 연락을 해요. 하지만 보통은 저희가 직접 14군데의 거래처를 순회 방문하면서 원장님들과 대화를 나누는 식으로 관계를 유지하는 데 급급하죠." 현재 상황을 이야기해보라는 필자의 말에 자세히 설명하고 있었지만 말하는 내내 어깨가 축 늘어져 온몸에 기운이 없어 보였다. 우리는 머리를 맞대고 고민했다. 회사에서 지원을 해주는 건 없어도 다행인 것은 네일아트숍이라는 거래처가 명확히 있기는 했다. 결국 네일아트숍 사장들이 우리에게 관심을 두게 만드는 무언가가 아니라 네일아트숍 손님들이 관심 있는 것에 주목했다.

우리에게 냉랭하게 굴기는 하지만 그분들도 소규모 자영업자이기에 그날그날의 매출을 올리는 데에 관심을 먼저 가질 수밖에 없었기 때문이었다. 그래서 우리는 그분들에게 도움이 될만한 무언가를 제공하는 방법을 택했고, 로볼을 네일아트숍 손님들이 관심 가질만한 것으로 만들기로 했다. 손님들이 와서 '언니, 이렇게 해주세요'라고 요구하는 네일아트 디자인이 무언가를 알려고 하다 보니 TV에 나오는 인기 연예인들의 네일아트 디자인이 눈에 들어왔다. 그래서 잡지, 인터넷, TV 등을 통해서 인기 있는 디자인을 하나씩 수집했다.

'손님들이 숍으로 들어왔을 때 효과적으로 응대할 때 사용할 만한 멘트와 처음 온 고객을 단골로 만드는 관리법' 등 유익한 정보들을 정리하기 시작했다. 이렇게 어느 정도의 정보가 모이자 그 중 지난 주 TV에 나왔던 '연예인 손톱 모음집 무료 증정'이라는 책자형 로볼을 인쇄, 부산 경남 지역의 네일 아트숍 720곳에 일괄 발송했다.

생각했던 것보다 그 로봇에 대한 반응은 뜨거웠다. 로봇을 발송한 다음 미리 세미나를 개최하라는 이벤트를 단단히 일러뒀었다. 단 1명이 신청하더라도 로봇을 받아본 다음 관심이 생겨서 찾아오는 사람이 있을 것이고 그 사람을 시작으로 마케팅을 하면 성공할 수 있다고 동기부여 했다.

그래도 내심 '원장들에게 꼭 필요한 정보이니까 반응이 오겠지?'라는 생각에 '몇 명이나 올까?' 하는 마음이었는데 놀랍게도 처음 개최한 세미나에 무려 세미나 참가 신청자 수가 180명에 달하는 대성공을 거두게 됐다. 수강 신청 인원이 너무 많은 관계로 세미나는 부산 벡스코에서 3일에 걸쳐 나눠 하루 2차례 30명씩 진행이 됐다. 처음 새로운 방식으로 고객 발굴을 하려고 했을 땐 열악하기만 했었다. 정작 회사에서도 괜한 짓 한다며 비관적으로 생각했었는데 결과는 그야말로 서프라이즈였다. 더욱더 놀라운 것은 세미나가 끝나고 벌어졌다.

세미나에 참석한 참가자들에게 네일아트숍에 납품하는 물건과 회사에서 판매하는 고가의 시술 장비를 20% 할인된 가격에 현장 판매한다는 사실을 알렸을 때였다. 170만 원에서 할인된 140만 원의 장비를 무려 50여 개나 불티나게 판매한 것이다. 이뿐만 아니라 2~30만 원가량 하는 패키지로 구성된 각종 부자재의 현장 판매는 100개가 넘도록 팔리는 신기록을 세우기도 했다. 결국 잘 기획된 로봇 하나로 열린 한 번의 세미나에서 1억 원이 넘는 매출을 기록하게 된 것이다.

이후 C는 회사에서 단박에 인정받는 사원이 됐고, 그가 무얼 계획하든 '회사는 팍팍 밀어줄 테니 말만하라'는 파워 엘리트로 인정받았으며, 결국 독립해서 관련 용품 유통회사의 사장이 됐다.

사업을 진행할 때 필요한 고객발굴을 좀 더 잘하게 해주는 촉매, 윤활유라고 생각하면 쉬울 듯하다. 낚시할 때 무작정 낚싯바늘에 미끼를 꽂아서 바다에 던지면 물고기가 잡히던가? 잡으려는 물고기가 좋아하는 밑밥을 뿌려서 낚싯대 주위에 몰리게 만들어주는 작업이 미리 있어야 물고기가 낚싯바늘을 물지 않겠는가? 이렇게 미끼와 밑밥의 역할을 하는 것이 로볼의 역할이다.

CHAPTER 4

개입상품:
팔지 말고
고객이 샀다고
믿게 하라

한국비즈니스협회 김주하 대표의 경험담을 하나 얘기해볼까 한다. 어렸을 적부터 똑소리 나는 사람이었던 김 대표는 집안 사정이 그리 넉넉한 편이 아니어서 대학생 시절, 횟집에서 아르바이트를 오랫동안 했었는데 인심 좋고 사람 좋은 횟집 주인과 이런저런 호흡이 척척 잘 맞았다고 한다. 그래서 고되고 힘들었을 아르바이트 일을 참 열심히 했다는데 손님들이 오면 비싼 횟감을 시키도록 나름의 영업도 곧잘 하곤 해서 사장님에게 '고맙다'는 이야기도 여러 번 들었을 정도였다.

같은 일을 하는 필자가 봐도 김 대표는 장점이 참 많은 사람인데 그중에서도 탁월한 관찰력이 일품이다. 생글생글 웃는 모습이 참 좋은 사람인데 가끔 아무 말도 하지 않고 커다란 눈을 반짝이며 뚫어지라고 무언가를 쳐다보는 걸 볼 수 있다. 그런 때면 여지없이 무언가를 배웠을 때였다. 그 횟집 아르바이트 시절에 있었던 에피소드 하나를 소개하겠다.

아직 학생이었을 때였지만 본인 자신도 나름 '이렇게 하면 팔 수 있다'라는 자신감이 있었다고 한다. 하루는 그날 횟감으로 들어온 갯돔이 참 좋더란다. 그래서 누가 시키지도 않았는데 '이걸 한번 팔아봐야겠다'라면서 손님들에게 이런저런 방법으로 권했지만 별로 반응이 없었다고 한다. 비싼 갯돔을 판다고 해서 아르바이트생에게 수당이 더 주어지는 것도 아닌데 말이다. 그녀는 혼자서 심각해졌었는데 그때에도 '이걸 왜 못 팔고 있을까?'를 고민했었단다. 손님들 기분이 언짢지 않게 환하게 웃으면서 나름 그동안 경험해서 갈고 닦은 노하우를 동원해서 영업활동을 했는데에도 결국 성과를 얻지 못했던 게 무척이나 속상했었던 때문이었다. 그냥 아르바이트생이라면 '어쩔 수 없지 뭐'라고 생각하고 말았겠지만 문제를 만나면 어떻게든 해결하고야 마는 김 대표의 끈기는 학생 때에도 여전했었던 모양이다. 그 문제로 말없이 한동안 고민하다 어느 날엔가 문득 가게 출입문에 씌어있는 풀Pull이라는 영어 단어를 보면서 무릎을 탁! 하고 쳤단다. 횟집 출입문이 바깥쪽에서 잡아당겨서 열리게끔 되어 있었는데 그걸 보면서 무언가를 깨달았다는 얘기였다.

내가 무언가를 팔기 위해서 상대방에게 자꾸 이런저런 조건을 제시하는 것들 모두가 푸쉬Push 행위인데 때에 따라서는 그렇게 해서는 절대 열리지 않는 문이 있더라는 것이다. 그 횟집 출입문처럼. 하지만 그런 경우에라도 손님이 직접 자기 쪽으로 잡아당기면Pull 문은 열리게 마련이다. '아! 그거구나' 김주하 대표는 그때의 깨달음을 이렇게 말하곤 한다. '비싼 건 내가 파는 게 아니라, 손님이 사는 거예요'라고. 그날 일을 얘기하던 김 대표의 미소 머금은 중저음이 기억에 오랫동안 남았다. 그동안 수많은 사례를 통해서 효과를 입증한 프리리치 7단계를 다른 관점에서 한마디로 표현한다면 아마 이런 문장이 되지 않을까 싶다.

'팔지 말고, 내가 샀다고 믿게 하라'

손님으로 하여금 '내가 이 사람에게서 무언가를 구매했다'라고 생각하게 만드는 방법이라고 말이다. 겪어보고, 분명한 관점을 갖게 되는 수준이 되면 영업이라는 것이 물건이나 서비스를 파는 것이 아니라 손님이 구입하는 것이라는 사실을 알게 된다. 고가의 제품이나 서비스였으면 더욱더 그렇다. 세일즈맨, 영업사원이 현란한 화술과 두둑한 사은품 등을 제시했기 때문에 손님들이 지갑을 여는 게 아니라는 것을 깨달아야 한다. 그래야 다른 세상이 문을 열게 된다. 성공으로 가는 문.

많은 경험과 도전을 통해 무언가를 깨닫게 된 그녀는 이후로 주하 효과라는 애칭으로 불리는 허를 찌르면서도 아! 하는 감탄사를 자아내는 세일즈, 마케팅의 여왕이 됐다. 한영인의 큰 성공도 그 덕을 톡톡히 봤음은 물론이다.

흔히 우스갯소리로 "경마장에서 돈 잃은 사람은 돈이 생기자마자 다시 경마장으로 뛰어간다"라고 한다. 당신도 한 번쯤 들어본 적이 있을 것이다. 그만큼 경마나 도박을 끊기가 어렵다는 의미다. 하지만 필자는 이런 현상에 대해 조금 다르게 해석한다. 경마장에서 돈을 잃은 사람들이 경마장을 떠나지 못하는 이유는 무엇일까? 바로 누가 시켜서가 아니라 스스로 미련을 버리지 못해서다. '그때 그 말에 배팅하지 않았다면…. 다른 말에 배팅했으면 큰돈을 땄을 텐데.' 이런 후회를 하는 사람들은 "잃은 돈만 따면 미련 없이 떠난다"라고 말한다. 하지만 어떨까? 이 말을 지키는 사람은 장담컨대 한 명도 없다. 돈을 계속 잃으면서도 자신의 행위를 정당화하고 그럴 만한 이유가 있었다고 스스로 이해시키기 때문이다. 이런 사람들은 자신을 경마장에 개입시켰기 때문이라고 말한다면 지나친 해석일까?

잠재 고객 스스로가 사업가가 제시한 로볼 등에 관심을 두고 유료 세미나를 참석한다고 생각해보자. 고객은 자신이 원하는 정보를 얻었다고 느끼면, 당신에게서 상품을 구매하고 서비스를 결제하는 일에 대해 명분과 당위성을 부여하게 된다. 바로 그때 고객 스스로 결제하면서 갖는 생각은 이렇다. '이건 그럴 만한 행위야'라고 말이다.

현실에서 종종 볼 수 있을 법한 상황을 하나 더 들어보겠다. 당신이 친구와의 약속을 위해 집을 나섰다. 집 근처의 버스정류장에서 버스를 타면 약속 장소까지 10분이면 도착할 수 있다. 당신은 약속에 늦지 않기 위해 약속 시각 30분 전에 집에서 나왔다. 그런데 그날따라 버스가 좀처럼 오지 않는 것이다. 5분이 지나고 10분이 지나고 결국 20분이 지나 버렸다. 이런 상황에서 당신은 어떤 행동을 취할 것인가? 기다리던 버스를 계속 기다릴까? 아니면 약속에 늦을 것 같으니 택시를 잡아탈까? 대부분은 버스가 이내 올 것만 같아서 조금만 더 기다리다가 결국에는 약속에 늦고 만다. 그렇지 않았나?

왜 이런 일이 벌어지는 것일까? 사람들은 본인 스스로 선택한 것을 중요하게 생각하기 때문이다. 그 생각은 생각에서 끝나지 않고 선택에 대한 강한 집착으로까지 연결된다. 사람의 그런 심리를 활용하는 것이 바로 개입상품이다. 좀 더 자세히 알아보자. 먼저 개입이라는 용어를 이해하면 좋겠다. 정류장에서 버스를 기다리던 시간이 아까워 눈앞의 택시를 보고도 타지 않는 것은, 버스를 기다렸던 상황에 개입이 된 것이다. 이성적으로 멀리 떨어져서 보면 다른 판단을 내릴 수도 있지만 한 번 상황에 집중하게 되면 계속 같은 방향으로 판단하고 행동하게 되는 것과 같은 원리다.

이처럼 개입상품이란, 고객이 당신을 만나기까지 돈이나 시간 혹은 노력이든 무엇이라도 투자했기 때문에 다른 사람이 아닌 당신에게서 구매를 결심하게 되는 상품을 말한다. 뒤에 설명하게 될 멘토 포지셔닝까지 잘 적용한다면 더 큰 개입을 만들 수 있다. 당신이 전문가로서의 신뢰까지 확고하게 갖추게 된다면 고객은 '이 사람에게서 구매하는 것은 타당해. 전문가니까'라는 명분까지 갖게 된다. 이렇게 되면 고객은 당신이 미리 설계해놓은 프리리치 8가지 스킬에 스스로 개입된 것이다. 이제 개입 상품으로 성공을 거둔 사례들을 통해 자신의 개입 상품을 만들어보길 바란다.

그들의 개입 상품: 방법을 알려줘도 굳이 사네요

프리리치가 자랑하는 가장 훌륭한 사례로 꼽는 분이 있다. 이분은 한 달에 자동차 한 대를 취미로 뽑을 정도로 돈을 잘 버는 분이다. 원래는 가내수공업 형식으로 건강식품을 만들어 알음알음 팔던 분이었다. 그러다 반응이 좋아서 건강식품을 몇 세트씩 들고 방문판매를 시작했다. 방법을 몰랐기에 무조건 열심히 했다고 한다. 그러나 노력한 만큼의 성과는 아니었으며 그때쯤 나와 인연이 닿아 교육을 받게 됐다.

교육을 받던 중 이분은 '아예 업종을 바꿔버리자'는 아이디어를 과감하게 실천하게 되었다. 그전까지는 건강식품을 만들어 판매했었다면 아예 고객에게 노하우를 알려주고 스스로 집에서 만들 수 있도록 하는 교육 비즈니스로 업종을 바꾼 것이다. 한마디로 도·소매업에서 교육업으로 드라마틱하게 전환한 셈이었다.

무모할 수도 있었던 이 결정은 어마어마한 성공으로 이어졌다. 함께 교육을 받던 수강생들 중 상당수가 이분의 판매 대리점을 신청해서 창업하게 되었고 그분들도 매달 1천만 원에 가까운 수입을 올리게 되었다. 여기에는 어떤 전략이 숨어 있을까? 바로 개입상품의 원리가 숨겨져 있다.

사실 건강식품을 파는 모든 업체들은 그들의 제품이 몸에 좋다는 것을 알리는 데 주력한다. 하지만 이분은 건강식품을 만드는 방법을 직접 알려주었다. 고객은 어떻게 느낄 수 있을까? 건강식품을 구매해서 먹으면 몸에 좋겠지만 방법을 알아서 집에서 만들어 먹을 수도 있다면 돈도 아끼고 좋지 않을까? 하지만 여기서 재밌는 현상이 벌어진다. 이성적으로 돈만 생각하면 당연히 유료 교육을 통해서 배운 노하우로 직접 건강식품을 만들어 먹는 쪽을 택해야 한다.

하지만 사실 사람이라는 동물이 항상 이성적으로만 결정하는 것은 아니기에 이렇게 생각하는 고객도 생기기 마련이다. '번거롭게 이 고생을 하느니 차라리 사 먹는 게 낫겠다'라고 말이다. 당신이라면 이런 생각을 한 번쯤 해 보지 않았을까? 먹고 살기도 바쁜데 직접 재료와 만드는 도구들을 갖춰서 따로 시간까지 내어 매번 만들어 먹는 것보다 구매할 만한 가격이라면 편리하게 구매해서 먹을 수 있을 것이다.

만드는 방법까지 이미 알려줬는데에도 사람들은 직접 만들지 않고 사 먹게 된다. 귀찮기도 하고, 번거롭기도 하니까 말이다. 이러거나 저러거나 결국 본인들은 인지하지 못하겠지만 고객들은 돈을 내고 교육을 듣는 순간 자신의 행동에 명분을 부여하고, '이분은 전문가야'라고 확신을 더 하게 된다. 그러니 '전문가가 만드는 걸 먹는 게 낫지. 뭘 귀찮게 내가 만드냐? 손도 많이 가는데. 그냥 사먹어.' 당신에게 개입된 고객들은 이런 생각과 행동을 하게 될 가능성이 아주 커진다. 상황이 이렇게 전개되면 매출 올리는 것이 뭐 그리 어렵겠는가?

그들의 개입 상품: 본인만 모르는 비밀, 코가 꿰였다는 것

사람은 참 신기한 측면이 있다. 이를테면 최저가 구매를 위해서 인터넷 커뮤니티를 샅샅이 뒤지고 블로그에 파워 유튜버들의 영상까지 섭렵한 다음에 어떤 물건을 구매한다. '이게 최저가였어'라면서 스스로 무척이나 만족해하면서 말이다. 그런데 그렇게 구매한 최저가와 그냥 눈에 띄는 대로 구매한 제품 사이의 차액은 얼마나 될까? 아무리 대박 최저가를 잡는다고 하더라도 20% 정도가 고작이다. 물론 고작이라고 할 수 없는지도 모르기는 하겠지만. 그런데 맹점은 20%라는 숫자가 아니라 그 절대 금액이다. 불과 2~3천 원 혹은 금액이 크다고 해봐야 10만 원 안짝이다.

하지만 그렇게 최저가로 구매하기 위해서 들어가는 노력과 시간을 고려한다면 그게 과연 합리적인 의사선택이었는지에 대해서는 의심스럽다. 그런데 왜 이런 행동을 하는 걸까? 꼼꼼하게 최저가를 찾아내는 그 정성으로 생각해보면 '내가 이만큼 시간을 투자할 만한 댓가가 발생할까?'도 고려할 텐데 그러면 '아, 좋은 의사결정은 아니었구나' 라는 사실에 입맛이 씁쓸하기에 십상이다. 모든 최저가 제품이 그런 것은 물론 아니겠지만. 그런데 왜 이런 행동을 반복해서 하는 걸까?

그건 자기 자신의 행동에 대해 합리적이지 않은데도 '나는 최저가 구매라는 아주 합리적인 의사선택을 한거야'라는 명분을 주었기 때문이다. 앞서 한 번 말했던 약속장소에 가기 위해서 버스를 기다리다가 시간이 임박해서 늦을 지경이 됐는데에도 그때까지 기다린 게 아까워서 택시를 타지 않고 뒤늦게서야 오는 버스를 타고 약속에 늦는 경우들이 있다. 이 또한 비슷한 맥락이다. 전혀 합리적이지 않은 의사 결정이지만 '여태 기다린 게 얼마인데'라고생각하기 때문에 택시를 타지 않는 것이다.

경마장에서 혹은 강원랜드 카지노에서 큰돈을 잃은 사람이 길에서 1억 원이 든 돈 가방을 주웠다고 생각해보자. 경찰서로 가서 분실신고를 할까? 이런 상황에 있는 사람이라면 거의 대부분 '오, 주여, 감사합니다'라고 말하면서 다시 경마장으로 혹은 카지노로 가기에 십상이다. 그러면서는 '나는 도박을 하려고 하는 게 아니라 본전만 회복하면 깨끗하게 손 털고 다시 나온다. 안 그러면 나는 사람이 아니다'라고 말하면서. 결국 카지노나 경마장에는 사람이 없는가 보다.

이렇게 스스로 이미 내린 잘못된 행동을 합리화하기 위해서 스스로 명분을 주는 걸 부자가 되기 위한 프리리치 7단계에서는 개입 상품이라고 부른다. 김주하 대표가 비싼 돔을 팔기 위해서 최대한의 역량을 발휘했음에도 팔지 못했지만 손님들이 자기가 돔을 샀다고 믿게끔 말을 하자 선뜻한 접시 내와 보라고 주문을 하게 되더라는 것도 모두 개입 상품의 역할인 셈이다. 내가 팔든, 손님이 사든 결국 그게 그거이지만 손님은 절대 그렇게 생각하지를 않는다.

참 재미있는 일이 아닐 수 없다. 앞서 한 차례 이야기 했던 한영인 수강생의 경우를 다시 한 번 이야기하겠다. 부동산 상품의 다양한 종류 중에서도 빌라만을 전문적으로 취급하겠다는 목표로 자기만의 틈새시장을 확실하게 개척해낸 분이다. 당시 필자에게 교육을 들으러 왔을 때는 부동산 매매와 중개 업체를 운영했지만 고객의 문의만 있고 실제 거래까지 연결되지 않아 애를 태우던 상황이었다.

이분의 개입상품을 이해하기 위해서는 부동산 시장 중에서도 특히나 빌라 거래 시장의 특징에 대해 알아야 할 몇 가지가 있다. 한마디로 빌라를 투자용으로 판매하는 것인데 먼저 돈을 투자한 사람에게 빌라를 사준다. 그 빌라를 잘 고쳐서 리뉴얼한 다음 몇 달 안에 마진을 좀 더 붙여서 다시 되파는 형태로 이익을 얻는 사업이었다.

다른 분야의 사업에 비해서 이 빌라 투자업은 까다로운 사례였다. 그 이유는 두 가지였다. 첫 번째는 고쳐서 되팔 허름한 빌라에 투자할 사람을 확보하고 있어야 한다는 문제가 있었다. 두 번째는 그렇게 사들여 고친 빌라를 구매할 사람까지 확보해야 한다는 것이었다. 이 2가지 문제를 해결해야 하는 상황이었다. 이해가 되었는가? 그런데 이 비즈니스에 있어서 가장 큰 문제는 앞서 말한 2가지 외에도 또 있었다. 바로 부동산의 특성상 매매가 금방금방 일어나지 않는다는 점이었다. 마트에서 아이스크림을 사듯이 어제 건물을 하나 사고 또 내일도 집을 사는 그런 사람은 없을 것이기 때문이다.

게다가 부동산을 사들일 때는 기본적으로 금융기관을 통해 대출을 어느 정도 받아 사는 것이 일반적이다. 그 때문에 고객 관점에서 집이 마음에 든다고 해서 덜컥 계약하는 경우는 많지 않다. 금액 단위가 큰 만큼 빌라를 구매할 때 신중에 신중을 기하는 사람들이 대부분이라는 것이다.'이 빌라를 사는 게 좋겠어'라고 생각했더라도 실제 결정을 내리고 행동으로 옮기기까지는 상당한 시간이 걸릴 수밖에 없다는 점이 가장 큰 문제였다.

자, 이런 상황에서 당신이라면 어떤 개입상품을 만들 수 있을까? 한번 생각해보자. 이분의 경우에는 좀 더 발전된 형태의 개입상품을 만들어야만 했다. 상황으로만 보자면 일단 부동산 거래의 특성을 바꿀 수는 없는 노릇이기에 문제 상황은 그대로 둔 채 어떻게 해결할 것인지 방법을 찾아야 했기 때문이다. 하지만 그 문제 상황이라는 것도 어느 정도 제어가 가능하다고 판단했다. 고객에게 어차피 생각하고 결심하며 행동으로 옮기기까지 충분한 시간이 필요하다면, 그 시간을 충분히 주되 대신 실제로 빌라를 구매할 때에는 우리에게 사도록 만들면 된다.

필자는 이때 만든 개입상품에 이름도 새롭게 지어 붙였다. 기존 개입상품이 업그레이드된 형태인데, '속박 전제 개입상품'이라고 했다. 자세히 설명하자면 먼저 조만간 빌라를 살 생각이 있는 사람들로 대상을 한정지었다. 그런 뒤 그들을 위한 빌라투자 세미나를 열어서 관심을 유도한다. 그런 다음 실제로 빌라 투자를 계획하고 있는 사람들을 추려서 VIP 코스 연회비라는 명목으로 돈을 먼저 받는다. 이게 바로 개입상품이다.

연회비를 미리 결제하면 어떤 혜택이 있냐고? 크게는 2가지 혜택을 볼 수 있다. 첫 번째 혜택은 고객이 빌라를 구매하기 전에 매물들을 보러 다닐 때 동행해주는 서비스다. 두 번째 혜택은 전문가의 입장에서 이 매물에는 어떤 문제가 있고 어떤 점을 보완하면 다시 팔았을 때 좋은 수익률을 얻을 수 있는지 올바른 조언을 받을 수 있는 서비스다.

어차피 돈을 낸 고객이라면 제대로 좋은 물건만 고르면 되는 것이 아니겠는가? 누가 자문을 하든 상관없이 이왕이면 선 자문료 개념으로 돈을 지급한 이분에게 거래하려고 할 것이기 때문이다.

팁을 하나 더 주자면 이렇게 자문 서비스를 받는 고객이 "여기 좀 봐주세요"라고 요청해서 매물 탐방을 위해 동행하는 것 자체가 바로 개입상태에 돌입했다고 볼 수 있다. 어차피 고객은 조언을 해주는 사람에게 개입되었기 때문에 그의 조언을 비중 있게 들을 수밖에 없는 상황이 된다. 그때 당신은 자신이 보유하고 있는 좋은 매물이 있다면 그것이 더 낫다는 이유와 함께 그쪽으로 자연스럽게 푸시를 할 수 있다는 것이다. 이렇게 해서 판매 성과로 이어지게 된다. 빌라를 살 생각으로 적당한 물건을 발견했는데, 그에 대한 확신이 없거나 부족할 때 자신이 돈을 지불하고 자문 서비스를 받기로 했던 전문가에게로 가게 된다. 그리고 이러한 자연스러운 흐름 자체가 그 전문가의 영업 현장 한복판으로 고객이 스스로 들어오게 할 수 있다.

앞서 살펴본 사례를 통해 당신은 개입상품을 어떻게 기회로 만들어 고객에게 제시하고 판매 실적을 올릴 수 있는지 알게 되었다. 먼저 개입의 개념을 제대로 이해하고 오로지 고객의 처지에서 생각해야 제대로 된 개입 상품을 만들 수 있다. '내가 고객이라면 이런 상황에 개입이 될까?'라고 자문한다면 더욱더 쉽게 당신의 개입상품을 만들 수 있을 것이다.

개입상품이란, 고객이 당신을 만나기까지 돈이나 시간 혹은 노력이든 무엇이라도 투자했기 때문에 다른 사람이 아닌 당신에게서 구매를 결심하게 되는 상품을 말한다. 뒤에 설명하게 될 멘토 포지셔닝까지 잘 적용한다면 더 큰 개입을 만들 수 있다. 당신이 전문가로서의 신뢰까지 확고하게 갖추게 된다면 고객은 '이 사람에게서 구매하는 것은 타당해. 전문가니까'라는 명분까지 갖게 된다. 이렇게 되면 고객은 당신이 미리 설계해놓은 프리리치 8가지 스킬에 스스로 개입된 것이다. 이제 개입상품으로 성공을 거둔 사례들을 통해 자신의 개입 상품을 만들어보길 바란다.

CHAPTER 5

레터: 제품이나 서비스에 관심 없는 이들의 마음의 빗장을 여는 키워드 문구

이 간판들 중에 신경을 쓰지 않고 대충 만들어 단 게 몇 개나 될까? 앞서 현명하지 않은 의사선택을 하고 있으면서도 자신이 해왔던 행동을 정당화하기 위해 자신도 인지하지 못한 채 합리적이지 않은 결과로 치닫는 사람들의 행태에 관해서 이야기 했다. 개입상품이라는 것이 효과적인 방법인 이유도 고객들이 자신이 앞서서 했던 작은 지출이나 관심 등을 이유로 더 큰 행동을 하도록 유도하기 때문이다. 내가 억지로 계약하시라고 전혀 푸시하지도 않았는데 말이다.

난데없이 동네에서 흔히 볼 수 있는 건물 사진을 하나 위에 올려놓았다. 흔한 상가건물일 뿐만 아니라 잘 찍지도 않은 사진이다. 하지만 위의 사진을 유심히 보기 바란다. '저 간판 중에서 매장 주인이 신경을 쓰고, 돈을 들이지 않은 것은 어떤 것일까?' 갑자기 간판들이 달라 보이지 않으신가? 어떤 게 가게 주인이 제대로 신경 쓰지 않은 간판일까? 단 한 개도 없다. 요즘 저런 간판 하나 만드는 데 최소 몇백만 원 정도는 할 것이다.

게다가 금액만 만만찮은 게 아니라 어떻게 디자인을 하고, 어떤 색깔을 쓸 것이며 등등에 대해서도 신경을 많이 쓴다. 당연하지 않은가. 저 간판이 사람들이 우리 가게를 식별하게 하는 중요한 최초의 장치이니까. 신경을 많이 쓰는 게 당연하다.

그런데 이번에도 우리가 아니라 사람들 그러니까 잠재고객의 입장으로 저 간판들을 바라보자. 뭐가 보일까? 어떤 의도가 보일까? 어떤 제품이나 음식이 있을지 상상의 나래가 펼쳐질까? 보통의 사람들 입장에서 저 간판들을 본다면 별생각 들지 않거나 아니면 '아휴, 어지러워. 눈에 들어오는 게 하나도 없네'라고 느낄 것이다. 그렇지 않은가?

그런데 바로 레터가 그런 역할을 한다. 어떤 역할? 잠재 고객들의 이목을 잡아끄는 역할이다. 아래의 사진을 유심히 살펴보기 바란다. 이번에 얘기해볼 주제는 레터Letter이다. 편지라는 의미를 모르는 사람은 없을 테니 차치하도록 하자. 그런데 이 레터에 대해서 처음 배우는 사람들 중 상

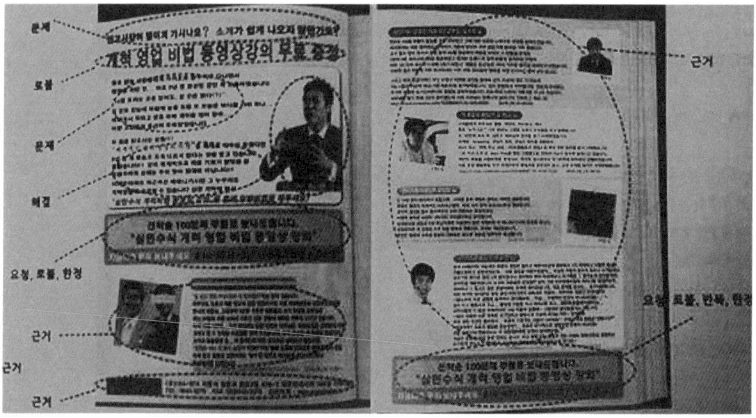

당수가 이런 반응을 보인다. '좀 촌스럽지 않아요? 깔끔하게 만들 수도 있을 것 같은 데요'라고 말이다. 이렇게 물어보는 사람들은 디자인이나 대중의 이목을 끄는 방법에 대해서 고민을 좀 해본 이들이다. 그러니까 다시 말해서 장사를 잘 해보려고 나름 애를 쓰고 있거나 써본 사람이라는 얘기가 된다.

그런데 흥미로운 것은 앞에서 얘기했던 상가 건물에 무수히 걸려있는, 아무도 관심을 두지 않는 저 간판들이 저마다 가게 주인이 상당한 공을 들이고, 비용을 들여 만든 것이라는 사실처럼 우리가 잠재고객을 대상으로 하는 다양한 전단, 현수막, 홍보물, 명함, 네온사인, 춤추는 바람 인형 등 별의별 사인 홍보물을 만들지만 정작 지나가는 사람들은 별로 관심을 두지도 않는다는 것이다. 매우 불편한 사실이다.

혹시 어제오늘 동네를 지나가다가 가게 앞에서 테크노 댄스를 추는 아리따운 젊은 아가씨들을 본 적이 없는가? 요즘에는 이런 개업 이벤트를 거의 하지 않지만 예전에는 대한민국 모든 창업 점포가 죄다 이렇게 이벤트를 이삼일씩 했다.

그런데 마찬가지 효과였다. 젊은 여성들이 몸을 흔들고 시끄럽게 음악은 틀어놨는데 정작 무슨 가게가 오픈된 건지 아는 사람이 거의 없더라는 것이다. 게다가 관심도 없다. 다시 말해 개업 효과를 잡아보기 위해서 헛돈을 거하게 썼다라는 얘기인 셈이다. 반면 '좀 촌스럽지 싶은데'라는 생각이 들기도 하는 레터는 효과가 다르다. 철저하게 읽는 사람을 위해서 만들어져 있다. 그리고 관심이 없는 사람들이 관심을 두게끔 나름 설계된 홍보 전단이기 때문이다.

레터를 만드는 방법 : 콘셉트, 문제, 해결, 로볼, 근거, 요청, 반복, 한정

사업을 시작해서 상품 또는 서비스를 판매해야 하는 사람에게는 고객 유치가 필요하다. 고객을 유치하기 위해 고객에게 전달하고자 하는 메시지는 바로 이 레터를 통해서 전달된다. 레터의 종류를 살펴보자면 크게 온라인 레터와 오프라인 레터로 나눌 수 있다. 당신이 어느 쪽으로 정하고 사용하든 그 목적은 같다. 레터를 작성해서 고객에게 보내는 이유는 레터를 받는 잠재 고객으로부터 문자나 전화 혹은 이메일이나 팩스 등을 통해 당신에게 답장하게 만드는 것에 있다.

레터는 프리리치 스킬에서 매우 중요한 역할을 담당한다. 쉽게 말해서 레터는 고객이 다음 행동을 하도록 도움을 주며, 사업을 더 높은 곳으로 끌어올릴 수 있도록 아래에서 든든하게 받쳐주는 디딤돌 역할을 하는 것이다. 로볼과 개입상품을 아무리 잘 만들었다고 해도 레터가 없다면 잠재 고객에게 정확하게 알릴 방법이 없다.

그렇다면 좋은 레터란 어떤 것을 말하는 것일까? 결국 고객의 피드백이 많이 오게 하는 것이다. 이렇게 답장을 많이 받을 수 있는 레터를 만들기 위해서 필요한 요소들이 몇 가지 있다. 콘셉트, 문제, 해결, 로볼, 근거, 요청, 반복, 한정 등이다. 이 요소들을 전부 적용해서 레터를 만들면 된다.

가장 먼저 '콘셉트'이다. 콘셉트는 이 레터를 통해서 당신이 얻고자 하는 기대 효과가 무엇인지를 결정하는 것이다. 이 단계에서는 당신이 어떤 로봇을 고객에게 줄 것인지 정해야 한다. 그런 뒤에는 당신이 잠재 고객들에게 어떤 사람이라고 알릴 것인지를 결정하고 또 고객이 어떤 행동을 하도록 유도할 것인지를 미리 결정하는 단계다.

다음은 '문제'다. 문제는 현재 또는 장래에 잠재 고객에게 벌어질 문제 상황을 묘사하는 문구를 말한다. 고객의 문제 상황을 묘사하는 문구는 레터에서 가장 눈에 잘 들어오는 상단의 헤드 카피로 쓰거나 아니면 본문에서도 사용할 수 있다.

예를 들자면 레터에 "연고 시장이 줄어가고 있나요? 소개가 쉽게 나오지 않던가요?"라고 작성해서 문제 상황을 묘사해주는 것이다. 이 레터를 받아든 사람 중 어떤 사람들이 반응을 보일 것으로 생각하는가? 이런 헤드 카피를 레터에 사용하면 이젠 더는 만나서 구매를 부탁할 지인들이 없어 고민인 영업인들에게 당신이 그 고민을 알고 있다는 사실을 알려주는 효과를 얻을 수 있다.

다른 표현으로 한 번 더 예를 들어보자. 오라는 곳은 없지만 갈 곳은 많다? "아직도 열정만으로 영업하며 묵묵히 열심히 하시나요?"라는 카피도 괜찮을 것이다. 왜 그럴까? 이런 내용의 레터를 받아든 영업인이라면 '맞아, 내가 그런 고민이 있지'라고 공감하며 레터를 읽어보게 된다. 이렇듯 당신의 고객이 고개를 끄덕일 만한 문구를 카피로 써넣으면 된다.

'해결'은 방금 거론한 문제가 해결된 행복한 상황을 상상하도록 만드는 문구이다. 해결 부분을 작성할 때는 헤드 카피나 본문에 사용할 수 있다. 예를 들자면 이렇게 할 수 있을 것이다. 남들과 달리 '생리통의 고통이 없는 그 날을 원하시는 분'이라고 헤드 카피에 넣으면 해결을 강조한 카피가 된다. 또 다른 예로 자녀를 서울대에 보내고 싶은 부모님들을 대상으로 하는 레터라면 "맨날 꼴찌만 하던 우리 태훈이가 서울대 합격했어요!"라고 적을 수 있다. 영업하는 사람들에게라면 "그냥 앉아만 있었는데 상담 요청 전화가 쏟아지네요?" 등을 생각해 볼 수 있다. 잠재 고객들의 문제가 말끔하게 해소된 행복한 상황을 묘사하는 글귀가 바로 해결이다.

다음은 '로봇'이다. 로봇은 앞에서 설명했던 그 로봇이다. 다만 레터에 들어갈 때에는 원래 로봇의 일부만이 보이게끔 편집된 발췌본이나 고객의 눈길을 끌 만한 제목이나 목차 정도만을 제한적으로 넣으면 된다. 이 레터를 통해서 고객이 당신에게 로봇을 요청하게 하는 것이 목적이기 때문이다. 따라서 로봇의 전부를 보여주는 것이 아니라 그것에 대한 잠재 고객들의 호기심을 불러일으킬 수 있는 정도로만 로봇을 드러내면 적절하다.

'근거'는 잠재 고객들이 레터를 보낸 당신에 대한 믿음이 생길 수 있도록 만드는 장치다. 레터 본문에 대한 신뢰감도 느끼게 하는 효과가 있다. 근거에 들어갈 내용은 고객들의 후기나, 당신과 고객들이 함께 찍은 사진들을 넣는 방법이 유용하다. 일반적인 광고에서도 흔히 볼 수 있는 방법으로, 전문가나 유명인들의 증언식 광고Testimonial Advertisement가 여기에 해당한다.

'요청'은 레터를 받아보고 관심이 생긴 잠재 고객들이 어떻게 행동해야 하는지에 대해서 구체적으로 알려주는 부분이다. 일반적으로 레터를 보낼 때는 잠재 고객이 레터를 보낸 사람과 연락할 수 있도록 전화번호, 이메일, 홈페이지 등을 적어 놓아야 한다. 이것이 레터를 통해 고객과 접점을 만드는 것이다.

'반복'은 위에 설명한 주요 항목들을 레터 전체에 최소한 두세 번 반복해야 한다는 의미다. 그렇게 함으로써 잠재 고객에게 레터의 중요한 내용을 각인시킬 수 있게 된다.

마지막으로 '한정'은 레터에 열거된 혜택이 언제나 제공되는 것이 아니라 레터를 받아든 사람에게만 한정된 시간 동안 제공되는 것임을 알리는 것이다. 이러한 한정은 다양한 마케팅에서 사용되고 있으므로 새로운 아이디어를 도입하는 적극적인 자세가 필요하다. 이를테면 오프라인에서 사용하는 경우 레터의 우측 하단부에 빈 칸을 두어 그곳에 스탬프로 넘버링을 해서 무차별적으로 뿌려지는 흔한 전단이 아니라 나름의 희소성을 갖춘 것이라는 느낌을 받을 수 있도록 만들 수 있다.

이렇게 8가지가 레터에 들어갈 요소들이다. 일반적으로 광고기획사 등을 통해서 만드는 전단과는 약간 다르므로 '난잡하지 않을까?' 하는 생각이 들 수도 있다. 하지만 전단이든 레터든 본래 목적을 생각했으면 한다. 예쁜 모델과 디자인이 깔끔한 전단이 목적이었나? 아니면 고객들이 받아서 버리지 않고 내용을 읽어보는 것이 목적이었나? 잘 생각해보면 어떻게 해야 할지 답이 나올 것이다. 잠재 고객의 연락을 받고 싶어서 만드는 것이 본래의 목적이라면 필자의 말을 믿고 해보길 바란다. 일단 해 본다면 '어, 뭔가 다른데?' 하고 뒤늦은 감탄을 하게 될 것이다.

레터나 전단, 현수막, POP 등은 사람들의 눈에 띄는 것이 목적이지, 예쁘고 세련되게 만드는 것이 목적이 아니다. 그렇지 않은가? 그리고 또 한 가지, 레터를 기획할 때 염두에 두어야 할 것은 잠재 고객들의 마음속에 일어날 6가지의 질문이다. 일반적인 전단이든 프리리치에서 말하는 레터이든 이것을 받아 든 고객들은 이런 생각을 하게 된다.

첫째, 내가 이 레터를 왜 읽어야 하는 건데?

둘째, 도대체 이게 무슨 말인가?

셋째, 그게 나한테 무슨 이익이 있다는 거지?

넷째, 그래서 어떻게 하라는 건데?

다섯째, 당신 말고도 그런 말을 하는 사람이 더 있는지 알고 싶네

여섯째, 나 말고도 구매한 사람이 더 있는 거겠지?

고객이 레터를 받아들고 궁금해 할 6가지 질문까지 충분히 고려해서 레터를 작성해야 한다. 자, 이제 레터를 작성할 수 있겠는가? 어쨌든 잘 기획된 레터를 통해서 잠재 고객들의 이목을 끌 수 있어야 한다. 그리고 고객의 호기심을 끌어서 '응? 이게 뭐지?' 하는 생각이 들도록 만들어야 한다. 그래야 로볼이든 개입상품이든 써먹을 수 있으니까 말이다. 레터는 만들어서 검증하고 다시 만들고 검증하는 과정을 거치면서 점차 효과

가 높아진다. 다른 곳에서 볼 수 없는 레터를 만들어 당신만의 효과를 보길 바란다.

레터는 프리리치 스킬에서 매우 중요한 역할을 담당한다. 쉽게 말해서 레터는 고객이 다음 행동을 하도록 도움을 주며, 사업을 더 높은 곳으로 끌어올릴 수 있도록 아래에서 든든하게 받쳐주는 디딤돌 역할을 하는 것이다. 로볼과 개입상품을 아무리 잘 만들었다고 해도 레터가 없다면 잠재고객에게 정확하게 알릴 방법이 없다.

CHAPTER 6

포인트:
당신의 고객이 어디에 있는지 정확히 파악하는 법

사업이 잘 안 되는 사람들을 컨설팅하다 보면 왜 안 되는지 이유도 참 다양하다. 하지만 특히 안타까운 건 자신의 고객이 어디, 즉 어떤 시장에 있는지를 제대로 파악하지 못해 결과를 내지 못할 때이다. 그것은 바로 내 고객을 어디에서 찾을 것인가이다. 낚시로 예를 들어서 이야기하자면 바다로 가야 잡을 수 있는 오징어를 잡으려는 어부가 매일 강가에 자리를 잡고 낚시를 한다면 어떨까? 그렇다면 이번에는 상어를 잡으려는 어부가 바다로 나가야 상어를 잡을 수 있다는 것을 알았다고 하자. 아무 바다에 나가서 상어를 잡으려 한다고 상어가 잡힐까? 상어를 잡겠다고 결정도 했고 상어를 끌어들일 미끼도 모두 준비했는데, 정작 상어가 나타나지도 않을 곳에서 기다리고 있다면 결과는 어떻게 될까? 누구라도 어부가 이런 상황에 부닥쳐있다면 한마디 할 것이다.

"상어가 있을 만한 곳을 찾으세요!"라고.

대상이 있을 만한 장소를 찾는 것은 사업의 효율성을 높이기 위해 중요한 요소 중 하나이다. 그런데 그런 장소를 찾는 것이 말처럼 쉬울까? 쉬운 일이었다면 누구나 사업해서 고객을 발굴하지 못 하는 일은 없었을 것이다. 어려운 일이기 때문에 수많은 사장이 헤매게 된다.

필자에게 컨설팅을 받으러 온 한 자영업자 사장님은 네일아트숍을 운영하는 분이였다. 세 번의 실패 후 다시 시작하는 시점이었다. 새로운 업종으로 바꾼 시점에서 고객을 유치해야 매출이 나오고 사업을 운영할 수 있는 상황이었다. 사정을 들어보니 고객을 모집하기 위해서 홍보 전단을 몇만 장씩은 뽑아서 뿌리고 다닌다고 했다. 여기저기 돌아다니면서 숍을 알린다고는 하지만 효과를 보지 못하고 있었다. 일반적으로 고객에 대한 이해가 없고 포인트에 대한 원리를 모르는 상황에서 사업을 하는 경우는 대부분 그러하다. 고객이 있을 만한 곳을 물색하고 선택하는 방법이 다른 경쟁자들과 별반 다를 것이 없으므로 매출도 경쟁자들과 비슷하거나 못한 것이다.

그런데도 여전히 임의로 지역을 선정해서 무작정 돌아다닌다. 아니면 주변 지인들이 알려주는 마케팅 방법이라고 해서 무작정 따라하는 식이다. 이걸 왜 해야 하는지를 전혀 모른 채 무작정 남들이 하는 방법을 답습하는 것이다. 이런 문제 상황들은 항상 타깃이 명확하게 정해지지 않을 때 발생한다. 상어를 잡겠다고 동네 개울가에서 만반의 준비를 하고 기다리고 있는 것이나 매한가지다. 간단한 사전 조사만으로도 고객을 확보하기 위한 장소 선정이 가능해진다. 정말 그럴까? 일반적으로 고객이 있을 포인트를 선정하는 방법은 이렇다.

- 무작정 아무 데나 찾아가서 고객을 모집한다
- 전화번호부를 뒤적여서 고객이 될 만한 사람을 찾는다
- 인터넷 사이트에 공개된 사람들의 연락처를 기반으로 고객을 모집한다
- 합리적인 루트를 통해 고객 DB를 판매하는 업체를 찾는다
- 음성적인 방식으로 DB를 판매하는 업체를 찾는다
- 그냥 일반적인 광고를 통해서 고객을 모집한다

이런 방법들이 문제가 있다거나 고객을 발굴할 수 없는 방법이라는 말은 절대 아니다. 들어가는 노력에 비해서 매출로 이어지는 효율을 생각해보라는 뜻이다. 우리는 가진 게 그리 많지 않은데 엉뚱한 데에다 헛심을 써서야 하겠나. 붕어를 잡기 위해 아무 곳이나 가서 미끼를 던지고 기다리는 것은 아니지 않나? 낚시**사업**의 효율성을 추구하기 위해서, 붕어 잡겠다고 나선 사람이 산으로 가는데 그걸 말리지 않을 수 있을까? '열심히 하겠습니다, 회장님'이라고만 의욕에 넘쳐 있는 분을 보면서 필자가 가만히 있을 수 없는 이유이기도 하다. 열심히가 아니라 잘해야 하니까 말이다.

CHAPTER 7

멘토 포지셔닝: 전문가의 위치로 나를 올리는 법

몇 년쯤 전, 전국적으로 와인 열풍이 불었었다. 영화 〈미라클〉에서는 프랑스 와인의 절대적 아성에 도전하는 미국 캘리포니아 산 와인을 만들기 위한 주인공의 분투기가 그려진다. 1973년, 전 세계 와인업계는 일대 파란이 일어나는데 절대적 아성의 프랑스 와인을 누르고 캘리포니아산 와인 샤토 몬텔리나 샤르도네Chateau Montelena Chardonnay가 화이트 와인 부문에서 1위를 차지하게 됐기 때문이다.

뜬금없이 와인 이야기를 하는 이유는 프리리치 7단계에서 절대적으로 빠뜨릴 수 없는 핵심 중의 핵심인 '멘토 포지셔닝'을 설명하려고 하기 때문이다. 멘토 포지셔닝이라는 말은 말 그대로 멘토가 될 수 있는 위치라는 뜻이다. 우리의 잠재고객이 나를 멘토로 생각할 수 있는 위치에 내가 서 있어야 한다는 얘기이다. 〈미라클〉에서 캘리포니아산 와인이 1위를 차지하게 된 까닭은 내로라하는 세계적 와인 감별사들이 블라인드 테스트를 통해서 '73년산 샤토 몬텔리나 샤르도네'를 최고의 와인으로 뽑았기 때문이다. 최고 권위를 가진 사람들이 공정한 평가를 통해서 최고로 뽑았으니 당연히 그 권위를 인정받게 된 것은 불문가지이고, 캘리포니아산 와인의 위상도 순식간에 치솟게 됐다.

물론 탁월한 품질이 뒷받침된 것이지만 최고 전문가로 인정받는 와인 감별사들의 평가가 결정적인 이바지를 한 것은 부인할 수 없는 사실이다. 거의 50여 년 전 와인 업계가 일대 파란을 겪었지만 여전히 프랑스산 와인은 세계 최고의 위치에서 내려오지 않고 있다. 캘리포니아산 와인과 칠레산 와인의 강력한 도전을 받고 있기는 하지만 말이다.

내가 누군가에게 인정받고, 내가 팔고자 하는 제품, 서비스를 어렵지 않게 팔 수 있으면서 그것도 '구매할 수 있어서 감사하다'라는 말을 들을 수 있는 기적적인 반응을 고객들로부터 얻을 수 있는 유일한 비밀이 바로 멘토 포지셔닝이다. 이 책의 앞부분에서도 설명했던 사례인 이온수기 판매 아저씨가 멘토포지셔닝을 성공적으로 구축하여 "바쁘시겠지만 전화 통화가 가능하신지요?"라는 아주 공손한 전화를 고객으로부터 받을 수 있었던 원동력이 멘토 포지셔닝이다.

이번에는 프리리치 8가지 스킬에서 중요한 비중을 차지하고 있는 또 다른 요소인 멘토 포지셔닝을 통해서 성공한 사람들의 이야기를 살펴보자. 멘토 포지셔닝은 당신이 고객이 필요로 하는 제품이나 서비스를 제공해주고 조언을 아끼지 않는 조언자의 입장에 설 수 있게 하는 것이 핵심이다.

이게 없으면 사업을 하는 사람들은 보통 자신은 을乙의 처지에 놓고 고객을 갑甲의 처지에 놓는다. 하지만 멘토 포지셔닝은, 당신이 멘토의 위치에 올라야 함을 전제로 한다. 당신이 갑이 되어 을이 서비스나 상품을 스스로 요청하게 만드는 관계가 되어야 한다. 멘토 포지셔닝은 전문성을 토대로 한 것인 만큼 강력한 효과를 발휘한다. 이때 기반이 되어야 할 실력은 주관적이어서는 안 되며 반드시 누구라도 인정할 수밖에 없는 객관적인 실력이 있어야 한다.

예를 들어 포장마차 주인은 다양한 종류의 술을 판매하니 자신이 술에 관해서는 전문가라고 스스로 주장할 수도 있다. 하지만 포장마차 주인이 술의 맛이 어떠하며 어떤 재료를 사용했으며 이럴 땐 이런 술이 좋다고 추천한다고 한들 사람들은 그의 말을 신뢰할 수 있을까? 설령 포장마차 주인이 술을 주제로 정말 많이 공부하고 실력을 쌓았다고 하더라도 그의 말을 신뢰할 근거가 부족하므로 사람들은 그를 그저 술을 판매하는 사람이지 술 전문가로 생각하지 않는다. 누가 포장마차 주인에게 술에 대해 궁금한 것을 물어보고 술을 추천해달라고 하겠는가? 하지만 와인 평론가가 술을 평가한다면 사람들은 그의 말을 신뢰하고 수긍하게 된다. 평론가라는 타이틀만으로도 이미 객관적인 신뢰도가 형성된다. 그래서 사람들은 와인 평론가가 추천하는 술에 더 호감이 가고 구매 의지로까지 이어질 수 있는 것이다.

분명히 무슨 말인지 이해를 하였을 것이다. 하지만 '전문적인 능력을 갖추라는 것이구나'라는 이야기가 아니다. '이 사람이 그렇게 전문적인 능력을 갖췄구나. 나에게 도움이 되겠어'라고 생각하게 만들어야 한다는 것이다.

멘토 포지셔닝에 있어서 가장 중요한 것은 아무리 대단한 능력과 실력을 갖췄더라도 남들이 그것을 전혀 모른다면 쓸모없다. 따라서 멘토 포지셔닝을 전략적으로 사용할 때는 자신의 실력을 매우 일관되게, 적극적으로 알려야 한다. 여전히 말 많고, 아는 척하는 사람이 많은 와인업계에서 로버트 파커라는 이름과 그가 작성한 와인 순위 리스트인 빈티지 차트가 객관성과 신뢰라는 멘토 포지션을 차지하고 있는 것처럼 말이다.

앞서 설명했던 남아 전문 미술 교육학원을 운영 중인 최민준 원장은 훌륭한 멘토 포지셔닝을 통해 성공에 이르렀다. 언론을 통해 남자아이들을 위한 미술교육의 전문가로 이미 많이 알려졌으며 수많은 강연을 통해 아이를 키우고 있는 학부모들에게는 최고의 전문가로 인정받고 있다. 당신에게 만약 5살 난 어린 아들이 있다고 치자. 그런데 근래에 고민이 하나 생겼다. '우리 아들은 주의가 너무 산만하고 지나치게 활동적인 것 같아. 아들에게 그림이라도 가르치면 좀 차분해지지 않을까?' 하는 걱정 말이다. 만약 당신이 이런 고민이 있는 남자아이의 엄마이고 최민준 원장에게 조언을 구하는 상황이다. 당신 앞에 있는 최민준 원장은 어떤 처지가 되어 있을까?

학부모에게 잘 보여서 수강생 한 명을 더 늘리려고 하는 을의 관점일까? 아니면 "바쁜 시간 내서 조언을 주셔서 너무나 감사해요, 원장님"이라고 아이 엄마에게 깍듯한 인사를 받는 멘토의 입장일까? 정답은 생각할 필요도 없다. 당연히 후자다. 그 이유는 최민준 원장이 이미 자신의 사업 분야에서는 최고의 전문성을 인정받은 위치이기 때문이다. 수많은 언론 매스컴의 보도와 곳곳에서 펼친 강연 현장의 사진 그리고 블로그나 카페 등에 올라와 있는 효과에 대한 네티즌들의 증언이 그 사실을 뒷받침하고 있다.

이렇게 멘토로서의 포지셔닝을 확고히 가진 상태에서는 고객에게 "계약하시죠?"라는 말을 언제 건넬지 고민할 필요가 없다. 애써서 판매하려고 노력하지 않더라도 "입학만 하게 해주세요" 하고 먼저 부탁을 해올 것이 분명하다. 프리리치 7단계라고 하는 실천론에서 멘토 포지셔닝이 차지하고 있는 비중이 타당한 이유가 바로 여기에 있다. 갑과 을이라는 전통적인 역학관계를 단번에 뒤집을 수 있는 가장 결정적인 요소이기 때문이다. 로볼에 호기심을 느껴 잠재고객이 관심을 두고, 레터를 통해서 내게 연락을 하더라도 '막상 나를 만나서 몇 마디를 나눠보니 별 내용 아닌데?'라는 생각이 들면 사람들은 절대 지갑을 열지 않기 때문이다. '이분이 하시는 얘기대로 하면 될 것 같아'라는 생각을 하게 해야 한다는 것이다. 고객이 믿고 찾아온 전문가이니 말이다.

그렇다면 멘토 포지셔닝을 갖추기 위해 무엇이 필요할까? '가장 먼저 내가 어떤 사람으로 알려지기를 원하는가?'를 결정하는 것이다. 그런 다음 '나를 어떻게 알릴 것인가?'의 답을 찾아야 한다. 최민준 원장의 사례에서 그는 남아 미술교육 분야의 전문가로 알려지길 원했을 것이고 그렇게 만들기 위한 구체적인 방법이 있었을 것이다. 자신이 가진 전문성을 어떤 방법으로 알렸는지 지금부터 알아보자.

일단 멘토 포지셔닝에는 전략적인 대외활동이 필요하다. 다행히도 우리는 지금 인터넷이라는 새로운 커뮤니케이션 채널이 오프라인 커뮤니케이션 채널 이상의 효과를 발휘하는 세상에 살고 있다. TV나 신문을 활용하기는 어려울 수 있다. 하지만 인터넷은 좀 더 쉽게 접근이 가능하다. 인터넷의 많은 채널 중 어떤 것을 활용할지 고민하지 말고 블로그, 카페, 페이스북, 카카오스토리 등 사용 가능한 모든 인터넷 채널을 총동원해야 한다.

정보집 역시 책자 형태로 만드는 것이 당장 어렵다면 콘텐츠의 분량이

나 제작 예산 등에서 한결 수월한 전자책이나 PDF 파일로 정보집을 만드는 것부터 시작할 수 있다. 그래서 사람들이 쉽게 참고할 수 있도록 인터넷에 올려두고 꾸준히 업데이트해야 한다. 검색엔진 최적화SEO나 블로그 최적화 등 인터넷 마케팅 기법들이 끊임없이 변하고 있지만 특별한 기법을 찾기보다는 꾸준한 활동과 콘텐츠 품질로 승부를 내는 데에 초점을 맞춰야 한다.

강의에서 멘토 포지셔닝을 구축할 때 멘티들에게 권하는 채널들이 있다. 인터넷 카페, 블로그, 기타 온라인 채널, 정보집, 기사 노출, 방송, 업계 전문지, 칼럼 기고, 지식iN 활동, 출판, 강연, 각종 스터디 모임, 관련 봉사활동, 오픈백과사전, 노하우집, 명함, UCC 광고, 소식지, 이슈, 캠페인, 트위터, 인스타그램, 페이스북 등이 있다. 많다고? 맞다. 많은 만큼 당신의 경쟁자들이 준비하지 않은 곳까지 멘토 포지셔닝을 통해 당신만의 경쟁력을 갖춰야 한다.

이렇게 각종 채널에서 활동하다 보면 고객 문의나 신청들이 조금씩 들어오기 시작한다. 이때 수집된 모든 고객정보DB는 반드시 체계적으로 정리해야 한다. 그런 뒤 고객들과 오프라인 소식지나 온라인 웹진, 메일링 등을 통해서 지속적인 관계를 형성해야 한다. 고객정보의 진정한 가치는 모으는 것이 아니라 어떻게 활용하는가에 있다.

채널 중에서도 내가 개인적으로 가장 좋은 채널이라고 생각하는 것은 바로 외부 강연이다. 강연을 통해서 수집된 DB는 보통의 채널 활동에서 수집한 것들보다 당신의 전문성을 어느 정도는 이미 인정한 상태이기 때문이다. 이렇게 강연 활동을 하게 되면 꼭 청중들 중 몇 명에게서라도 자필 후기를 받아두어야 한다. 미리 후기용 용지를 준비하고 강연 시작 전에 배포했다가 끝난 후 받아두면 편리하다. 그리고 수강생들이 이러한 자필 후기를 작성할 수 있도록 후기 하단에 강연자에게 상담받고 싶은 것에 대해 기재하도록 하면 후기 작성률이 높아진다. 이것도 일종의 로볼인 셈이다.

이렇게 내가 가진 정보 등을 각종 채널을 통해서 알려서 수집한 고객정보는 무작위로 전화를 돌려 접하는 고객보다 훨씬 구매 전환율이 높다. 내 경험으로 보면 약 10배 정도 더 효과가 있다. 무작위로 수집한 DB 1만 명보다 정보, 로볼 등을 제공하고 수집한 1천 명의 DB가 더 효과적이다. 그보다 더 효과적인 경우는 외부 강연을 통해서 모은 100명이라는 것은 말할 것도 없다.

판매할 때도 사업을 할 때도 해당 분야에서 전문성을 인정받고 싶은가? 만약 그렇게 된다면 일반적인 사람들은 누릴 수 없는 다양한 가능성과 기회가 생긴다는 점을 잊지 마라. 그전에 무엇보다 가장 중요한 점은 무엇일까? 먼저 내가 멘토에 걸맞은 능력을 갖추고 그 사실을 널리 알려야 한다는 점이다. 그리고 그것을 사회와 대중들로부터 인정받아야 한다는 점이다. 모양이나 기능, 가격까지도 비슷한 상품이 있다고 하더라도 잘 팔리고 많이 팔려야 좋은 상품인 것처럼, 전문가로서 알려져야 진정한 전문가이기 때문이다.

CHAPTER 8

셀프 어프로칭: 내가 가지 않고, 내게 오게끔 만들어라

셀프 어프로칭Self Approaching 역시 필자가 고안해 사용하고 있는 표현 중 하나다. 이는 고객들이 자발적으로 상담이나 구매 요청을 할 수 있도록 만드는 여러 가지 도구와 시스템을 말한다. 멘토 포지셔닝이 잠재고객들이 나를 전문가로서 인정할 수 있게끔 만드는 작업이라는 점을 상기해 본다면, 그럼 '전문가인 나를 사람들이 먼저 찾아올 수 있도록 해야겠구나' 하는 생각이 들 것이다. 셀프 어프로칭의 개념이 그것이다.

멘토 포지셔닝을 통해서 전문성을 구축한 후, 셀프 어프로칭을 통해서 고객이 먼저 연락하도록 만든다. 내가 하는 사업 분야에서 "그쪽은 누가 전문가지?"라고 인정받을 수 있는 멘토 포지셔닝을 열심히 구축했다. 멘토 포지셔닝이 잘 구축이 되었다면 자연스럽게 고객은 '이 사람 한 번 만나볼까? 상담 한번 받아보고 싶은데'라고 생각하게 될 것이다. 만약 고객이 그런 생각을 하게끔 시스템을 구축했으면 다음은 무엇을 준비해야 할까?

그때부터는 고객이 당신 또는 당신의 업체에 쉽게 연락을 취할 수 있도록 만들어야 한다. 바로 이것이 바로 '셀프 어프로칭'이다. 보통 응모함이나 체험 쿠폰, 소개 카드, 강연이나 체험 후기 등이 있다. 그리고 코로나 등의 영향으로 비대면 접촉이 늘어나고 있는 상황에서는 인터넷과 스마트폰 애플리케이션, 그리고 유튜브와 인스타그램 라이브 등의 SNS를 통한 방법도 효과적인 셀프 어프로칭의 수단이 될 수 있다.

이렇게 다양한 종류의 셀프 어프로칭 도구를 통해서 당신은 어떤 행동을 취해야 할까? 간단하다. 사람들이 당신에게 연락하여 상담을 요청하도록 만들어야 한다. 또는 쿠폰을 보내 달라고 하거나 체험을 하고 싶다는 의사를 보내게 한다. 이벤트 신청서처럼 그룹으로 모아서 판매할 수 있는 형태의 셀프 어프로칭 도구는 생리대나 보정 속옷처럼 공개적인 장소에서 입어보거나 체험하기 껄끄러운 상품을 판매하려는 경우에 유용하게 사용되고, 구글폼으로 만든 온라인 DB 수집 웹페이지 등을 준비해 두어야 한다.

로봇을 통해서 불특정 다수의 사람 중에서 내 제품이나 서비스에 관한 관심이 생기면 잠재 고객으로 바뀌게 되고, 멘토 포지셔닝을 통해서 그 관심이 보다 구체화한다. 그러면 이러한 잠재고객들의 관심은 다양한 셀프 어프로칭 수단을 통해서 나와의 접점을 형성해 간다.

앞서 한차례 예로 들었지만 요즘은 영양제 등을 인터넷으로 구매하는 사람들이 많은데 이런 사람들이 주로 이용하는 사이트가 바로 아이허브나 마이프로틴이다. 이들 사이트에서 운영하는 마케팅 프로그램을 관심 두고 살펴볼 필요가 있다. 이 두 사이트에서는 제품을 써보고 만족한 고객들에게 리셀러Reseller로서 활동할 수 있도록 하는 프로그램을 운영한다. 자신이 직접 사용하고 많은 사람들에게 공감을 받는 것에서 그치지 않고, 자신의 사용기나 노하우 등을 활용해 다른 사람들의 구매를 유도하며 그 기여분을 회사로부터 돌려받는 개념으로 다른 회사들이나 웹사이트들에서도 유사한 마케팅 프로그램을 운영하는 곳들이 적지 않다. 리셀러 본인의 활동 여부에 따라서 자신에게 돌아오는 수익이 증감하기 때문에 개입 효과가 상당하므로 광고와 홍보 활동에 의한 바이럴Viral 효과도 기대할 수 있다.

주위 사람들에게 퍼뜨릴 수 있는 콘텐츠를 획득할 기회를 회사가 지속해서 제공하는 것이 운영의 노하우라고 할 수 있다. 이를테면 전기차 시장의 넘버 원인 테슬라의 경우에도 유튜브나 블로그 활동을 활발하게 하는 사람들에게 러퍼럴 코드를 부여하고 있다. 신모델 출시에 있어서 영향력이 있는 유저들에게는 앞선 시승의 기회 등을 제공, 테슬라에 관심 있는 사람들이 이들의 유튜브나 SNS 채널에 더욱 모일 수 있도록 지원한다.

필자도 한영인의 교육 프로그램에 대한 콘텐츠를 제공하고 잠재 고객들을 대상으로 하는 자발적인 스터디가 진행될 수 있도록 유도하고 있다. 이렇게 한영인의 교육 프로그램에 관심이 생긴 잠재 고객들이 셀프 어프로칭할 수 있는 다양한 채널에 이들이 쉽게 다가올 수 있도록 관심을 기울인다. 이를테면 카카오톡 오픈 카톡방에서는 잠재 고객들 중에서도 먼저 어프로칭을 하는 사람에게 먼저 혜택이 돌아갈 수 있도록 함으로써 미리 대기하고 있는 잠재고객들을 확보한 상태에서 마케팅할 수 있는 효과를 얻는다.

Epilogue

프리리치의 포인트는 진심으로 고객의 관점에서 모든 걸 바라보는 것

백두산에 오르는 길은 여러 갈래가 있지만 결국 마지막 순간 도착하는 곳은 장엄한 천지天池인 것처럼, 우리 각자가 돈 문제로부터 완벽하게 해방된 그런 삶을 꿈꾸었기에 프리리치라는 목표 지점을 향해 쉼 없이 달려왔다.

다음 달, 당신의 매출을 두 배, 세 배 쭉쭉 올려주는 세일즈 멘토라고 필자 자신을 소개해왔던 초창기부터 지금에 이르기까지 수없이 많은 사람들의 구구절절한 사연과 함께 해왔다. 그러면서 필자는 그동안 경험하고 배우며 익혀왔던 지식과 지혜를 아낌없이 나누었고 그 과정에서 나 자신도 풍요롭게 된다는 것을 분명하게 깨닫고 있다. 그리고 그런 인연들이 거듭되는 과정에서 자주 들을 수 있었던 질문이 몇 가지 있는데 그중 한 가지는 다음과 같다.

"얼마나 많은 사람들이 있고, 각자 하는 일들이 다른 경우가 태반인데 '어떻게 이렇게 하면 반드시 성공합니다'라고 말할 수 있습니까?"라고 말이다. 어찌 생각하면 당연한 질문이다. 사람마다 처한 상황이 다르고 가진 자원이 다른데 어떻게 반드시 통하는 방법이 있을 수 있겠는가? 하지만 필자는 '반드시 성공합니다'라고 말할 수 있다. 그러므로 '법칙'이라는 단어를 감히 쓰고 있다. 반드시 성공할 수 있다는 이러한 주장에 일말의 의구심이 들고 있는 분들에게 이번에는 다음과 같은 질문을 하나 하겠다.

"세상에 라면 끓이는 방법은 몇 가지나 될까요?" 한번 생각해보았으면 한다. 라면 끓이는 방법이 몇 가지나 될까? '라면은 좀 끓인다'라는 사람들이 어디 한둘일까? 인터넷만 하더라도 군대식 뽀글이 조리법이 있고, 절대로 붓지 않는다는 쿠지라이식 라면 조리법도 있고, 튜닝의 완성은 순정이라면서 라면 봉지에 적힌 방법대로 끓이는 게 가장 맛있다는 주장도 있다. 십인십색인 셈이다. 조금 과장한다면 라면을 끓일 줄 아는 사람들에게는 저마다의 라면 끓이는 방법이 있다. 그렇지 않을까?

그런데 이렇게 수없이 많은 라면 끓이는 비법 모두에 해당하는 절대적인 원칙이 있다는 것을 간과해서는 안 된다. 라면을 끓이는 데에 절대적으로 필요한 것이 있다. 바로 라면과 물이다. 그렇지 않을까? 이 2가지 요소는 라면 조리에 절대적으로 없어서는 안 된다. 성공으로 향하는 과정에 필요한 요소도 마찬가지다. 이 또한 다양하지만 필요한 절대 요소가 존재한다. 그것들이 바로 슈퍼리치 영업의 기술과 프리리치에 담겨 있다. 그러므로 보다 확신있게 당신에게 성공할 수 있다고 말하는 것이다.

당신은 지금 현재 가진 것을 정확하게 알지 못하기 때문에 필요 이상으로 의기소침해 있거나 넘을 수 있는 난관도 쉽게 포기하고 있는지도 모른다. 그런 과정이 반복됐기 때문에 당신은 자신을 불신하고 '내가 무슨 부자가 될 수 있겠어'라며 자신에게 한계를 정해버린다. 그게 당신의 한계가 결코 아님에도 말이다.

프리리치의 첫 번째 여정인 나만의 인생템을 지금까지 당신이 경험하고 해왔던 일에서 찾으라고 말했던 이유가 무엇이었는지 떠올려 보길 바란다. 과거의 경험과 해왔던 일에서 문제를 해결할 방법만 찾아낼 수 있다면 당신은 썩 괜찮은 자원을 이미 갖추고 있는 셈이다.

이 원리를 모르면 당신이 매번 새로운 일을 해야 하고, 그때마다 가진 자원들을 낭비하게 된다. 왜? 퇴직금같이 소중한 자원을 처음 해보는 일에 사용하는데 그게 잘 될 가능성이 얼마나 되겠나? 안되고 실패할 가능성이 훨씬 큰 게 당연하지만 대부분은 그렇게 생각하지 않는다. 이게 요즘 뜨는 아이템이라는 군이라면서 쉽게 결정한다. 제발 그렇게 행동하지 않길 간절히 바란다. 그렇게 쉽게 쏟아부어 버린 퇴직금을 얻기 위해서 얼마나 오랜 시간을 바쳤는지 생각해보신다면 말이다.

당신이 무슨 일을 하게 되든 절대 변하지 않는 것은 남의 주머니에서 돈을 가져오는 일이라는 사실이다. 어떤 방법을 택하든 그건 고객이라고 부르는 사람들의 주머니에서, 계좌에서 내 주머니로, 내 금고로 돈이 옮겨오는 것이다. 그래야 내가 돈을 벌고 부자가 되고, 프리리치가 돼서 경제적으로 완벽한 자유를 얻게 된다. 이건 절대 바뀌지 않고 바뀔 수 없다.

중요한 대목이다. 절대 기억해야 한다. 고객들은 절대로 푸쉬Push하는 게 아니라는 것이다. 내가 아무리 좋은 조건, 귀에 듣기 좋은 소리를 한다고 해서 고객들은 지갑을 열지 않는다.

아직도 사인할 때는 그렇게 친절하고 연락도 잘하던 사람이 팔고 나면 전화도 안받는다고 고객들의 이야기가 보이곤 하지만 이제는 그렇게 일단 팔고 나면 나 몰라라 하는 예전의 방법대로 돈을 벌기 힘들다. 그렇게 할 수 없다고 생각하는 게 속 편하다. 그러므로 절대적으로 이런 마인드를 갖고 있어야 한다. '내가 파는Sell게 아니라 고객이 사는Buy 것이다.' 내가 팔지 않고 고객이 스스로 살 수 있게 만드는 환경! 그것이 우리의 목표이다!

이왕 팔 것이라면 당연하게도 살만한 사람들만 만나서 팔아야 한다. 우리나라 인구가 5천만 명이라고 해서 그 숫자를 전부 나의 잠재고객으로 하겠다는 어리석음은 범하지 않아야 한다. 내가 가진 자원은 한계가 있기 때문이다. 의외로 그렇게 많지 않다. 고객을 만나고 상담하고 세일즈하는 데에 쓸 수 있는 시간이 얼마나 될까? 하루 24시간을 전부 쓸 수 있나? 그렇지 않다. 그리고 내가 가진 여력이 5천만 명 모두를 상대할 만큼 충분할까? 절대 그럴 리 없다.

목표 고객을 좁게 잡고 더 좁게 잡으시라. 미술 교육에 자신이 있었지만 초등학교에 들어가지 않은 남자아이들만 대상으로 미술교육을 해도 충분하다. '여자애들이 더 미술에 관심 많을 텐데 왜 그 시장은 외면하지?'라고 할 수 있지만 남자아이들만 해도 충분히 거대한 시장이다. 시장은 할 수 있는 데까지 세분화해도 충분히 크다. 믿으셔도 된다. 이것이 타깃팅Targeting이다.

잠재 고객들은 당신만큼 당신의 아이템에 관심이 없다. 한꺼번에 무언가를 하려고 하면 될 일도 그르치는 법이다. '우물가에서 숭늉 달라하면 안된다'는 건 단순히 옛날 속담이 아니라 지금 현재에도 진리다. 모든 일에는 순서가 있다. 사람들이 부담 없이 당신의 말과 제안에 관심을 가질 수 있게끔 해야 한다. 그것이 로볼Low Ball의 원리다.

제아무리 시장을 좁게 잡았어도 그 시장에는 당신만 있는 게 아니다. 수익성도 높고 경쟁도 치열하지 않은 시장Blue Ocean은 결단코 허상이다. 세상에 그런 시장은 존재하지 않는다. 있다고 해도 찾아내기 힘들 뿐만 아니라 내가 천신만고 끝에 찾아냈어도 그런 호시절은 얼마 가지 않는다. 경쟁자들, 그것도 막강한 경쟁자들이 들어와 당신을 몰아낸다. 그게 현실이다. 블루오션, 그러니까 '어디 어렵지 않고, 돈도 많이 안 들면서 몸도 편한 그런 아이템 없나?'라는 생각은 멈춰야 한다. 그런 것은 세상에 없다.

당신이 했던 일, 경험했던 아이템으로 방법을 찾아내라. 그리고 그 분야에서 당신이 인정받는 전문가로 생각되게끔 만들어야 한다. 이것이 바로 멘토 포지셔닝이다. 당신을 쉽사리 찾아올 수 있게끔 하는 다양한 장치를 갖춰야 한다. 셀프 어프로칭의 이유다. 당신의 잠재고객들이 관심을 가질만한 것들을 만들어서 배포하라. 전문가인 당신을 찾아올 수 있도록 그게 레터의 원리이고, 사람들이 스스로 당신과 당신의 아이템에 비용을 지급할 수 있게끔 자연스러운 행동을 유도하는 소품들이 필요하다. 그게 개입상품이다. 작은 것을 지급하게 하면 큰돈도 지급하는 게 사람의 심리이기 때문이다. 슈퍼리치 영업의 기술을 극단적으로 요약한다면 이런 맥락이다.

슈퍼리치 영업의 기술이 각자 개인이 거둘 수 있는 성공이라면, 프리리치는 넥스트 레벨, 그러니까 개인이 해내는 경제적 성과를 훌쩍 뛰어넘는 수치의 부를 이룰 수 있는 방법론이다. 이를 통해서 '나'라는 개인은 마케팅과 세일즈라는 핵심 기능을 수행하는 최소한의 팀으로 한 발 더 나아가고, 내가 없어도 저절로 굴러가는 지속가능성을 확보할 수 있는 조직으로 성장하게 된다. 어디 내놓아도 손색이 없는 시스템으로 진화하게 되는 것이다. 이 과정에서 나라는 개인도 훌륭한 리더로 성장하게 된다.

이렇게 프리리치의 여정은 중요한 고비를 넘게 되고, 잘 정비되어 체계적인 시스템은 외부로의 확장을 거쳐서 기업으로 진보하게 된다. 리더인 내가 없어도 잘 굴러가는 체계와 나를 프리리치로 이끌어줄 핵심 자원인 인생템도 외부의 많은 개인, 조직, 기업들이 함께 하고 싶어 하는 양산형 아이템으로 확장된다. 나와 나의 인생템을 중심으로 하는 하나의 체계가 형성되면 이제는 마지막 단계가 된다.

이미 수많은 인적 자원과 체계적인 운영으로 잘 작동되는 기업을 거느리고 있는 오너가 된 나의 판단과 결정에 따라 기업을 더 키울 것인지 아니면 매각을 통해 큰 부를 확보, 프리리치의 반열에 오를 것인지를 결정할 수 있게 된다. 어느 쪽이든 당신은 더는 경제적인 문제로 골치를 앓는 그런 일은 겪지 않아도 되는 완벽한 경제적 자유를 누릴 수 있다.

이러한 꿈만 같은 상황은 결코 망상이거나 헛된 희망이 아니라 체계적으로 따라가기만 하면 누구라도 달성할 수 있는 현실 기능의 영역에 있다는 사실을 짐작할 수 있게 될 것이다. 그것이 필자와 인연을 갖게 된 많은 사람들 그리고 이 책을 읽는 모든 독자분들께서 갖게 되는 현실적인 희망의 메시지이기도 하다.

여건이 허락한다면《신기루의 법칙》혹은《영업의 정석》그리고 이 책까지 필자가 그동안 썼던 책들을 전부 읽어보았으면 하는 바람이다. 물론 이 책의 서두에서 말했던 것처럼 필자가 아무리 설득하고, 설명해도 믿지 않고 행동하지 않을 사람들이 대부분일지도 모른다. 하지만 그럼에도 불구하고 단 한 명이라도 이 책에서 제시하는 방법으로 나아가서 완벽한 시간과 돈에서 자유를 누리길 간절히 바란다. 끝으로 예전 저서에서 한 번 소개한 문구를 적어보겠다.

"꿈을 날짜와 함께 적으면 목표가 되고,
목표를 잘게 쪼개면 계획이 되며,
계획을 실행에 옮기면 현실이 된다."

한영인 정체성 및 교육 컨설팅 총 개요

우리의 정체성과 교육과정의 근본 체계

영업인들의 경제적 여유, 시간적 자유는 현재 하는 방식에서는 불가능하며,
아예 새롭게 나여야 하는 이유를 바탕으로 고객이 찾아오는 시스템을 만들어서,
적절한 휘하 조직을 구축하고, 자동으로 돈이 벌릴 수 있게 만들며,
그 시스템 자체를 돈을 받고 매각하는 것이, 일반 영업인에게 가장 효율적인 플랜이다.
가장 안전하며, 통제 가능하며, 큰돈이 들지 않고, 주도적으로 성과를 도출시킬 수 있다.
그를 위한 조직 구축 및 규모별 분류는 총 7단계이며 다음과 같다.

한영인 10개년 개발 계획 (한영인 프로세스 7단계) 진행 계획

1단계 (로드맵 구축) : 인생템 기획 완료, 향후 프로세스를 기획하는 단계
2단계 (조직 구축) : 내부 조직 구축, 마케팅과 세일즈를 대리할 조직을 구축하는 단계
3단계 (고객 풀, 채널 구축) : 고객 풀 확장, 채널 다변화, 마케팅 기반 안정화 단계
4단계 (기업 시스템 구축) : 인재 섭외, 리더십 보강, 내부 기업 시스템 6개 조직 구축 단계
5단계 (유통망 구축) : ALP, RLP 등의 총판, 대리점 등 유통망 전국화 구축 단계
6단계 (그룹 구축) : 아이템 추가 등 계열사 확장 및 시너지 극대화, 레버리지 활용 극대화
7단계 (매각 시스템 구축) : 프리리치가 되어 비즈니스 메이크업 기업 매각

위와 같은 단계를 거친다. 이를 한영인 10개년 개발 계획이라 부른다.

이것을 이루기 위하여 한영인이 성장해야 하는 5가지 분류는 '인생템의 발굴, 인생템의 사업화, 조직 성장에 대한 경영전략, 마케팅 실무와 관리 능력 성장, 세일즈 실무와 관리 능력 성장'이다.
이를 위하여 경영대학원 과정, 최고경영자과정, 전문경영인 육성과정 등의 컨설팅 프로그램이 운영되고 있고, 교육과 컨설팅을 통해 필요 능력을 성장시키는 데에 중점을 둔다.
아래와 같이 한영인은 각각의 단계마다 교육과 컨설팅, 대행, 중개 등을 통해 각 단계의 목적을 충실히 수행할 수 있게 적절한 도움을 준다.

1단계에서는 교육을 통해
2단계에서는 인물 추천과 업무 대행 등을 통해
3단계에서는 내부 조직 교육과 인물 추천을 통해

4단계에서는 내부 관리자 교육과, 기준안 제시, 계약 진행 코칭을 통해
5단계에서는 마케팅, 영업, 조직구축 등의 업무 대행을 통해
6단계에서는 아이템 기획과 적절한 전문가, 투자자 소개 및 법률적 도움 등을 통해
7단계에서는 투자자 및 매수자 확보, M&A, 기업 매각 중개, 대행 등을 통해서 도움을 준다.

위 7가지 단계의 한영인 10개년 개발 계획을 완벽하게 수행하는 과정을 한영인 프로세스라고 부르며, 한영인 프로세스는 크게 2가지, 1부 인생템 개발과 2부 한영인 문화 사내정착으로 진행해 나간다. 가장 기본적인 시작인, 나만의 인생템 개발은 첫 1년에 이루어 낼 과제이다. 컨설팅, 집체 교육 등의 이론적 교육과, 학우들 간의 교류를 통해 학습하며 인생템이 만들어지면 그다음 단계인 한영인 문화 사내정착으로 나아간다.
우선, 1부 인생템 개발 단계에서 만들어야 할 기본 요소는 아래의 '인생템 사업화 요소 8가지'이다.

1. P : 정확한 7단계에 대한 플랜을 짜고 마감기한을 정하고, 계획을 실천할 수 있게 가시적으로 만들기
2. T : 내 프로세스의 타깃이 무엇인지, 정확히 정하고 파악, 계획 짜기
3. L : 타깃 고객이 나를 따를 수 있게 만드는 로봇 기획, 발행주기, 내용, 형태에 따른 분류, 로봇 8종
4. P : 본 상품과 개입상품의 전략 수립, 개입상품의 기획, 정기, 단발성 등의 상품 기획
5. L : 나의 메시지를 알릴 수 있는 여러 홍보물, 공지글 제작 및 배포, 노출, 각 채널 관리
6. P : 고객이 있을 곳 파악하여 노출 및 나의 본진 전략 수립
7. M : 고객이 나를 멘토로 여길 수 있게 만들고, 여러 가지 신뢰 근거 기획과 나를 따르는 지지기반 수립
8. S : 정확한 잠재 고객들이 나를 먼저 찾고, 주위 지인들도 함께할 수 있도록 하는 시스템 마련

위의 '인생템 사업화 요소 8가지'를 완성하고 나면, 이미 규모가 어느 정도 갖춰진 상태의 기업을 운영하고 확장을 준비하는 단계에 이른다. 이때 안정적인 조직 성장을 이루기 위한 필수 요소로서, 올바르고 가치 있는 일을 하고 있음에 대한 확신을 하고, 나와 우리를 위한 격려, 응원, 자아 성찰, 성장을 거듭해 나갈 수 있는 사내 문화가 필요하다.

2부 한영인 문화 사내정착은 바로 이러한 문화를 개발하고 정착시키기 위한 6단계가 존재하며, 이는 아래와 같다.

1. 명분과 인생템 사명도 확립(회사의 사명, 팀의 사명, 직원의 사명)
- 회사 조직도와 함께 그려지는 조직의 사명도로서, 나는, 우리 팀은, 우리 회사는 왜 이런 일을 하는가에 대한 답을 누구나 인지하고 공유하고 있다.

2. 동질성과 소속감 확립(ex. 하빛사, 부래인)

- 그룹명, 구호, 선언문, 응원가, 행사 등 우리만의 독특함을 통하여 이 문화를 공유하고 있다는 울타리가 쳐져 있고, 너와 내가 아닌 우리라는 소속감이 생긴다.

3. 조직 성장을 위한 활동 발생(ex. 한영인 플랜트, 한영인 에디슨 선발대회)

- 사내 문화 정착과 소속감 강화, 업무 수행 능력 성장을 위한 주제로 직원들의 능동적인 활동이 발생하고, 나아가서는 별도의 명칭을 갖는 모임으로 정착하며 그에 대한 자부심을 느낀다.

4. 사내 성장교육원 설립(ex. 한영인 인재개발원, 크림슨 칼리지)

- 등급에 따른 분류와 교육의 목표, 그를 위한 콘텐츠와 심사를 통한 승급 제도로 개인의 역량 강화와 올바른 관리자 육성을 이룩한다.

5. 고객과 함께 하는 활동 발생(ex. 하빛사 비키니 몸짱 선발대회, 한영인스 오블리주)

- 사내의 각종 활동이 확장되거나, 새롭게 기획되어 고객과 함께 활동함으로써, 동질성이 확보되며 사명감이 공유된다.

6. 우리의 사명감에 동참하고 싶은 팬심 발생

- 고객 모임의 일원으로서, 함께 일하는 조직원으로서, 사업안을 주고받는 파트너로서 다양한 형태로 우리와 함께하고 싶다.

위의 한영인 문화 사내정착 6단계를 진행해나가면서, 업무의 효율화를 위한 기업 시스템 구축이 필요해지고 아래와 같은 요소로 이루어진다.

1. 한영인 기업 시스템의 목표

- 기업은 이윤 창출이 아닌, 가치 창출, 관계 창출 궁극적으로는 문화 창출을 목표로 한다.
- 정체성, 동질감, 소속감의 강화로 회사가 아닌 우리 회사가 된다.
- 모든 직원이 소유주와 같은 시야를 갖는다.
- 독립적인 선택, 결정권을 갖고 업무를 진행한다.
- 모든 선택은 한영인 전체의 성장과 발전을 기준으로, 협회에 가장 이득이 되는 방향으로 진행된다.

2. 한영인 기업 시스템 구현 요소

- 소통 안전성
- 교류 자율성

- 선택 독립성
- 목표, 계획, 역할에 인지
- 신뢰할 수 있는 동료
- 나눔, 배움, 이끎

3. 한영인 기업매뉴얼 표준의 정의
- 없는 매뉴얼이 가장 좋은 매뉴얼이다.
- 실무자들이 자발적으로 만든 최소한의 규약이다.
- 언제든지 상황에 따라 개선될 수 있다.

4. 한영인에서의 CEO란?
- 치프에듀케이션오피셔(Chief Education Officer)
- 문화를 만드는 교육

5. 한영인의 문화란?
- 공동체 의식과 집단지성이다.
- 모든 선택의 기준이다.
- 홍익한영인, 나눔 배움 이끎을 말한다.
- 문화가 판단하고 문화가 결정하고 문화가 실행한다.
- 관리가 아닌 성장, 매니지먼트가 아닌 디벨롭먼트를 지향한다.
- 올바른 인재를 뽑아서, 같은 방향을 인지하고, 안전한 소통과 함께 날개를 마음껏 펼칠 기회를 줄 수 있다면, 그다음에는 관리 같은 것을 거의 하지 않아도 된다.

위와 같이 1부 인생템 개발과 2부 한영인 문화 사내정착을 통틀어서 한영인 프로세스라 부르며 이를 위해 기획, 실행, 완수해야 할 프로젝트로서 아래 14가지가 존재한다.

1. RPP : 위에 언급한 인생템 사업화 요소 8가지에 대한 프로젝트를 말한다.

2. ASP : 고객이 고객을 데려올 수 있게 만드는 자동 고객풀 확장에 대한 모든 프로젝트를 말한다. 자동으로 입소문이 퍼져나가게 하는 마케팅 솔루션(ASP)

3. RLP : 나를 대리하여 영업, 세일즈를 진행하는 외부 조직 구축 프로젝트를 말한다. 나와 함께 거래하는 리셀러 권한이 상품으로 판매되게 하기(대리점, 지회, 인강 학원 체인점)

4. ALP : 나를 대리하여 홍보, 마케팅을 진행하는 외부 조직 구축 프로젝트를 말한다. 나와 함께 거래하는 마케터 권한이 상품으로 판매되게 하기(정석 강사 과정, 인강 학원 체인점)

5. MCP : 고객 관리 시스템을 회원제와 커뮤니티를 활용하여 진행하는 조직 구축 프로젝트를 말한다. 고객 관리를 모임 및 멤버십 형태로 체계적으로 관리하며 자생적으로 돌아가게 하기, 별도상품화도 가능(월 억 회, 동문회, 블루칩, 동아리, 한영인 프로세스 2~6단계 수료자모임 등)

6. IRP : 나를 대리하여 투자유치, 자금 조달 등을 진행하는 조직 구축 프로젝트를 말한다. 우리 회사에 투자자를 유치하게 하는 권한을 만들고, 그 권한의 부서 혹은 대리인 위촉 계약하는 프로세스(자금 조달 대출, 신주발행, 사채, 전환사채,CFO)

7. CEP : 사명감을 근간으로 하는 사내 문화 환경 조성, 임직원들의 동질감, 공감대 형성, 구심점을 만드는 프로젝트를 말한다. 흩어져 있는 모든 계열사의 구심점을 모으고 우리는 하나라는 개념을 일깨울 수 있는 사내 문화 정비와 공유(한영인 헌법, 사내 규칙 문화, 실무정보, 템플릿 등에 대한 구체적 매뉴얼, 비전 등)

8. MGP : 보고체계를 압축하고, 실무자가 실권자가 될 수 있게 만드는 실무자 교육 기획, 그를 위한 관리자 교육 기획을 하고, 교육이 현업에 정착되게끔 하는 프로젝트를 말한다(관리자 매뉴얼, 실무자 매뉴얼, 신입교육, 연수 등).

9. OLP : 실무자가 실권자가 되게 만들어 가는 과정에서의 업무 표준 매뉴얼을 짜고, 업무 지휘, 보고, 보상, 페널티 등의 체계를 구축하는 프로젝트를 말한다.

10. HRP : 능동적으로 자신의 직무능력을 개발하고자 하는 인재를 등용하기 위한 구인 풀을 만들어 가는 프로젝트를 말한다. 각 부서의 내부 직원 교육기관 설립 및 운영 후, 추후 대외적인 상품으로 만들어서 판매하고 그중 인재를 채용할 기회를 획득한다(운영지원팀에서 일 잘하는 직장인 되기 교육과정 만들기, 마케팅팀에서 마케팅 사관학교 만들어서 마케터를 육성하여 채용하기 등).

11. SDP : 사업의 발전 방향을 알고 전 직원들이 자유롭게 제안하여 업무를 개선하고 사업의 영역을 확장시켜나갈 수 있게 하는 프로젝트를 말한다(한영인 플랜트).

12. MQP : 사명감으로 모여 자발적 확장을 하고 있는 고객들의 운동 본부를 구축하는 프로젝트를 말한다(나몸사, 부동산도서관, 한영인학회).

13. CSP : 콘텐츠의 지속적 개발을 진행하는 프로젝트를 말한다. 상품 및 홍보, 마케팅 등의 기획에 따른 큰 틀, 세부 전략, 전체 진행 단계의 흐름에 맞게 미리 콘텐츠 구축을 마쳐놓고 판로 확장에 대비한다.

14. PSP : 기업의 이윤을 창출하는 데에 이바지한 조직원들이 스스로 만족스러운 보상체계를 갖출 수 있게 만드는 분배 기획 프로젝트를 말한다.

결국 위의 14가지 프로젝트를 완성해 나가면서, 7단계에 걸친 한영인 10개년 개발 계획의 완성을 이루기 위하여 1단계인 RPP를 완성하기 위해 첫 1년간 나의 인생템을 명확히 한다. 그리고 그에 필요한 성장을 이루며 지식을 쌓고, 함께 발전해 나갈 학우들과 함께할 수 있는 문화를 익히고, 정해진 방식대로 서로 교류한다. 그것에 필요한 지식, 경험, 교류, 문화, 개별 코칭, 인맥, 멘탈 관리 및 다양한 행사들이 제공되는 것이 바로 한영인 교육 훈련의 개요이다.